用好人，分好钱

华为知识型员工管理之道

余胜海 著

電子工業出版社
Publishing House of Electronics Industry
北京•BEIJING

出版说明

1. 为了真实呈现华为的管理特点及任正非先生的语言表达习惯，书中的部分内容，特别是任正非先生在信件及会议发言中使用的各种形象化词汇，我们尽可能保留“原汁原味”，未对一些口语进行修正。

2. 为了避免歧义和便于理解，对于华为内部约定俗成的涉及经营管理方面的“专有名词”（如“做厚”“做实”“中央平台”“领袖”“主官”等），未进行调整。

任正非的管理箴言

- 什么都可以缺，人才不能缺；什么都可以少，人才不能少；什么都可以不争，人才不能不争。
- 二十多年来，我最重要的工作就是选人用人、分钱分权。把人才用好了，把干部管好了，把钱和权分好了，很多管理问题就解决了。
- 人才不是华为的核心竞争力，对人才进行管理的能力才是核心竞争力。
- 华为强调在全球进行能力布局，把能力布局在人才聚集的地方，在有凤的地方筑巢，而不是筑巢引凤。离开了人才生长的环境，凤凰就变成了鸡，而不再是凤凰。
- 找人，而不是招人。最优秀的人，肯定不是靠流程招来的，是靠伯乐去找的。
- 我们一定要欣赏个体差异，包容不完美的“牛人”。
- 人才在哪里，资源在哪里，华为就在哪里，这就是华为的组织管理逻辑。
- 人才在哪都是香饽饽，都不缺发展的机会和空间。这要求我们要靠一双慧眼去发掘、去找人，而不是靠流程来招人。
- 找对的人，不能靠看简历。主管要有求贤若渴的意愿，主动投入时间精力去找人，更要有识别人才的能力。如果看简历就能评估人，那计算机就能当面试官了。

- 现在我们和美国赛跑，到了提枪跨马上战场的时候，一定要把“英雄”选出来，没有“英雄”就没有未来，“英雄”犯错了就下去，改了再上来。
- 只有企业的员工真正认为自己是企业的主人，分权才有了基础，没有这样的基础，权力分下去就会乱。
- 区别一个干部是不是好干部，是不是“忠臣”，标准有三个：一、有没有敬业精神，对工作是否认真；二、有没有献身精神，是不是斤斤计较；三、是否有责任心和使命感。
- 干部一定要有“天将降大任于斯人”的胸怀、气质，要受得了委屈，特别是做了好事还受冤枉的委屈。
- 我们要敢于团结一切可以团结的人，我们唯一的武器是团结，唯一的战术是开放。
- 营造简单、公正的氛围，让所有为组织创造了价值的员工都能得到客观公正的评价。

- 我们要建立一个基于信任的管理体系，不要把管理和服务变成一件复杂的事情。管理越简单，效率就越高。
- 华为选拔干部时首先看他是否“上过战场、开过枪、受过伤”，有战功才能上位。
- 未来的竞争，一定是人才与人才的竞争，企业的竞争力也决定于是否拥有最优秀的人才。如果不给人才新机会和有竞争力的薪酬，就吸引不来真正有竞争力的人才。
- 最典型的华为人，都不是人才，钱给多了，不是人才也变成了人才。
- 华为以奋斗者为本，奖金不分职级、不看资历、只看贡献；服务用户越多，奖金越多，上不封顶，及时兑现。
- 加薪是有条件的，一定要让员工做出好的成果，拿出高的绩效来交换，员工有成果、有绩效，给员工多少钱都不过分。
- 在华为，绩效是评价一个员工的非常重要的一个标准，绩效会影响员工的很多方面，包括薪酬、奖金、股票、晋升的机会等。
- 在华为，每个员工都可以通过努力工作，以及在工作中增长才干，从而获得职务或任职资格晋升的可能。只要你努力奋斗，年轻也能当“将军”。

- 华为是一个由梦想牵引的公司，华为成功的一个重要支撑就是梦想：不断为自己树立目标，树立假想敌，超越目标。
- 拥有好的人才不如建立良好的人才培养体系与管理体制，这样公司才不会因某个人才的流失而导致整个系统瘫痪。
- 建立良好的执行文化，才能让企业拥有更强的竞争力。我们不难发现，没有良好文化的公司，尤其是没有执行力的公司，是很难长久生存下去的。
- 企业管理流程化的制度是起点，标准化的管理行为是基础，规范化的操作是保障。华为尝试着通过高质量的“制度化、流程化、标准化、信息化”来最终实现企业的专业化。
- 人力资源管理要用好精神与物质两个驱动力，精神激励要导向持续奋斗，物质激励要基于价值创造。
- 华为的财富只有两样：一是由管理架构、流程与 IT 支撑的管理体系，二是对人的管理和激励机制。华为相信，资金、技术、人才这些生产要素只有靠管理将其整合在一起，才能发挥出效应。

目录

第二章

员工培训：让“学生娃”变成狼性“铁军”

第三章

人才管理：建立长效机制，“复制”优秀人才

第六章 干部管理：让指挥员群体在实战中脱颖而出

第七章 组织变革：让组织充满活力和价值创造力

第八章 绩效管理：以结果和贡献为考核标准

第九章 薪酬管理：效率优先，兼顾公平

推荐序 1

力出一孔，利出一孔

华为于 1987 年诞生于深圳的一处普通民宅，短短 30 多年，由一个小作坊成长为全球通信设备行业的领导者和世界百强企业。

在华为的 18 万名员工中有 90%是知识型员工。众所周知，知识型员工追求自主性、追求个人成就感，知识型员工个性张扬、需求多样化且智商高，价值创造潜力强，但知识分子最不好管！

那么，华为是如何将十几万名追求个性的知识型员工组织起来、凝聚在一起，并持续激发他们的内在价值、创造潜能和能量的？华为如何将这些优秀人才变成骁勇善战的“战士”？华为做大以后如何使得知识型员工个人不“膨胀”，不拉“山头”，乐于群体奋斗？知识型员工的劳动是复杂劳动，劳动价值贡献有时是隐性的、间接的、长期性的，华为是如何衡量知识型员工的能力、绩效和价值贡献的？华为是如何让知识型员工认为自己的贡献是得到了客观公正的回报的？针对这些理论界和实践界倍感困惑而又急于想从华为的最优实践中找到答案的问题，**《用好人，分好钱：华为知识型员工管理之道》**

一书的出版，为我们揭开了华为人力资源管理的神秘面纱，打开了一扇有效管理知识型员工的天窗。

华为能够凝聚 18 万名知识分子，做到“力出一孔，利出一孔”，靠的是什么？本书作者认为主要依靠三个方面。

一是依靠“以客户为中心，以奋斗者为本，长期艰苦奋斗”的核心价值观。当华为通过核心价值观把 18 万名知识型人才聚集在一起的时候，你才会深切地感到，18 万人的涓涓之水朝着一个目标，从一个孔喷出来的“核聚变”式的力量。

二是依靠符合人性的“利益分享”的动力机制。有人问任正非：“作为华为一把手，你最重要的工作是什么？”任正非说：“二十多年来，我最重要的工作就是选人用人、分钱分权。把人才用好了，把干部管好了，把钱和权分好了，很多管理问题就都解决了。”任正非这句话道出了华为管理的成功秘诀。

三是依靠华为构建了一个不依赖于个人的伟大组织体系，打造了卓越的人才有效管理力与组织能力。任正非说：“人才不是华为的核心竞争力，对人才进行管理的能力才是核心竞争力。拥有好的人才不如建立良好的人才培养体系与管理体制，这样公司才不会因某个人才的流失而导致整个系统瘫痪。”

在操作层面上，本书提炼和总结了华为的许多独特的人力资源管理理念与做法。

在选人方面，华为认为“最适合的就是最好的”。在招聘人才时，华为不只是选择最优秀的人才，而是寻找最适合的人才。“适合”的标准是企业目前需要什么样的人和岗位需要什么样的人，前者更着重于人才的兴趣、态度和个性，后者偏向于人才的能力和素质。企业与人才的双向匹配，才有可能实现双方共同发展。

在干部培养上，华为学习美国军队的干部培养机制，倡导干部“之”字形成长。《华为基本法》规定：没有周边工作经验的人，不能担任部门主管。没有基层工作经验的人，不能担任科级以上干部。在任正非看来，如果干部一直在某个体系里直上直下，从一条线上成长起来，那思维难免会有局限性，遇到问题时也很容易出现本位主义思想，考虑问题也很可能会片面。干部和人才不流动就会出现板结，会让机关和现场脱节。因此，华为的在岗干部不到 3 年就要进行岗位调整，比如说研发的去市场部、去供应链部，再到采购部，必须经过多个业务领域的历练。华为的管理干部都是在基层摸爬滚打，一步一步成长起来的。

华为不搞干部终身制，做到能上能下，易岗易薪。华为每年都会对干部进行末尾 5%的淘汰，高层的干部同样也需要进行淘汰，这在华为都是强制执行的。能上能下已经是华为人能够普遍接受和认可的文化现象，从而实现人力资源的合理配置。

华为的人力资源管理体系一直是国内企业研究的对象，很多人都在学习华为的绩效管理、任职资格和薪酬体系。从专业角度讲，这些固然都很重要，但鲜有人知，在华为内部，干部管理是公司人力资源管理最核心的内容，也最能体现华为的管理哲学及经营思想。

华为建立了以岗位价值为导向的薪酬体系，员工的收入都与绩效挂钩，按劳取酬，多劳多得。在华为，只要老老实实把工作做好，结果一定是好的。员工不用担心站错队、跟错人。华为建立了一个清晰透明的分配机制，从而解决了利益分配的公平性问题。

全员持股制度应该是华为最大的颠覆性的制度创新，是华为创造奇迹的根本所在。员工进入华为工作一两年后，根据表现就可获得一定的股权认购额度，员工可自愿购买股份并按照股份获得分红。员工在离职时，所持股份将由华为进行回购。目前，华为有 8 万名员工持有公司股份。作为公司的创始人、总裁，任正非放弃了企业物质利益分享的优先权，他自己仅持有公司 1%的股份，而 99%的股份由员工拥有。全员持股制度吸引、团结、黏住了大批人才，包括国际化员工，增强了员工的归属感，稳住了创业团队，成就了华为今日的辉煌。

华为倡导以奋斗者为本，奖金不分职级、不看资历、只看贡献；服务用户越多，奖金越多，上不封顶，及时兑现。正如任正非所说：“我们讲艰苦奋斗，不是不关心员工的身体健康和办公条件的改善，而是要在不断改善工作和生活物质条件的同时，始终保持艰苦奋斗的作风，行动上一切以客户为中心，竭尽全力持续为客户创造价值。”

以客户为中心，以奋斗者为本，持续艰苦奋斗，说起来容易，做起来难。这需要领导者真正洞悉人性且大公无私，具有自我批判与自我变革精神，愿意打造一个不依赖于个人的伟大组织。任正非对华为的贡献，不仅在于率领华为人创造了一个令人敬畏的世界级的华为，更在于打造了一个不依赖于个人的伟大组织，并通过以客户为中心、以奋斗者为本的机制的创新，使华为始终充满价值创造的动力与活力，从而驱动华为持续成长，基业长青。

余胜海先生的《**用好人，分好钱：华为知识型员工管理之道**》这本书深入剖析了任正非管理思想的精髓及华为人力资源管理的智慧。钱分不好，有效的人力资源管理就只能是空谈。这就要求管理者本人必须有宽广的胸怀和分享的精神。这本书直击本质，使人受益良多。

彭剑锋

中国人民大学劳动人事学院教授、《华为基本法》起草人之一

推荐序 2

管理就是坚守常识

华为是中国民营企业的标杆，绕不过去，不能不正视。对华为的分析与评价已有很多，华为被讨论的范围与深度恐怕也是中国企业之冠。几乎每一个管理者都会对华为的管理投去关注的目光，希望能够得到启迪、有所借鉴。那么，华为之道是什么呢？为什么没有第二个、第三个华为呢？

华为之道的实质是管理常识，华为的成功源于坚守常识。华为秉持为客户创造价值、为奋斗者提供舞台、推动社会可持续发展的企业宗旨，以客户为中心、以奋斗者为本，聚焦主业，长期投入，倡导奋斗精神和分享文化。

"用好人，分好钱"六个字概括了任正非管理思想的精髓和华为人力资源管理的秘诀。作者在书中还总结出了华为人力资源管理哲学的核心逻辑——价值规律：价值创造、价值评价、价值分配。

第一个核心逻辑是如何建立一种机制去牵引全体员工拼命地创造价值。创造了价值，价值评价和价值分配才会有基础。

第二个核心逻辑是创造了价值，如何进行评价。华为有针对不同人群的价值评价机制，去牵引不同岗位的员工在自己的业务范围内做出贡献。

第三个核心逻辑是根据价值评价合理地做出价值分配。价值分配只有真正反馈到价值创造方面，才能够让大家拼命地往前冲。华为就是通过价值分配机制，给员工分钱，给员工加薪，配股分红，来激发大家的斗志，不断激励员工创造更大的价值。

核心价值观是华为的组织之魂。华为把“以客户为中心，以奋斗者为本，长期艰苦奋斗”的核心价值观融进了 18 万名华为人的血液之中，更融入了整个组织的制度与流程体系。价值观决定了华为的制度走向、制度框架和制度创新，进而成为左右华为的人才战略与干部取向的根本准则。

华为的价值观是关于企业客户、员工、股东三大关系的价值界定，是一个关于从哪儿赚钱、怎么赚钱、靠谁赚钱、怎么分钱（包括权力获取和成就共享）的四段论，是一个建构于人性哲学之上的、形成闭环的企业经营哲学，再加之被充分落地与执行，因此，获得了全体员工的普遍认同。

华为的成功之道并不精妙，也不高深，都是企业经营管理的常识。光芒之下，华为的成功之道其实是管理常识。企业经营自然应当以客户为中心、为客户创造价值。企业应该运用自身资源与优势，明确定位，聚焦主业并长期投入，形成竞争优势。企业应善待员工，倡导艰苦奋斗作风，培养勇往直前的企业文化。这些不正是大家公认的常识吗？

任正非在回顾自己的 30 多年的管理实践时说：“华为的财富只有两样——一是由管理架构、流程与 IT 支撑的管理体系，二是对人的管理和激励机制。华为相信，资金、技术、人才这些生产要素只有靠管理将其整合在一起，才能发挥出效应。”他更明确地告诉大家：“二十多年来，我最重要的工作就是选人用人、分钱分权。把人才用好了，把干部管好了，把钱和权分好了，很多管理问题就都解决了。”

分钱是一门学问，更考验老板的人格与胸怀。让多劳者、做出贡献者“发财”，这条准则从华为创立之初到如今，始终被贯彻得很彻底，在华为的发展过程中从未发生过因“分配不公”引起的组织内讧、大面积的消极情绪以致团队分裂的现象。与此同时，让多劳者、做出贡献者“升官”的晋升机制，在华为也一直被坚持得比较好。

员工要想快速进步，就到非洲去，到艰苦的地方去；要想当“将军”，就去“上甘岭”，在主航道上冲锋陷阵。华为很少讲“培养干部”，任正非倡导的是“从实践中选拔干部”“将军是打仗打出来的”。

任正非深知“财散人聚，财聚人散”的道理。他告诫管理者：“一定要把最基本的东西想明白。第一，财富这个东西越散越多；第二，权力、名声都是你的追随者赋予你的，假使哪一天你的追随者抛弃你，你的权力，你的所谓的成就感，你的在聚光灯下的那些光辉形象，乃至于财富，都会烟消云散，甚至灰飞烟灭。”

华为成功的秘密在于坚守管理常识，践行管理常识。很多企业经营不利的原因在于或标新立异，或叶公好龙，或见异思迁，或鼠目寸光，迷茫于眼前的蝇头小利。

以善待员工为例，华为每年以巨大的精力和巨额支出用于员工培训与成长，这有多少企业能做到？华为倡导奋斗文化和“火车头”文化，对做出贡献的员工予以重奖，普通员工的薪酬竞争力也遥遥领先，有多少企业真舍得拿出真金白银？每年 5%的淘汰率，员工天天加班，周末开会，努力工作，从而收入增加，生活改善，有多少企业有这个底气？更何况不是朝令夕改，而是 30 多年持之以恒，有多少企业能做到？

华为的成功当然还有很多其他的因素，例如，历史性的行业风口——信息通信科技的迅猛发展和更新换代；人力资源的巨大红利——大批受过高等教育的愿意通过奋斗改变人生的年轻人；创始人的魅力——具有罕见的眼光、魄力和韧性；经营环境的特殊性——适应高速发展中的中国国情。

这些因素不能掩盖华为的伟大。华为从创业到成长到强大，其对手从草莽同行到外资巨头；战场从农村到城市，从国内到非洲、欧洲乃至全世界；技术上从代销到仿制到自主研发，再到制订行业标准。华为的成功源于华为对管理常识的坚守。

当然，华为也面临着很多挑战。比如，如何善待新时代的年轻员工。在很大程度上，华为的狼性文化、奋斗精神和残酷淘汰机制，需要与主流价值观保持更高的契合度。相信以华为秉持的自我批判精神，一定会有让问题迎刃而解的方案。

最后，我愿意向读者推荐这本书，其丰富的原始资料及独到见解，展现了一个更加立体的华为，会带给我们更多的启示。特推荐此书！

陈春花

北京大学王宽诚讲席教授、
北京大学国家发展研究院 BiMBA 商学院院长

推荐序
3

任正非：以众人之私，成众人之公

大道至简，悟在天成。好友余胜海深入研究华为 21 年，写了多部关于华为的专著。《用好人，分好钱：华为知识型员工管理之道》一书高度概括出了华为成功的秘诀和管理变革的真谛，触及任正非的灵魂，以及华为管理知识型员工的智慧。作者以赤诚之心和扎实的功底，对华为人力资源管理体系进行了全面透视，既有对管理变革、制度演进的系统分析，又有现实的可操作性。仔细阅读后，对我启迪无穷。作者对华为的敬畏、热爱，跃然纸上。可以说，这是迄今为止市面上写华为的重要的里程碑式作品。华为经验终于有了一张导航图！

余胜海将华为的成功因素归纳于两个方面：一是人才的成功，华为所有的成绩都源自于人才战略的成功。华为的人才管理的核心问题，就是要选到合适的人才。因此，华为一直把人才甄选工作放在人才管理整体工作的优先位置。二是“分钱分得好”，这里所谓的“分钱”不仅是财富分配，还包括基于责任与结果导向的权力分享和成就感、荣誉感的共享。我深以为然。

任正非与一般企业家不同，他把个人利益看得比较轻，愿意和员工分享公司的发展成果。他说：“钱分好了，管理的一大半问题就解决了。”无论是在华为的股权结构还是华为的薪酬制度上，任正非都做到了最大限度地与员工分享。目前，华为有 8 万多名员工持有公司股份，占总股本的 99%，任正非仅占 1%的股份。

记得在 2015 年的某一天，我在任正非深圳办公室的房间里与他交流。

我问：“任总，未来对华为的冲击会是什么？”

任正非戳着自己的胸膛说：“最大的冲击是我呀！是我们华为人！是我们的成功呀！我们太成功了，我们的‘自是’‘自矜’‘自负’‘自傲’‘自闭’就紧跟着来了，华为不倒下才是怪事呢！”

我说：“任总，今年我来了三趟华为。我有个感觉，华为跟其他中国公司不一样。许多中国公司都在学国学，学稻盛哲学或者学自己公司的理念，就是要让员工改变工作态度，多干活少拿钱。而华为却不一样，一个劲地激发员工升官发财，改变自己和家庭的命运；多追求发展机会，以尽情开发自己的无限潜能；多争取荣誉，以提升自己的境界和格局。任总，财、权、名，其他公司在限制，华为却放开了去激励。财、权、名可都是私欲呀！私欲如狼似虎啊！什么样的人可以驾驭如狼似虎的团队呀？”

任正非打断我说：“王老师你打住，我在私欲上与员工‘同流合污’！”

我一愣，说：“我当然知道您有私欲，您的私欲大着呢！您的私欲是员工努力多干活多挣点钱就能填满的？您让我想起了中国近代史上的一个人物——曾国藩。他平定了太平天国，有实力当皇帝了，他却不当。他认为那不是他想要的。他任凭自己的权利、财富被缩减。朋友曾夸奖曾国藩：‘曾公呀，您是以众人之私，成一己之公！’任总，我今天把这句话改俩字送给您，‘以众人之私，成众人之公’！华为是众人的。您不自私，是中国最会分钱的老板，却把华为人的天赋、天性都挖掘出来了，把华为发展成世界一流的公司，实现了您的最大的‘私欲’！”

很难得，任正非沉默了。70 多岁的老人低下头思索了有 1 分钟，站起来说："吃饭了，吃饭了！"招呼我到小餐桌旁，示意我坐在他的对面。

真没想到，当时在任正非的"打压"下，在"电闪雷鸣"的瞬间，我的一个现场反应，"以众人之私，成众人之公"，后来竟然成了概括任正非分钱和华为员工持股做法的常用语。建立健全"价值创造、价值评价、价值分配"的闭环，让人人在追求改变自己和家庭命运的诉求驱动下，自发自动开发潜能，做出最好的产品。

任正非在人生之路走得最窄的时候创立了华为。当时他意识到了"在历史长河中自己很渺小"这个人生真谛。在《一江春水向东流》这篇反映他创业以来的心得的文章中说："想起蹉跎了的岁月，才觉得，怎么会这么幼稚可笑，一点都不明白开放、妥协、'灰度'呢？"

40 多岁以前的日子白过了！如果早知道点"灰度"，能够做成多少事呀！这种觉醒，有点像当年的苏格拉底。

苏格拉底研究天文学，观测宇宙。他越看宇宙心里越发毛，越研究越感觉没底。他看到了一个巨大的无穷的宇宙，看到了世界发展的巨大无穷性。而他自己却一无所知！而回头看身边的人，都是那些端着过时的执见而尊贵起来的人。他立志要通过发问"为什么"来成为一位真正伟大思想的"接生婆"。

当一个人知道自然宇宙的真相，当他知道每天每时每刻都面临着一个巨大的无穷的变化，当他知道每个人都有巨大的无穷性，每件事都有巨大的无穷性，每个当下都有巨大的无穷性，他当然会知道自己的"一无所知"。任正非说，当华为高管说他"不懂科技，不懂管理"时，他就特别开心。既然啥都不懂，正好做个"无事人"。

如果说在创业起步阶段，任正非给年轻的团队授权，自己被迫当了"无事人"，当内在价值罗盘成型后，任正非放弃了对所有的人、财、物的签字权，他真正成了一个"无事人"。开始他也很不习惯，自己干坐在办公室一天，没有一个高管找他签字。那种落寞的滋味，很折磨人。

他是闲不住的人。任正非说："'不要脸'的人，才能进步！"任正非见人就问"为什么"，一再发起批评与自我批评的活动。最后，他干脆把"坚持自我批判”列为华为“四句教”（以客户为中心，以奋斗者为本，长期艰苦奋斗，坚持自我批判）之一。

任正非后来意识到，不只是自己要当一个“无事人”，高管团队也应成为“无事人”。他不仅仅是要管住自己那双“闲不住的手”，他还想从制度上管住高管们的“闲不住的手”。

“为无为，事无事”。以懦弱、谦虚、无事为表，以“空杯”、“不毁”无穷性为实。于是他在 2008 年就提出了“让听得见炮声的人呼唤炮火”，意图形成一种自下而上的活力和创造力。他坚定不移地以“自我超越”作为华为的顶层设计的目标。过去的十多年，华为为此花了 150 多亿美元，华为还规划在未来 15 年使这个体制落地，并且做了 350 亿美元的预算。

“以众人之私，成众人之公”“做一个无事人”“让听得见炮声的人呼唤炮火”，这些不拘一格的做法，系统反映了任正非经营企业的三个假设。

第一，关于客户的假设。任正非跟我说过，“做企业就是磨好豆腐给妈吃”。这句话的含义很丰富：一下子把天底下的最终用户都当成了妈，带着对妈妈的爱、敬畏和尊重去工作；华为跳过直接用户的运营商，敬畏最终用户对美好生活的巨大的无穷性需求；对最终用户的诚信，要做到“宗教般”的虔诚。扎根于最终用户的巨大的无穷性需求的理念，给华为的总体战略注入了无穷的活力。

第二，关于人性的假设。人是自私的，人的本质是自我驱动的；不想挣钱的员工不是好员工，人为自己活着，“以众人之私，成众人之公”；敬畏每个人的巨大的无穷性潜能，敬畏每件事的巨大的无穷性，敬畏每个当下的巨大的无穷性；人的创造能力和创造性的结果，是人幸福的源泉；人人有恻隐之心，人人是万物之灵，人人渴望超越自我。

第三，关于制度的假设。制度是建立在对人不信任的基础上的，是保护人不掉进自私黑洞的安全保障；制度和人性（用人不疑—疑人不用—用人也疑），是一个不断循环往复的过程；走出中国式管理的“情义”黑洞，契约高于一切，诚信高于一切；“削足适履”移植西方经历 200 多年的实践检验的机制、流程、制度，因地制宜地适时对其进行改造，提出建设“让听得见炮声的人呼唤炮火”的全新体制。

任正非关于经营企业的三个假设，是华为人底层思维“操作系统”的构成要素。

我很高兴提前阅读本书。好友余胜海用丰富具体的案例和素材，全面呈现了华为的管理探索和人性假设。

是为序。

王育琨

北京地头力管理咨询有限公司董事长

前言

华为创立于 1987 年 9 月，起步时只有 5 名员工，2.1 万元的创始资本，历经 30 多年艰苦奋斗，从一个毫不起眼的小作坊发展成为全球信息与通信技术行业的领导者，名列《财富》2018 年世界 500 强第 72 位，创造了中国乃至世界企业发展史上的奇迹。

那么，华为是如何凝聚 18 万名知识型员工，做到“力出一孔，利出一孔”，成为世界巨头的？

我研究华为已经有 21 年了，见证了华为由弱变强、从小到大的发展历程。我认为，华为的成功得益于人力资源管理体系。企业间的竞争归根结底是由人来推动的，企业竞争力的基础是人力资源管理的效能，所以，人力资源管理是企业管理的核心和基石。华为人力资源管理的精髓可以用 6 个字来概括：用好人，分好钱！

用好人，就是尊重知识，用好人才，做到任人唯贤，人尽其才，才尽其用，给员工提供良好的工作、生活环境和成长的机会，从而使其实现自己的人生理想。

华为是中国最早将人才作为战略性资源的企业之一，其人力资源管理体系就是华为 30 多年来持续稳健发展的关键因素。

早在 1996 年，华为创始人、总裁任正非邀请中国人民大学的 6 位教授起草《华为基本法》的时候，就创造性地提出了“知本”主义的观点，并指出：“‘知本’永远是高于资本的，一定要让人力资本的增值大于财务资本的增值。”

可见他对人才的高度重视。

华为在创业初期对于技术人才的招聘可谓不惜一切代价，对国内重点理工大学的应届毕业生甚至采取了“掠夺式”的策略。任正非要求华为要用人所长，不求全责备，不拘一格降人才，创造条件使优秀人才和专家快速成长，让“天下英雄尽入吾彀中”。

华为是中国第一个引入“五级三通道”任职资格体系的企业。在员工培训方面，华为倡导“因材施教，注重实践，训战结合，学以致用”，把那些最优秀的派驻国外的代表（前线负责人）召集在一起，由他们来编教材、当老师，让最优秀的人培养更优秀的人。这些“老狼”把培训课堂当作“前敌作战指挥部”，带领学员进行实战学习，培养、“复制”出了一批又一批能抢滩登陆、能打胜仗的勇士。

华为强调在全球进行能力布局，把能力布局在人才聚集的地方，在有凤的地方筑巢，而不是筑巢引凤。任正非认为“离开了人才生长的环境，凤凰就会变成了鸡，而不再是凤凰”。人才在哪里，资源在哪里，华为就在哪里，这就是华为的组织管理逻辑。

华为建立了科学的人才激励机制，用机制牵引员工的成长和职业提升。同时坚持以奋斗者为本，为奋斗者提供舞台，将利益分配向奋斗者倾斜，并以贡献来评价员工和考核选拔干部，把合适的人放在最合适的岗位上。这种激励机制逼着所有人必须奋力划船，争取不断进步。

“以客户为中心，以奋斗者为本，长期艰苦奋斗”是华为的核心价值观。在共同的价值观指引下，企业的愿景和使命与员工个人的追求契合在一起，让人才的价值创造有了方向。人才有了方向引领，就能够奔跑得更快、更远。

华为在干部选拔过程中坚持一个理念，那就是“宰相必起于州部，猛将必发于卒伍”，意思是说华为的干部一定要来自基层一线，没有基层一线实践经验的人员是不能当干部的，华为的中高层管理干部都是从一线摸爬滚打，逐步成长起来的。在华为，只要你努力奋斗，只要你积极进取，就可以从“士兵”成长为“将军”。

不仅要认识到人才的价值，而且还要给人才合理的回报。任正非认为，未来的竞争，一定是人才与人才的竞争，企业的竞争力也取决于是否拥有最优秀的人才。如果不给人才新机会和有竞争力的薪酬，就吸引不来真正有竞争力的人才。因此，华为愿意给优秀人才提供有竞争力的薪酬。

为了分好钱，华为建立了“利益分享”机制，与员工共同分享公司的发展成果。30 多年来，华为一直在回避资本市场的诱惑，拒绝上市，实行全员持股制度。

华为通过全员持股制度，将员工变成了公司的股东，人人当老板，共同打天下。员工的身份变了，干劲自然更足了。这是华为拥有强大凝聚力和执行力的核心所在。

在华为员工的收入构成中，除了工资和奖金之外，股份分红占了相当大的比重，不少员工一年能获得几十万元，甚至上百万元的股份分红。

“效率优先，兼顾公平”是华为的薪酬分配原则。任正非曾以“拉车人”和“坐车人”为例做过形象的比喻。“管理好‘拉车人’和‘坐车人’的分配比例，让‘拉车人’比‘坐车人’拿得多，‘拉车人’在‘拉车’时比不‘拉车’的时候要拿得多。”在华为，员工的贡献越大，职级越高，获得的收益就越高。

华为的利益分享机制基于一个核心——满足客户需求、为客户创造价值的人，才能获得更多的工资、奖金、股份及晋升的机会。正是任正非懂得与员工共享成果，从而聚集了众多的优秀人才，让他们的聪明才智得到充分发挥。

管理在本质上是关于欲望的悖论。“不爱钱的员工，不是好员工”，这话听起来有些极端，但它道出的是人性真谛：“饥饿感”是个体活力和群体进取心的基础驱动力，所以，组织要基于普遍人性，最大限度、最有效地满足员工对财富、权力和成就感的多元欲望，进而实现组织的价值扩张。

任正非不仅舍得分钱，还舍得分权，善于授权。华为采用“横向分权，纵向授权”的组织结构，推行在董事会领导下的轮值董事长制度，实行集体决策。同时简化业务流程，把决策权授予一线团队，让“听得见炮声的人来做决策”，形成一个“倒铁三角”式的组织管理结构，一线员工直接面对市场终端需求，倒逼企业提供资源，领导层为前线提供后勤支持保障，形成以项目为中心的团队运作模式，让整个组织形成了强大的战斗力，正是这些朴素的管理理念将华为的执行力推向了极致。

任正非是一位罕见的人性激励大师，他在华为建立了一套基于人性的多元化的激励机制，与员工共享公司的发展成果。所以，大家都愿意跟着他干，因为，没有人和“升官发财”过不去。

华为用利益分享的方式，将 18 万名知识型员工的聪明才智黏合起来，形成了一个坚不可摧的利益共同体，给华为注入了强大的生命力，使团队从上到下始终充满活力与激情，工作的时候都像打了鸡血一样，所有细胞都被激活了，大家“力出一孔，利出一孔”，将华为推上世界之巅。

企业无非就是赚钱、分钱的商业系统。所以，人力资源管理和薪酬分配是企业管理中最为重要的环节。

万般神通皆小术，唯有空空是大道。要舍得分钱，舍得放权，“舍得”是任正非的大智慧，创造了华为传奇。华为基于人性的、现实的、简单的管理实践，为中国民营企业树立了标杆。

任正非对组织成就的重视远远超过对自己的成就的关注，他也没有将自己放在组织的顶部，而是时刻托起这个组织，并用组织的整体力量来成就华为。华为的成功，就是因为这个组织拥有强大的个体和群体奋斗的精神力量，蓬生麻中，不扶而直！

第一章 人才战略：放眼全球，广纳人才

什么都可以缺，人才不能缺；什么都可以少，人才不能少；什么都可以不争，人才不能不争。

——任正非

什么都可以缺，人才不能缺

华为从创立那一天起，任正非就一直求贤若渴，特别重视技术人才，任人唯贤，不求全责备。华为早期的成功，就在于“不懂技术”的任正非用对了技术人才。

任正非说：“什么都可以缺，人才不能缺；什么都可以少，人才不能少；什么都可以不争，人才不能不争。”可见他对人才的高度重视。

创立初期的华为对于技术人才的招聘可谓不惜一切代价，对国内重点理工大学的应届毕业生甚至采取了“掠夺式”的策略。

1998 年，华为招聘的应届毕业生超过 3000 人，其中硕士研究生占 1/3。对华中科技大学、西安电子科技大学、成都电子科技大学等重点院校的通信工程与计算机等专业的研究生，华为采取了“一网打尽”的招聘策略。

据说，当时的教育部部长在听说了许多关于华为的传闻之后，让秘书将华为录用的毕业生名单全部打印出来，结果发现：全国排名前 20 的重点高校的计算机与通信相关专业的毕业生，有将近 30%去了华为。

华为从 2002 年开始提升人均劳动生产率，明显减小了对理工科应届毕业生的招聘力度，2002 年只招了 600 多名应届毕业生。

随着大规模国际化扩张，华为意识到自己缺少商务拓展、财务、人力资源等领域的高端专业人才，开始大规模地启动针对性更强的社会招聘。许多电信行业的资深人士都是在 2002 年前后加入华为的，也都成为华为的技术或业务骨干，受到了重用。

任正非说：“我从小到大就是一个很有争议的人，如果不是这个世界宽容地对待我，我也没有今天。要看人的优点，不要老看缺点，不要求全责备，这个世界上没有完人。当然，在道德品质上必须一票否决。”因此，华为用人所长，不求全责备，不拘一格降人才，努力创造条件，使优秀干部和专家快速成长，破格提拔优秀干部。

任正非不懂技术，也没有特殊的客户关系，但善于用人。30 多年来，华为培养选拔了两万多名干部。

其中有一位就是郑宝用。1987 年，郑宝用从华中科技大学激光专业毕业后，考上了清华大学的博士。1989 年，架不住老朋友郭平的再三劝说，博士学位还没拿到的他就奔赴深圳，加入华为这家成立还不到两年的小公司。当时的华为很缺研发骨干，任正非也不懂技术，因此如获至宝，当即任命郑宝用为总工程师。

郑宝用带着几个人苦干一场，开发出了华为第一台模拟空分式用户交换机——HJD48。1992 年 HJD48 投放市场并取得了巨大的成功，让华为成功地完成了从代理商向自主研发制造商的第一次转型。华为实行工号制度之后，任正非的工号是 1 号，郑宝用的工号是 2 号，此时的郑宝用统管研发，是名副其实的“二号首长”。

有一次，任正非在华为董事会上指着郑宝用说：“郑宝用，您一个能顶一万个。”然后指着另一位公司高管说：“你，一万个只能顶一个。”可见当时任正非对郑宝用的器重和依赖。

2017 年 9 月 6 日，任正非还专门在内部信上点名致歉前员工孔令贤，邀请其重返华为，并且称是公司错了，不是孔令贤的问题。

任正非在内部公开信中十分动情地写道：“孔令贤，你回来吧，我们期待你，是公司错了，不是你的问题，回来吧，我们的英雄！”

2014 年孔令贤被破格提拔 3 级后，有了令人窒息的压力，他无奈地离开了华为。

任正非说：“21 世纪什么最贵？人才！没有人才的支持，无论怎样宏伟的蓝图、怎样引人注目的企业战略，都无法得以真正实施，无法取得最终的成果。华为没有可以依存的自然资源，一切工业产品都是人创造的，唯有在人的头脑中‘挖掘’出‘大油田’‘大森林’‘大煤矿’……资源是会枯竭的，唯有文化才会生生不息。”一个企业的强大，不在于收入高，也不在于是不是世界 500 强，而在于它能不能凝聚全球最顶尖的人才。

截至 2017 年年底，华为的员工总数达到 18 万人，每年要进 1 万人左右，5000 人来自大学，大学毕业生必须来自“211”“985”学校，这是华为招人的原则。同时，在社会上也会招一些人，社会招聘的原则是“本三硕二”，本科生要毕业三年，硕士生要毕业两年，看能力，不看学校，并从中挑选一些优秀人才。

当然，不能光靠外面招聘。华为负责招聘的部门不叫招聘部，叫招聘与调配部。每年华为的空缺岗位，20%左右从外面招聘，其余是从自己的员工中进行调配，比如，做手机的和做设备的互相调配，在公司内部调配管理人员等。

企业文化保证了组织中的形形色色的个体能够按照同一种语言、同一种动作来完成组织赋予的工作，同时，也确保大家在遇到矛盾和冲突时，能在同一个方向上思考问题。这几个“同一”就像是在战场上打仗，不许后退，要在同一个维度上思考问题，这就是任正非所说的，“18 万人，对准一个山头，对准城墙的一个角去进攻，怎么会攻不下来呢？在作战时，如果每个人都在想着个人利益，害怕自己先死了，这仗就无法打了。”

华为的独特的人才管理理念一直被企业界奉为经典，任正非关于人才的讲话也被外界反复传播、研读。企业文化与核心价值观是华为成功的关键，而华为的人才观也贯穿其中。

华为在市场方面的成功，不只源自技术的投入。要知道，技术是由人创造的，技术的竞争归根结底是人才的竞争。从过去 30 多年的发展过程看，华为的人才管理无疑是成功的。目前，华为的员工中有 99%是知识型员工，且有非常多的外籍员工。

华为早在 2009 年就组织全球无线领域的多位“大咖”投入 5G 标准和技术研发中。华为已为 5G 投入几千名研发人员，分布在全球多个研究机构，并投入上千亿元研发资金。通过一系列的努力，华为得以在世界移动通信大会上发布 5G 端到端全系列产品解决方案。

时任华为副董事长兼首席财务官的孟晚舟于 2016 年在清华大学演讲时阐述了华为的三大人才观。

第一，打开组织边界：“炸开”人才金字塔尖。传统战争是机械化集团军作战，现代化战争却是“班长的战争”，华为的组织架构就是适应现代化作战方式的转型，让“听得见炮声的人呼唤炮火”。

随着华为组织结构变革的深入，“班长”将有更高的作战能动性和更广的作战半径，以及更高效的炮火支援。

第二，跨越专业边界：人才循环流动。未来世界的创新点将越来越多地出现在边缘科学上，因此，华为也在培养跨界的人才。华为的人才培养机制是“打破专业界限”“打破岗位界限”，通过人才的有序流动，跨岗轮换，培养面向未来的“之”字形人才。

第三，突破发展边界：以责任结果为导向。不“拼爹”，不“拼妈”，一切看贡献和能力。干部选拔没有年龄、资历标准，只以责任、结果、贡献为考核标准。

所以，华为的人才观和人才战略引起了社会各界的重视。“胜则举杯相庆，败则拼死相救”“蓬生麻中，不扶自直”“宰相必起于州部，猛将必发于卒伍”……众多华为践行的人才管理金句，被各界学习与采用。

展望未来，5G、物联网、云计算、人工智能等新兴技术迅速走向规模化商用，行业数字化转型正进入深水区，以“万物感知、万物互联、万物智能”为特征的智能社会已经到来。华为还确立了公司的新愿景：把数字世界带给每个人、每个家庭、每个组织，构建万物互联的智能世界。这既是激发华为人不懈奋斗的远大愿景，也是华为人所肩负的神圣使命。

得人才者得天下。正是华为对人力资本优先、大力投入的机制，造就了其增长的“反周期”特征，销售收入20多年来一直保持稳步上涨。2018年，华为全球销售收入达到6000亿元。从0到7000亿元，支撑华为成功登顶的就是人才。

让最优秀的人培养更优秀的人

华为非常重视对员工的培训，把持续培养信息和通信技术人才作为公司最重要的使命之一。华为有各种人才发展项目，与世界十多所知名大学建立了良好的合作关系，设立了多个人才培养基金，提供科研经费，广泛开展基础科学、信息和通信技术及产品研究，以此建立长久的人才供应渠道。任正非希望英雄成倍地在华为这个世界级平台上涌现。

因此，华为建立了严格的培训制度，用最优秀的人去培养更优秀的人。新员工进入华为后，要根据不同岗位，进行3个月到半年的入职培训。

华为大学是华为优秀人才的摇篮，是中国企业的“黄埔军校”，为了把华为打造成一个学习型组织，华为进行了各方面的努力，2005年正式组建了华为大学，为华为员工及客户提供众多培训课程，包括新员工文化培训、上岗培训和针对客户的培训等。培养出了一批又一批研发、销售、客服、供应链、财经、法务、人力资源等领域的专家。

华为大学位于华为总部，总占地面积27.5万平方米，分为教学区和生活住宿区，教学区占地面积15.5万平方米，拥有9000多平方米的机房、100多间教室、500多个办公座位，能同时容纳2000多人进行培训。

2016年9月，华为大学新校区在东莞松山湖高新区大学路开工建设，新校区总面积约500亩，新校区建成后华为大学将会从深圳整体搬到东莞办学。

任正非认为，华为大学要具备两个“基因”：一个是像“黄埔”和“抗大”采用的短训方式来培养人才的“基因”；另一个是西方职业教育的“基因”，给学生赋能。任正非明确要求，华为大学一定要办得不像大学，因为华为的学员都接受过正规教育。华为大学的特色就是要训战结合，赋予学员专业作战能力。

华为把能力的交付作为对华为大学的评价标准。以下是任正非对华为大学的责任定位和教学要求：

> 华为大学要为华为主航道业务培育和输送人才，特色是训战结合，最终就是要作战胜利。在现实工作中，一般不主张多考试，因为考试会浪费实战时间。但是华为大学的培训，主张多考试，一个星期至少考三次。培训结束之前，先把你自己的沙盘讲清楚，毕业后带着沙盘回去，一边实践，一边修改，最后看结果。
>
> 华为大学不是一个正规院校，正规院校是培养本科生、硕士生和博士生。华为的学员都是完成了基础训练才进来的。华为大学的本质

是对已经受过正规教育的人进行再教育，再教育应该跟岗位要求有关系，不再与基础知识有关系。华为需要你从事某个岗位，就会给你赋能，且赋能不是全面赋能。

华为大学的赋能要支撑公司文化、管理平台和关键业务能力，尤其是战略预备队的建设，要培养一批能对抢占战略机会点做贡献的人出来。

为保证华为大学不偏离教学方向，华为在华为大学成立了一个指导委员会，任正非亲自做指导员，三个轮值董事长（2018 年前称轮值 CEO）做委员，半年开一次会。然后成立校级行政组织，由需求拉动供给，“片联”（华为重要组织）代表需求方，华为大学是供给方。

任正非指出：“华为大学实行赋能管理模式，我们要什么样的干部，华为大学就给我们培养什么样的干部。没有老师，就去找。华为大学主要以赋能为中心，教学就是要和客户需求相结合，这个客户就是“片联”所需要培养的作战队伍。学员在赋能期间的评价由华为大学说了算。”

华为大学还通过建立获取分享制（任何组织与个人的物质回报都来自其创造的价值和业绩，“作战”部门根据经营结果获取奖金，后台支撑部门通过为“作战”部门提供服务分享奖金），实现让最优秀的人培养更优秀的人的目标。

华为大学建立起了优秀的讲师队伍，目前拥有 300 多名专职教职员工和 1000 多名兼职培训讲师，遍布于中国深圳总部，以及中国及世界各大洲的分部（代表处）。华为大学建立了真正有效的物质和精神激励机制，不搞教师终身制，专职教师的职级、工资、配股等总体沿用华为大平台机制，用最优秀的人培养更优秀的人。

什么叫最优秀的人？任正非说：“每个人都不能说他最优秀，比如，我年轻时很优秀，我 89 岁时还优秀吗？人的优秀、人生的优秀，只有短短的一段时间，你把这段“输出去”，然后再去干其他事情。”

为了帮助新员工尽快适应公司文化，华为大学对新员工的培训内容涵盖了企业文化、产品知识、营销技巧及产品开发标准等多个方面。针对不同的工作岗位和工作性质，培训时间从一个月到六个月不等。

华为还拥有完善的在职培训计划，包括管理和技术两方面。不同的职业资格、级别及员工类别会有不同的培训计划，这为每个员工的事业发展提供有力的帮助。

除了为员工提供多种培训资源，帮助其进行自我提高外，华为大学还设有能力与资格鉴定体系，对员工的技术水平和能力进行鉴定。

华为让公司最优秀的员工来培训员工，让最优秀的人来培养更优秀的人。年轻人一批批被派往国外考察学习，一批批走向领导岗位。

项目管理是华为管理的基本“细胞”，被视为公司最重要的一种管理方式。任正非认为：“美军从士兵升到将军有一个资格条件，是要曾做过班长。将来华为对干部资格的要求首先必须是成功的项目经理且有成功的项目实践经验。”“项目管理做不好的干部，去管理代表处和地区部会成为‘昏君’。”因此，华为以项目管理为主要方式去培养后备干部。

以打通端到端项目管理和经营为主要培训目标的“华为青训班”，不仅包括课程讲授，还包括自学、课堂教学、实战等环节的系统赋能项目，源源不断地为一线输送后备人才，为华为未来以项目为中心的科学管理模式奠定基础。

对于一个志在未来要成为“将军”的华为人来说，仅靠业务的项目管理赋能是不够的。一名合格的基层管理者，不仅要会“管事”，还要会“管人”。

随着公司业务的发展，新任干部持续上岗，为了使他们尽快完成“转身”并帮助他们持续提升管理能力，华为大学教育学院推出了专门为基层管理者设计的 FLMP 项目，旨在帮助学员完成从骨干（个人贡献者）到管理者的转身，并点燃每个基层管理者的内心之火。

为了把基层干部培养成能打胜仗的“将军”，帮助华为中高级干部实现从“术”向“道”的转变，华为规定每位高级干部都必须参加华为大学的干部高级管理研究班的学习。

干部高级管理研究班的主要目标不仅是让学员理解并应用干部管理的政策、制度和管理方法，更重要的是组织学员研讨公司核心战略和管理理念，传递公司管理哲学和核心价值观。

与一般企业大学的做法不同，华为大学的干部高级管理研讨班向每位参训学员收取 20000 元的学费，学费由学员个人承担，目的是让每位参训干部增强自主学习的意识。

“青训班”项目重在开发项目管理能力，打通项目管理的全流程，使受训者从本职岗位的单一视角扩展到项目管理全过程的整体视角，实现了技术技能的开发。

FLMP 项目对基层管理者在团队管理与激励等方面进行团队领导力赋能，实现“士兵”到“士官”的角色转变，有效开发了人际技能。

具体来说，就是学员通过干部高级管理研讨班系统研讨，把实践经验总结上升到理论高度，深度发酵。而这一过程的重点是概念技能的开发，从组织层面出发，构建战略管理与公司文化管理思维。沿此路径，华为的管理者将逐步完成从“士兵”到“将军”的进阶，从而实现从“术”向“道”的转变。

据华为大学执行校长陈海燕介绍，华为的核心管理理念及管理方法源于华为的核心价值观，它承载了华为 30 多年管理实践中的成功经验和失败教训，是干部保持正确的管理方向及带领团队取得成功的基础和前提。

华为干部参加干部高级管理研讨班，旨在促进干部对公司核心管理理念和管理方法的深入理解和综合运用，同时通过高层亲自授课和考察，可即时识别可能进入公司关键管理岗位的优秀干部苗子。目前，华为干部高级管理研讨班每年的学员达 1000 多人。

华为还成立了华为 ICT 学院，该学院是华为主导的、面向全球的校企合作项目。华为 ICT 学院向全球在校大学生传递华为 ICT 理念与产品知识，鼓励学生参加华为职业技术认证，在全球范围内为社会及 ICT 产业链培养创新型和应用型技术人才。

目前，华为 ICT 学院在全球分布超过 300 家合作大学和院校，每年为 ICT 产业链培养人才超过万名。在推进信息产业发展这件事上，华为正在成为培养 ICT 人才的播种者。华为 ICT 学院通过产教融合，建设开放、合作、分享、共赢的平台，促进了人才生态链的形成与联动。

任正非指出，华为非常愿意把多年来在ICT行业中积累的经验、技术、管理、人才培养标准等贡献出来，输入到高校的人才培养机制中，成为人才培养的“指南针”，为企业、合作伙伴、社会培养和输送人才。

华为预计，未来5年ICT产业生态系统对人才的需求将超过80万人，这无疑是一个巨大的人才缺口，华为所倡导的人才生态建设还没有终止，通过在人才领域的持续投入，进而打造良性生态平台。

目前，华为在面向未来的基础研究和创新上持续加大投入，在ICT的热点前沿领域已取得了众多研究成果，在IT领域围绕云化进行多维度持续创新，为客户提供了一系列性能领先的服务器、存储、网络等IT基础设施，早已成为高科技企业的代表。

2018年3月，华为正式推出“华为生态大学”计划，致力于打造中国数字化转型的人才引擎，这也标志着华为ICT人才生态建设进入了全新的阶段。华为希望借助“生态大学计划”及产学研各方的力量，共同促进ICT前沿领域的创新，培养贴近产业需求的创新型和应用型人才，同时，为合作伙伴提供一站式的能力提升服务，帮助它们建设合理的人才梯队，实现可持续发展。

2018年5月，华为与北京大学光华管理学院签署战略合作协议。根据协议，华为与北京大学光华管理学院将充分发挥各自的优势，即北京大学光华管理学院在人才培养、教研资源上的优势，以及华为在产业洞察、企业管理实践和提供ICT行业的解决方案能力方面的优势，通过联合研究、创新论坛、联合人才培养、信息化建设等多种方式开展全方位的合作。未来，双方将在创新研究、人才培养和教育信息化等方面开展深入合作，共同推动ICT前沿领域的发展和人才生态建设，培养具有数字化领导力的新一代企业领导者，构建世界一流的教育信息化体系。

华为董事会董事、战略Marketing总裁徐文伟在签约仪式上表示：“在通往智能世界的创新之路上，离不开ICT的快速发展，更离不开高端的产业人才。北京大学光华管理学院在人才培养方面具备世界级的视野和理论创新能力，华为也非常重视 ICT 人才生态建设，双方既有共同点又优势互补，期望双方的合作能够结出硕果，为 ICT 产业的可持续发展提供智力驱动。”

从最初的 6 个人到今天员工总数超过 18 万人，从筹资几万元创业到今天年收入超过 1000 亿美元，华为的成长离不开研发、创新和人才。欧盟委员会官网发布的“2017 全球企业研发投入排行榜”显示，华为以 104 亿欧元排名全球第六、中国第一。

华为生态大学校长杨文池表示，华为的创新是“立体的”，包含技术的创新、管理的创新等，但核心只有一条，就是基于客户需求的创新。以客户为中心，为客户创造价值，这是华为成功的关键，也是华为建设 ICT 人才生态的基础，其最终目的是全面提升企业的能力。

在促进创新方面，华为将借助各方的力量开展联合研究，为产业发展和人才生态建设提供智力支持。2018 年 8 月 8 日，华为联合计世资讯发布《中国 ICT 人才生态白皮书（2018）》，从产业生态、新兴领域等多个维度剖析 ICT 产业人才的需求趋势，为高校和企业的人才培养提供建议和帮助。同时，华为还计划打造系列论坛，搭建产学研在前沿创新领域的交流平台。另外，华为还会继续加大在培训赋能上的投入，帮助 ICT 人才实现从学习到就业、从就业到进阶，最终成为管理者。

在学生培养方面，华为将继续和高校开展广泛而深入的合作，依托华为 ICT 学院校企合作项目，通过专业共建和课程改造等方式，共同培养契合产业需求的 ICT 人才。今后，华为将协同高校重点推进“新工科”建设。

在促进人才可持续流动方面，2018 年，华为发布了“线上人才双选平台”，以此为桥梁，一方面，帮助合作伙伴招聘到合适的人才；另一方面，也帮助华为 ICT 学院的学生找到适合的工作。

以前，华为的 ICT 人才生态培养主要面向的是学生或 ICT 专业技术人才，而与像北京大学光华管理学院这样的一流商学院合作，则是瞄准企业的高端管理人员，从而形成人才培养的闭环，全面为企业赋能。从 2018 年开始，华为推动“卓越企业家生态计划”的落地，帮助合作伙伴的管理者进一步提升领导力。

华为员工的全方位的培训既包括对不同潜质的员工进行专门的培训，也包括对不同岗位的员工进行有针对性的培训，这种目的明确的培训使企业员工自己能够更客观地认识自己，从而据此对自己进行新的规划。加之企业的培训及时完美地切入，员工自身的特点就会被逐渐放大，企业的可持续发展就自然而然地在这个过程中得以实现了。

与知识分子共创共享，抱团打天下

华为重视知识资本的价值，与知识分子共创共享，把知识分子变成企业持续的奋斗者。

任正非在 1987 年创办华为时一无所有，靠什么吸引一大批知识分子投身于华为的事业？除了靠任正非的人格魅力和他善于给员工描绘未来，不断“画饼”牵引员工外，还在于华为从创立伊始就承认和重视知识资本的价值，构建了与知识分子共创共享的机制，使得追求个性化的知识型员工能抱团打天下。

所谓重视知识资本的价值，首先是将人才放在优先发展的位置，其次是重视知识产权的价值。在中国民营企业里，华为最早提出了人力资本优先发展战略和知识产权战略。《华为基本法》提出企业家和知识创新者是企业价值创造的主导因素，人力资本的增长优于财务资本的增长。这种理念和战略的提出，为华为的发展奠定了人才优势。

华为是中国的企业中最早大量雇用知识分子的企业。从创立伊始，任正非就主动到华中理工大学、清华大学等高校邀请老师带学生去华为参观访问并寻求技术合作，招徕人才。现在华为的高管团队大部分是改革开放后最早的一批名牌大学的硕士、博士，这就奠定了华为成长的人才基础。

但仅是引进人才还不够，还要认识到人才是企业价值创造的核心因素，要让人才有舞台来创造价值，让人才有成就感，有机会成为企业的股东、合伙人，分享企业的成功，这就要求企业家要舍得让利、善于授权并充分信任人才。

华为在 1990 年就推出了内部员工持股计划，用未来的预期去吸纳和凝聚高素质人才，既解决了高速成长过程中的资金紧张问题，又留住了人才。任正非意识到华为没有资本、没有背景，要与世界巨头和国企拼市场、抢人才，唯一的出路就是大家一起做事业，共同打天下。

“财聚人散，财散人聚”是一个谁都知道的用人道理，但许多企业家都做不到，真到要给股权、让利给人才的时候，还是舍不得散财，而任正非做到了，并能兑现他给人才画的“大饼”。所以，在华为，知识分子卖力是为自己卖力，不是给任正非打工，因此，员工乐于为企业做贡献、勇于担当、不断创造高绩效的动力是内在而无穷的。

高科技行业人才流动率高，如果有的员工离开了华为，但股份还留在华为并持续分享华为的利润，不利于华为的持续发展。因此，1997 年华为进行了股权改造，推出了员工持股分红机制，员工离开华为，股份要收回，华为再将收回的股份配发给新人。2001 年华为正式推出股票期权计划，华为的股权激励就由真实股权转为虚拟股权。华为创造了基于人力资本的利润分享模式，这就给员工建立了一个可持续奋斗的机制，员工只有持续为华为做出贡献，才能持续分享华为的利润。

著名管理学家、中国人民大学人事学院教授、《华为基本法》起草人之一彭剑锋老师认为，把知识分子变成企业持续的奋斗者，很重要的一条就是企业的持续动力机制，让人人都有“发动机”。近几年，为激励奋斗者，华为又推行获取分享制。华为规定，股东每年只能分享利润的 25%，75%要通过奖金方式分享给当年创造价值的人。在某种意义上，华为 89%的员工拥有华为 99%的分红权，任正非个人只占 1%，大家都是老板，没有理由不拼命干。华为不是由任正非个人充当“绿皮火车头”，一人拉车，而是节节车厢都有发动机，人人都有动能输出。获取分享制使华为的追求个性和自由的知识型员工从“要我干”转向了“我要干”，进而实现“我们一起干”。

同时，华为从创立伊始就重视知识产权和知识管理。研发人员的绩效评价不注重出专著、拿课题、发表学术论文，而是重视知识的积累性贡献、预期的市场价值和技术专利的申请。华为 2008 年的国际专利申请数就超过了西门子、丰田，成为全球最大的专利申请公司，近几年的专利成果稳居全球第一，这就是华为在知识产权方面敢于同苹果、三星叫板的底气。

华为的人力资源管理机制的本质就是以奋斗者为本的“三高”（高压力、高绩效、高回报）机制。华为的员工在工作中玩命，在市场上拼命，这是业界对华为人普遍的感知。上了华为这条“贼船”，就四海为家，客户需求在哪儿，员工就像“索马里海盗”一样毫不犹豫地扑向哪儿！这是华为员工的自我认知。华为靠什么让知识分子冲锋不止，奋斗不息？关键是华为以奋斗者为本的文化价值导向，通过“三高”机制驱动知识型员工有动力干，有压力拼命干、持续干，不断创造高绩效，不断创造企业成长的奇迹。

1. 高压力

所谓“高压力”，首先是危机文化压力。任正非是一个内心强大与脆弱并存、焦虑与冷静并存的独特企业家，骨子里透着强烈的忧患与危机意识，他善于通过《华为的冬天》《华为的红旗到底能打多久》等文章，不断向员工传递危机意识，使所有员工始终能感受到外部市场竞争的压力，始终在“为过冬储备能量”，为“活着”而战战兢兢地拼命工作。其次是内部人才竞争压力。从 1996 年始，华为就以市场部集体辞职为契机，引入末位淘汰机制，通过“干部能上能下、工作能左能右、人员能进能出、待遇能升能降”“四能”机制，将外部市场竞争压力转化为内部竞争压力，使员工始终处于内部人才竞争压力之下，不敢懈怠。

任正非提出，让高层有使命感，高层的财富自由后，激励的主要不是金钱，而是要有更高的追求和使命感，个人价值与成就感得到实现；让中层有危机感，采用竞争淘汰机制，“吃饱”了，如果懈怠，有饿狼在虎视眈眈惦记你的岗位，岗位随时有人替代，有可能马上不保，可谓危机四伏；让基层有“饥饿感”，基层员工还没“吃饱”，财富积累还没达到一定程度，只有不断提升能力，不断拼命干，才能获得更多报酬。在华为，每个人都感觉“前有狼、后有虎”，

“压力山大”，只能拼命往前冲。华为残酷的内部竞争与集体奋斗文化，使得刚出校门的新员工立刻受到了激烈的内部职场竞争的锤炼，激发了知识分子原始的血性。同时，任正非倡导员工要“屁股对着领导，脑袋面对客户”，华为人不用拍领导马屁，只需一心服务好客户。

2. 高绩效

华为文化在本质上是“蓝血绩效文化”，即“一切让绩效说话”，强调绩效的导向与执行，没有绩效就没有发言权，机会和资源向高绩效者倾斜。华为的员工每年都要提出挑战性的绩效目标，并对绩效目标做出郑重承诺。在操作层面上，华为的绩效管理有两个工具值得关注：一个是战略绩效解码体系，另一个是个人绩效承诺体系。

（1）战略绩效解码体系（Business strategy Execution Model，BEM），是指通过对战略进行逐层逻辑解码，导出可衡量的管理战略的 KPI，以及可执行的重点工作和改进项目，并采用系统有效的运营管理方法，确保战略目标达成。通过战略绩效解码体系实现公司战略绩效目标的层层传递与执行，使每个员工的行为都统一于公司的战略绩效目标，为了公司战略目标的实现，任何人都不能懈怠，都要承担有挑战性的绩效责任。

（2）个人绩效承诺体系（Personal Business Commitment，PBC），是指员工围绕“力争取胜、快速执行、团队精神”的价值观制订各自的“个人业务承诺”。要求每个员工必须清楚公司（部门）的每个目标，抓住工作重点，发挥团队优势，并彻底执行。

奖金分配、薪资调整、职业生涯与绩效考核结果直接挂钩，如年终奖金发放是由公司业绩和个人业绩共同决定的。在计算个人业绩部分时，不同的 PBC 结果将按不同比例计算。这就使得公司的高绩效成长战略目标能层层落实，让员工有效执行。

3. 高回报

华为提倡知识分子要艰苦奋斗，但从来不空谈艰苦奋斗。华为的薪酬分配机制使做出贡献者能得到合理回报，决不让“雷锋”吃亏，只要员工创造了高绩效，就会有高回报。华为做到了不断地兑现承诺，任正非不断给员工画的“大饼”，最后都变成了现实。华为通过建立客观公正的评价体系，使员工绩效转化成回报：高工资、高奖金、高分红，使员工真正去共创共享公司的价值，从而驱动员工不断创造高绩效。

所以，以奋斗者为本，持续艰苦奋斗，在华为不是一句空话，背后有“三高”机制在支撑和驱动。一方面，让员工的高投入换来高回报；另一方面，高压力又杜绝了员工的惰性。

同时，任正非还借鉴现代军队组织的运行机制与文化，给知识分子注入军人的灵魂与血性，提升知识型员工的价值创造战斗力与执行力。

不少学者和专家认为华为是靠“狼性文化”驱动知识型员工充分发挥其内在价值创造的血性，使其勇于承担更大的责任，创造超出常人的高绩效的。其实任正非在华为从来没有倡导过“狼性文化”，只是提倡过“狼狈机制”，强调前方是狼，后方是狈，前方要善于捕捉机会，捕杀猎物；后方要为前方提供强有力的保障支持服务。

任何一个企业的文化特性都与其创始人的价值取向和行为风格密切相关，任正非是军人+知识分子出身，因此，华为文化的基因自然带有军人的“灵魂”和知识分子的个性。笔者认为华为文化的本质是军队文化与校园文化的完美结合，这种“军队+校园”的混合式文化，既符合知识分子的个性，又给知识分子注入了军人的“灵魂”与血性，从而提升了知识型员工的价值创造战斗力与执行力。

华为从创立伊始，就对未脱小资情调和具有家国情怀的“秀才兵”注入了军人的“灵魂”和血性。一是入职后至少经过一个月的严格军训，让知识型员工认识到什么是责任、什么是组织纪律、什么是执行、什么是荣誉；二是注入军人之魂，就是要敢于胜利。从创立至今，华为倡导的是“胜负无定数，狭路相逢勇者胜”的胜利精神，“胜则举杯相庆，败则拼死相救”的集体奋斗的荣誉感；“呼唤英雄”“上甘岭上出干部”的奉献和牺牲精神。

任正非亲临现场与数千名华为高管聆听金一南将军的两场讲座。2015 年 11 月 29 日，任正非为金一南的文章《胜利的刀锋——论军人的灵魂与血性》专门撰写编者按："军人的责任就是夺取胜利，牺牲只是一种精神。华为的员工不仅要拥有奋斗精神，更要把这种精神落实到脚踏实地的学习中与技能提升上，在实际工作中体现出效率和效益来。"2015 年 12 月 4 日，时任华为轮值 CEO 的郭平发表了《记住插在硫磺岛上的那面旗帜》一文，任正非就此文又撰写了编者按："'一切为了作战，一切为了服务业务，一切为了胜利'也许会成为一个时代的口号，这个口号在华为要管十年。"

2016 年 1 月 13 日，任正非在华为市场部大会上的发言要点如下：胜利取决于坚如磐石的信念，信念来自专注；华为的唯一的武器是团结，唯一的战术是开放。"当前企业、政府对云服务的需求，使网络及数据中心出现了战略机会，这是我们的重要机会窗，我们要敢于在这个战略机会窗开启时，聚集力量、密集投资，进行'饱和'攻击。扑上去、撕开它，向纵深发展，向横向扩张。"任正非所用的掷地有声的词汇绝大多数来自军队用语。

借用现代美军组织运行机制与管理模式，不断优化华为的组织与流程，使华为的组织变得更"轻"、更具综合作战能力。任正非认为军队是最具变革精神和最具战斗力的组织。任正非尤其推崇美军的组织变革，认为"美军是世界上最好的'公司'、最有效的组织"。他告诫华为的高管："你们要去研究一下美国军队变革历史，乔良写的一本书叫《超限战》，军队的作战单位已经开始从"师"变成"旅"，作战的能力提高很多，而且美国军队还在变革，未来的方向有可能是"旅"直管"营"，去除"团"一级，还要缩小成"排""班"。班长可能就是"少将"或"少校"，因为一个班的火力配置很强（巡航导弹、飞机、航母……），没有必要大部队作战。"班长的战争"这个理念应该这么来看：大规模人员作战方式很"笨重"，通过缩小作战单位，提高综合作战能力；机关要更综合，决策人不能太多。让组织更"轻"、更"灵活"，适应未来社会发展，也是华为未来组织改革的奋斗目标。将来华为的作战方式也应该是综合性的。

任正非说："我们讲'班长的战争'，强调通过授权，精简前方作战组织，缩小后方机构，加强战略机动部队的建设。划小作战单位，不是指分工很细，而是通过配备"先进武器"和提供"重型火力"支持，使小团队的作战实力大大增强。当然，授权不是一两天能完成的。目前，管理上的问题没有落地，所以在 3～5 年内把 LTC、'账实相符'、'五个一'等项目作为重点，一定要实现端到端贯通。5 年以后，坚定不移地逐步实现让前方来"呼唤炮火"，多余的机构要关掉，这样会避免机关日渐官僚化。"

任正非还提出要学习美军的用人观和人才评价观。他说："金一南将军讲美国军队，美国军队是世界上最有文化的军队，西点军校录取的学生是高中生中的前 10 名的学生，美国安那波利斯海军军官学校录取的学生是高中生中的前 5 名的学生……所以，美军军官都是美国最优秀的青年。美军的考核方式最简单，没有对学历、能力的考核，只考核'上没上过战场，开没开过枪，受没受过伤'，所以美军其实是最能作战的。他们先学会战争，再学会管理国家。将来我们也要学习美军的考核方法。"

注重员工专长培养，提倡"干一行爱一行"

华为对基层主管、专业人员和操作人员实行岗位相对固定的政策，提倡"干一行爱一行"：华为允许员工适当地挑选工作岗位，但不鼓励员工频繁地更换工作岗位。鼓励员工"干一行爱一行"，在干的过程中逐步产生兴趣，最终成长为专家。

华为员工有挑选岗位的机会，不过员工首先在工作中要先服从分配，尽快磨合，让自身思想的火花在本职工作中闪烁，并慢慢爱上岗位。

员工如果发现岗位很不合适，还有调换机会。但万万不可这山望着那山高，结果哪座山也爬不上，最后被公司淘汰了。"干一行爱一行，爱一行干一行"是相对的，不能无限地乱爱下去，也不能无限制地调换岗位。

1998 年，任正非在员工大会上指出：“1997 年我们动员了 200 多个硕士到售后服务系统去锻炼。我们是怎样动员的呢？我们说，跨世纪的网络营销专家、技术专家要从现场工程师中选拔，另外，凡是到现场的人的机会和待遇可能会更好一点。一年后，他们有的分流到各种岗位上去，有的留下做了维修专家。他们有实践经验，在各种岗位上进步很快，又推动新的员工进入这种循环。这种技术、业务、管理的循环把优良的东西都带到基层去了。”

华为希望员工热爱工作，视工作为难得的机遇和挑战，应该好好珍惜。每个员工要认真做好每一件事，不管是大事还是小事。大家目光要远大，胸怀要开阔，要富有责任心，不计较个人的得失。

任正非说：“君不见用户板测试组，持之以恒，数年如一日盯在一块板上，已取得了巨大的成绩。我们这个时代需要的是专家，而不是“万金油”式的通才。焊接专家、插件专家、线缆及机框组装专家、包装专家、货运专家、仓库专家、打字专家等各种各样的专家组合在一起，就是一个极有战斗力的联合兵团。”

彭祺就是一个耐得住寂寞的硬件工程师，他在华为一干就是十几年。彭祺大学毕业后就到华为合资公司华赛上班，来公司报到时，领导安排一位资深的单板工程师当他的师父。师父没跟他讲具体的业务，只是淡淡地说了一句话：“做单板工程师，特别是我们搞硬件的，要学习的东西很多，要经得起失败，耐得住寂寞，一步一步走扎实。”年轻气盛的彭祺，除了口头“嗯嗯”地应付着，心里却不服气：我的字典里就没有“失败”这个词。

一周后，彭祺接到了第一项工作，将一块已经完成的单板做一次改板，原因是这块单板的时钟方案有问题。这么快就有活干了？第一次就是做一块自己的单板？他很高兴，但接下来开始犯难，凭借他在学校做过的那点单板，以及对时钟的了解，根本不知道时钟会出啥问题。他感觉浑身有使不完的劲儿，除了自学，遇到不懂的就不断请教，很快就弄清楚了时钟抖动、锁相环、精度、频偏等基础名词，并找出了问题的原因。之后，他做的单板上电调通，一次归档。

很快，彭祺的第二项任务来了——为一家运营商定制全系列交换机产品。这是一个非常巨大的定制物料清单（BOM）方案，涉及整机的近 50 种形态和上百种 BOM。他的内心有点崩溃，但也没什么好办法，只能踏踏实实去做。对于每个 BOM 中的每一个物料，大到整机机柜，小到一颗螺钉，他都不停地问自己："我弄清楚每个细节了吗？"所幸，最后所有的清单无任何纰漏，达到 100%的准确率。这也让他养成了保持至今的一个习惯，就是经常问自己："这件事情我到底明白了没？"如果哪个细节他还回答不上来，他有时候还会莫名地吓出一身冷汗。"

很快，两年时间过去了，其间彭祺完成了 3 块单板的设计，全部一版归档，他被评为部门的"年度最佳新人"。

新员工时期的顺风顺水，让彭祺开始有些飘飘然，于是他选择了离职，去了一家小公司担任硬件总负责人，希望自己可以独立完成一些设计。但换行业难，之前的彭祺也就是一名只会把原理图上的器件简单拼接的"连连看"硬件工程师，对大硬件领域的知识和结构只是一知半解。而现在，没有结构、没有互连，更没有热设计和工艺，所有和硬件相关的设计都要自己一肩挑，技术上的短板一下凸显出来。彭祺开始反思，以前自己做得好，很大程度上是依赖于公司的大平台，离开了平台，又缺少个人的技术积累，如何能确保自己在硬件领域做到最好呢？

就这样，彭祺顶着压力干了两年，虽然算不上成功，但至少对自己有了更清晰、准确的认知，硬件领域博大精深，而自己资历尚浅，要想有一番作为，还需沉下心来，摒弃浮躁，稳扎稳打，提升自我。

经过慎重考虑，彭祺入职了当时的华赛，后来华赛被并入华为，他又成为华为的一员。回到大平台的彭祺，决定"重新做人"，一步一个脚印打牢自己的基本功，在不断的"洗礼"中逐渐成长起来。

入职一年后，领导突然找到彭祺，问他："有个紧急的项目，半年内完成一套存储产品的交付，你愿不愿意做？"以往一个产品的交付大约需要一年的时间，这次只有半年，还要身兼 SE（架构设计）和硬件开发，挑战巨大。但彭祺想都没想就应承下来，因为他一直希望能有机会重新做出最好的单板来证明自己。

开发过程压力非常大，彭祺带领由 5 个人组成的小团队始终朝气冲天，所有人都非常期待能交付出一套精品。当时遇到的最棘手的事是硬件 EMC（电磁兼容）问题，因为他们第一次做 EMCRE（辐射骚扰测试），辐射量超出设计标准的 10%，完全没想到结果这么严重。以前其他单板的设计也用过这颗芯片，知道该芯片的辐射量有些偏大，因此，在单板和结构设计上已经做了屏蔽优化，但经过实际测试后发现芯片的辐射量完全超出预期。这个测试如果不通过，他们的产品是无法上市销售的。

彭祺和 EMC 工程师泡在实验室里一个多月，一直在寻找破解的方法。首先想到的是“堵”，简单来说，就是想办法让设备辐射的能量封闭在产品空间内部，减少对外的辐射。但他们经过反复测试后发现，产品通过结构进行辐射屏蔽的难度很大，结构缝隙其实非常难以控制，往往这边堵住，那边又泄漏出来了。就在他们反复测试、百思不得其解时，有个同事说了一句：“‘堵’行不通的话，我们可不可以考虑从源头解决？芯片的辐射大，是不是因为我们设计时忽略了某些问题？”

一语惊醒梦中人，之前他们都陷入常规的思维中，太关注一种方法，完全没考虑芯片优化这个方向。彭祺找到芯片厂家，了解到该芯片对电源和时钟均比较敏感，如果能降低电源纹波并适当地优化时钟信号质量，就有可能解决问题。通过不断地优化和尝试，在芯片上做了一定程度的优化，再加上结构屏蔽作用，问题得到了圆满的解决。

彭祺深有体会地说：“解决问题的方法有很多，有时候在思维上会存在一些先入为主的想法，这个时候发散思维很重要，认真了解问题并集思广益，才有可能找到解题之道。往前多走一步也许就是胜利。”

从 2016 年开始，彭祺开始接手硬件开发工程师（DE）的工作。在还没完全熟悉 DE 工作时，一个全新的项目开始了，是下一代存储系统的预研。回顾上一代产品在现网暴露的一个个可靠性、可维护性的问题，想想客户的抱怨和维护人员的无奈，他暗暗下定决心，下一代产品一定要给大家一个交代。

项目经过多轮讨论后确立了总体框架，但是剩下的方案评估进展异乎寻常地艰难。作为硬件 DE 的彭祺，常常为了一个方案陷入长时间的思考，决断过程非常纠结。例如，硬件架构要在一定密度内实现，什么密度最合理？容量性能如何配置？他和团队反复拿出了 10 多种方案后才确定。

背板设计是开发阶段最大的“拦路虎”。因为背板有源器件（需供给电源的器件）的问题，生产环节和现网已经出了好几个相关的硬件问题，尽管他们也针对性地修改了背板设计，但是治标不治本，设计团队面临巨大的压力。维护人员提出诉求：新方案能不能做背板无源化设计？

针对存在的问题，彭祺召集人员对制造、装备、驱动和硬件进行集体讨论，大家集思广益，分析了整个电子标签加载及现网备件更换等多个场景，经过技术反复论证，修改了生产装备加工流程，解决了挂耳上电子标签应用的可靠性问题，实现了背板无源化，开启了业界存储无源背板的先河。他们探索出的 4U16 刀片设计方案也得到了团队的认可。

解决问题没有捷径，碰到问题多往前走一步，再坚持一下，说不定就柳暗花明了。幸运的是，彭祺从没有轻言放弃，终被成功眷顾。

彭祺在《华为人》撰文说：“十几年来，我一直在硬件开发的岗位上耕耘，没有考虑调整发展方向，因为我总能从一个又一个难题中找到解题的乐趣，不断收获价值感和成就感。任正非说过，胜利取决于坚如磐石的信念，信念来自专注，什么是专注？也是在十年后的今天，我才深切领悟到师父那句话的含义，就是坚持做好一件事情，经得起摔打，耐得住寂寞，爱一行、干一行，干一行、专一行。在专注和坚持中追寻梦想的灯塔，终会点亮希望之光！”

在华为，像彭祺这样的员工很多。他们知道，只有全身心地投入、潜心钻研，才会成就自己。

长期不懈地做实事，最终将创造奇迹，这是历史的启示，也是从量变到质变的规律。我们必须有所作为，一切有志于献身事业的人，都应义无反顾地勇往直前，不管道路两旁的鲜花、荆棘。

提供全球化大平台，吸收“宇宙”能量

华为坚持“积极、多元、开放”的人才观，构建公司与人才共创共赢的人才管理机制。面对更加动态变化的商业环境、更加复杂的内部业务需求，对外要打开组织边界，用多种方式整合优秀资源，“一杯咖啡吸收‘宇宙’能量，一桶浆糊粘接世界智慧”；对内要敢于破格提拔优秀人才，给优秀人才更多成长的机会；要大胆地开展各类人才的差异化管理，形成“主官”、专家、职员各司其职的人才结构，促使各类人才能在最佳时间、最佳岗位，做出最大贡献，获得最好的回报。

华为的员工来自全球161个国家和地区，仅在中国，就有来自38个民族的员工。华为从员工的国籍、性别、年龄、种族、宗教信仰等方面，全方位地制订并实施多元化目标。华为严格遵守各地相关法律法规及国际公约，保障男女员工就业公平。近几年来，华为女性员工的比例基本保持稳定。华为注重对女性管理者的选拔，帮助其职业发展，2017年，华为的女性管理者的比例达到7.32%。

华为坚持开放式创新，与全球逾百所高校及研究机构合作，与两位诺贝尔奖获得者、100多位院士、数千名学者同行。未来，华为希望建立一个开放共赢的ICT生态圈，共同做大产业、做大“蛋糕”，但华为只取1%，其余的都留给广大的合作伙伴们。

作为一家国际化公司，华为一直以积极的态度招聘国际员工，推动海外员工本地化进程。员工的本地化有利于公司深入了解各地迥然不同的文化、促进当地人口的就业，为当地经济的发展提供帮助。2017年，华为在海外聘用的员工总数超过3.5万人，海外员工平均本地化率约70%。

华为每年从各个名牌大学招聘优秀毕业生。如今在华为，90%以上的员工具有本科学历，硕士、博士所占的比例也是逐年提高。

优秀大学生加入华为，除了获得有竞争力的待遇，还能获得更多的机会与全球化大平台。从机会上来看，华为的业务遍布 170 多个国家和地区，在很多 ICT 前沿领域有布局，并取得领先，华为可为优秀毕业生提供充足的岗位。

在薪资方面，华为已经赶上欧美巨头的水准，并且以灵活的激励机制和广阔的发展空间对人才产生了巨大的吸引力。华为还凭借其全球布局的优势，给员工提供丰富的跨国培训、岗位调动、知识分享机会。全球化平台的机遇对于年轻人的意义，有时候不是纯粹的薪酬数字可以代替的。

华为建立了培训制度，员工每年都要接受培训，年轻人一批批被派往国外考察学习，一批批走向领导岗位。华为向十多所著名大学提供奖学金、奖教金或特殊津贴，以此建立长久的人才供应渠道。

不唯学历，注重实际才干。华为提拔高学历的人才，也重用有实际才干的人才。华为不考理论，注重实际作业能力，干什么、考什么，因此，有学历是优势，没学历也不用自卑。这种考核机制逼着所有的人都必须奋力前进，争取进步。

任正非说："我们处在互联网时代，青年的思想比较开放、活跃、自由。我们要对其进行引导和教育，形成一支主流团队，为未来的事业做好准备。也要允许一部分人快乐地度过平凡的一生。现在华为奋斗在一线的骨干，大多是 80 后、90 后，特别是在非洲、中东疫情或战乱地区、阿富汗、也门……80 后、90 后是有希望的一代。2016 年华为在美国招聘的优秀中国留学生，要求他们去非洲等艰苦地区。华为的口号是'先学会管理世界，再学会管理公司'。"

华为高级副总裁陈黎芳女士就是一个例子。她于 1990 年毕业于中国西北大学，1995 年 3 月加入华为时，还是一个什么都不太会做的小姑娘。她先从基层做起，后来成为公司北京代表处首席代表、国际营销部副总裁、国内营销管理办公室副主任、公共及政府事务部总裁，如今已经成为公司高级副总裁。陈黎芳说："我应该感谢华为，是华为给了我成长的平台。"

彭安冬 2014 年大学毕业后加入华为，成为华为的一名测试工程师。入职不久，他开始跟着导师做 VCPE 项目的测试。这是产品线当年最重点的项目之一，定于2015年春季交付，担负着BRAS（宽带接入服务器）上路由器V8平台的第一个局点——巴西T局商用的使命。挑战越大，机会就越多，他也充分利用这段时间让自己快速成长。

因为彭安冬的英语不错，也擅长沟通，于是承担了很多和一线本地员工、客户交流的工作。幸运的是，他很快从中找到了自己的价值，更发现了乐趣。一次次键盘敲击，一次次语音电话，信息通过自己传向海外，把自己变成一座桥，借助这座桥，项目组进行反复调整，保持方向始终正确。

在项目开发和测试过程中，彭安冬主动出击，贴近客户，寻找痛点，挖掘有利于项目的"宝藏"。为了降低开发难度，彭安冬积极和客户沟通，从客户的角度帮助其理解华为如何提升整个网络效率，同时也听取客户的声音，详细解释了相关利弊，还向客户提供了一些定制性设计方案，双方的诉求都满足了，从而推动了项目继续有序进行。

2016年9月，做了一年的项目组长（PL）之后，23岁的彭安冬成为V8R9C10版本的测试经理。2017年2月，他被任命为FES架构优化项目经理，实现四年成长"四级跳"。

彭安冬说："从毕业来到华为，已近4年。我在公司这艘航船上享受着自己的旅程，得到了很多的学习机会，也面对着各种历练，感谢公司为我提供了一个全球化大平台，从这里吸收'宇宙'能量。每一次当自己觉得困难和痛苦的时候，只要愿意付出行动，并找准方法，也是成长最快、收获最多的时候。在努力实现自我价值的道路上，我想我们终会拨云见日，找到属于自己的'宝藏'！"

华为为优秀毕业生提供了一个快速成长的平台，在这个平台上云集了全球各个领域顶尖的人才。例如，华为在无线通信、微波、芯片、标准等领域，一共有21名公司级Fellow（指在某个领域做到世界第一的人）。对年轻人来说，这是宝贵的财富。

一个人能走多远，取决于能获取机会、施展才华的平台，更取决于与谁同行。华为不惜代价，招徕天下技术"大咖"，包括大量的欧美的技术专家。近

3 年，就有 700 多名世界顶级科学家加入华为。华为不断引进每个领域的顶尖人才，愿意为优秀人才量身打造实验室。并且，华为形成了一股允许试错、鼓励创新的风气。

时势造英雄，再优秀的人才，也必须与大时代的方向同步。任正非说，人才加入华为，可以用“一杯咖啡吸收‘宇宙’能量”，将有大量的机会与全球顶级牛人面对面沟通，与全球顶尖人才合作，在华为全球化的舞台上拓宽视野。

作为全球信息与通信技术行业的领导者，华为的业务遍及全球 170 多个国家和地区，不仅为员工提供了广阔的全球化发展平台和与世界对话的机会，使员工的成长不局限在一个领域，可以跨专业、跨领域发展，而且还能使员工获得高额回报和值得回味的人生经历。

人才在哪里，华为就在哪里

华为强调在全球进行能力布局，把能力布局在人才聚集的地方。用任正非的话来说就是“在有凤的地方筑巢，而不是筑巢引凤”。与一些企业把人才招回国内使用的方式不同，华为在全球找人才，找到人才后围绕他建一个团队，不是一定要把他招到中国来，这叫“机构随着人才走，不是人才随着机构走”。在任正非看来，“离开了人才生长的环境，凤凰就变成了鸡，而不再是凤凰。”

因此，华为从 2011 年开始将研究和开发分开，前者面向不确定性，以技术为导向；后者面向确定性需求，以商业成功为导向。华为在国际化的过程中，在战略资源聚集地区建立战略能力中心，更多的就是研究型机构。

智能社会的发展与实现，离不开 ICT 的推动，而华为是全球 ICT 行业的领导者，是全球少数几个具备 IT 和 CT 能力的企业，未来有望大展拳脚。加入华为意味着你不用自己去造扁舟，而是直接到“航空母舰”上作战，高度也就不一样。华为是中国企业国际化程度最高的，国际化的视野、国际化的思维、国际化的人才环境，让这个平台更富想象空间。

这是年轻人学习与成长的平台，是孕育梦想的平台。从成立之初开始，华为就坚持将销售收入的10%以上用于研发，近两年来，这一数字攀升到15%，过去10年，华为的研发投入高达3200亿元。仅2017年，华为的研发投入就高达897亿元，跻身全球第6位。目前，华为已在俄罗斯、法国、英国、美国、德国、日本、印度等全球几乎所有有人才优势的国家设立了几十个能力中心，利用当地的科学家开展ICT领域的前沿技术和基础理论研究，利用当地的专家监控华为全球业务的财务风险、经营风险和宏观环境风险。做到“人才在哪里，华为就在哪里”。

早在1999年，华为就已经在俄罗斯设立了数学研究所，吸引顶尖的俄罗斯数学家来参与华为的基础性研发工作。进入21世纪后，华为设立海外分支机构，进一步加大吸引人才的力度：设置在德国慕尼黑的研究所目前已拥有将近400名专家，研发团队本地化率近80%。2016年，华为在这方面交出的“成绩单”包括2016年5月设立的迪拜研究中心（满足中东和北非地区业务的需要）、6月在法国设立的数学研究中心。后者是华为继俄罗斯研究所之后，在加强基础科学研究方面的又一重要举措。通过与当地研究机构的紧密合作，可以挖掘法国的基础数学资源，为华为在5G等领域的基础算法研究进一步打下坚实的基础。

未来的智能社会充满诱惑，但也充满着不确定性，华为要做的就是用研发投入去掌握主动权。

据了解，华为在2017年的研发投入，有30亿美元面向未来的基础科学领域，把钱变成知识；80多亿美元用于开发确定性的产品，即把知识变成钱。华为的研发，既面向现实，也面向未来。

任正非表示，未来华为将坚持每年投入100亿美元～200亿美元，向基础领域、基础学科倾斜，加大对前瞻性研发的投入力度，持续构建面向未来的竞争力。

对于华为而言，研究数学、物理等基础科学的意义非常重大，是发展颠覆性技术的前提，然而在实践中，这些研究领域又往往被人忽视，各种主客观条件导致愿意埋头钻研的人才十分匮乏。曾有人评价中国的基础研究：中国真正缺乏的并不是科研成果的市场化机制，而是在根本上缺乏原创性的科研成果。

“华为前二十年是走向国际化，是以中国为中心走向世界，华为后二十年是全球化，以全球优秀人才建立覆盖全球的能力中心，来辐射全球。研发部门在全球已经有几十个能力中心，这些能力中心不是负责本地业务的，也不是负责欧洲业务的，而是领导华为的全球业务的。全球能力中心的布局和建设将会持续下去，这些能力中心会逐渐补足各专业组织的能力。”任正非在内部讲话中如此说。

2016 年，华为进行了一次大讨论，核心思想是任正非提出的“炸开人才金字塔尖，与世界交换能量”，在这个共识之下，华为开始在有凤的地方筑巢，让机构随着人才走，人才在哪里，华为就在哪里，无限扩大外延，使内部领军人物辈出，外部天才云集。

例如，克里纳先生（Martin Creaner）是全球知名的商业架构师。两年前，华为为了他在爱尔兰科克市，一个不知名的小城市，设立了研究所。如今，这个“一个人的研究所”也有了 20 多人的专家团队。马修先生（Mathieu Lehanneur）曾是卡地亚、三宅一生等品牌的设计师，现在，他是华为法国美学研究所的首席设计师。

隆巴迪（Renato Lombardi）是著名的微波研究专家，他是意大利人。10 年前，华为因为他把华为微波研究中心设在米兰。

2004 年，隆巴迪在西门子公司工作，负责将微波产品卖给华为，用于华为在柬埔寨的一个项目。不久后隆巴迪参观了华为深圳总部，去了“高大上”的 F1 展厅，见识了深圳的工厂，特别是看了华为的发展轨迹后，一下子感觉到：华为并不是一家纯粹的中国公司。在华为，负责生产制造的员工很少，负责研发的人员占了非常大的比例，这样的华为更关注长远的创新和发展。

回去后，隆巴迪在西门子内部做了一个报告，告诉同事：“华为作为一家跨国公司，虽然它的规模还比较小，但在将来几年甚至数个月，我们就能看到它发展壮大。”

2008 年夏天，隆巴迪成为华为的一员，并全权负责华为米兰微波研究中心的筹建。他利用一切机会和资源向业界专家介绍华为和微波发展平台，还将与他共事过的、在业界具有 10 年甚至 20 年以上成功经验的专家都拉到了华为，组建了微波专家核心团队。

目前，米兰微波研究中心拥有 50 多人的专家团队，取得了丰硕的研究成果，引领微波行业的前沿技术，成为华为微波的全球能力中心，占据了全球最大的微波市场份额。

隆巴迪喜欢给别人看他的华为工卡，他自豪地告诉团队成员：“我的工号是 900004，是华为欧洲研究院的第 4 名外籍员工，也是意大利米兰微波分部第一个外籍员工。直到现在，我依然觉得自己来华为是幸运的，能和非常优秀的团队一起做着业界最前沿的研究，贡献着新的思路和想法。而华为米兰微波从无到有，从有到强，研究所就像我的孩子一样，已经成为我的生命的一部分。展望未来，我看到了米兰微波的无限机会。”

有人曾对隆巴迪说，华为人充满了“狼性”，他开玩笑说，我自己就是一头“华为狼”，因为他喜欢吃生肉和带血的食物。在他看来，意大利人和中国人都是实用主义者。

南橘北枳，一个橘子生长在南方叫橘，生长在北方叫枳。任正非认为，人才的产生是需要环境的，一个人的创新能力与他在哪个环境的关系很大。

例如，华为之所以在米兰建微波研究中心，是因为米兰有微波环境，有人才、产业环境和高校资源。米兰是全球知名的微波之乡，诸多知名公司如西门子、阿朗、爱立信在米兰都设有微波研发和销售机构。还有如米兰理工大学等大学专业培养微波人才，人才资源丰富，微波的产学研生态系统完整。隆巴迪和他的团队在那样的环境里，与别人喝咖啡的时候就能得到各种信息。如果他们离开米兰到了中国，会怎样？中国没有微波的产业环境，他连喝咖啡都不知道与谁去喝。

任正非表示，企业永远要有新生的“血液”往前冲，而不能使人才和干部流动板结化、干部结构老化，新生“血液”包括愿意接受新事物、新观点，能保持持续学习能力和意愿的各级高级主管与专家。在引进人才和培养人才的路上，华为一直在学习。人才在哪里，资源在哪里，华为就在哪里，这就是华为的人才管理逻辑。

构建未来三大人才梯队

任正非是一个爱学习的企业家，他花时间最多的地方是在人才管理方面。他认为，作为企业，不仅老板要重视人才，团队也要重视人才。

华为花了巨大的精力完成了华为的任职资格体系与人才梯队建设，用最科学的方式，管好人、用好人。

据华为孟晚舟介绍，在数字化时代，华为需要具备以下三大素质的人才。

①胸怀世界：愿意迎接世界性的问题和挑战，在解决难题、面对挑战的过程中，提升自己的视野和胸怀。“让最优秀的人解决最大的问题”，真正的人才，不会愿意在一个平庸、安逸、缺乏挑战的环境中虚度光阴。

②坚韧平实：不浮躁、不急切，愿意一步一步走向成功。期望一夜暴富、一夜成名的人才，接受不了华为，华为也接受不了这些人。心态浮躁对 ICT 行业有极大的破坏力，华为提倡工匠精神。

③洞察新知：在变革时代，唯一确定的就是不确定性，只有不断地学习、发现、认知和理解，才能驾驭这个世界。

2016 年 1 月 13 日，任正非在华为市场工作大会上表达了公司未来的人才战略构想：“华为在 10 年内将实现大体系支撑下的精兵战略，我们要不拘一格地选拔使用一切优秀人才，不要问他从哪里来，不要问他有何种经历，只要他们适合攻击‘上甘岭’。大家不要误认为只有签订合同才是‘上甘岭’。华为要奋斗者，不要老好人。我们在对待干部职工的缺点和工作中的差错时，要宽容，不要随意否定一个冲锋的干部。我们一定要促使千军万马上战场。”

任正非指出：目前，华为正在建立的三大人才梯队，分别是“黑天鹅”梯队、预备梯队、能工巧匠梯队。

一是“黑天鹅”梯队。任正非称，随着移动芯片技术的发展，网络标准从简单到复杂，随着技术进步，标准又会变得越来越简单。在这个交替过程中，很容易出现“黑天鹅事件”[①]。例如，手机巨头诺基亚在短短几年时间里就被干掉。在任正非看来，“黑天鹅”可以出现，但是必须出现在华为的“咖啡杯”中，不能在别人的湖里游泳。

华为要扩大“蓝军”的编制，不仅集团有研究战略的“蓝军”，各大业务线和产品线也都要有自己的“蓝军”，“蓝军”的目的就是提供与“红军”主流观点不同的思路，颠覆和打败“红军”。当华为在努力自己颠覆自己的时候，它就不会被别人颠覆。

二是预备梯队。预备梯队主要是指未来接班的年轻人队伍。任正非提出，未来的华为管理层和骨干层至少要有两个梯队。第一个梯队的人员如果只是忙于公司业务，没时间读书，几年下来能量就耗尽了。这个时候就需要第二个梯队的人员递补上去，他们将带来新的思想和方法，而不是重复前人的做法。如果第二个梯队的人员能够做到这一点，未来也将会群星闪耀。

三是能工巧匠梯队。任正非表示，华为要提高大学生的起薪，生产系统要以技术为中心，招收大量的高端技师。这个梯队不仅要招中国人，还要招全世界的能工巧匠。华为要在全球制造业的两大高地（日本和德国）建立精密制造中心，只要是能工巧匠，都高薪招进来。

从 2016 年开始，华为坚持每年从应届毕业生中招收 5000～6000 人的新生力量，不让华为的作战梯队产生断代的问题。任正非表示：“凡是工作得好的，都是分权合理的部门。事无巨细、眉毛胡子一把抓的人，就不适合担任主管。”

[①] 黑天鹅事件（Black Swan Event）是指非常难以预测且不寻常的事件，通常会引起市场连锁负面反应。从次贷危机到东南亚海啸，从“9・11”事件到“泰坦尼克号”的沉没，从瑞士央行放弃欧元兑瑞士法郎汇价下限后，瑞士法郎的暴涨，“黑天鹅事件”存在于各个领域。

在任正非看来，精英不仅仅是金字塔塔尖的一部分人，而是存在于每个层级、每个类别。有工作的地方，就有精英。做面条的有面条精英，其他领域有焊接精英、咖啡精英、支付精英、签证精英、仓库精英……华为的激励政策要覆盖所有精英，形成组织合力，促使“千军万马”搞好质量，提高效率，增加效益。

任正非在华为2018年IRB战略务虚研讨会上指出：

“华为要敢于用人，加强新鲜‘血液’的循环，让组织充满活力。以前研发是上面一个小金字塔，下面一个大金字塔，重产品开发，不重理论形成。现在‘炸开’金字塔尖，上面的喇叭口被放大一些，下面的喇叭口不被压缩，但要加强新鲜‘血液’的循环。研发体系在用人时千万不要护犊子，千万不要认为宁可大家工资低点也要保留人，这样就不能让优秀的‘种子’脱颖而出。有些不太合适的员工换到另一个岗位可能还是优秀员工，从公司出去的员工还有担任上市公司CEO、CFO的。这次研发体系关于破格提拔‘单板王’的报告，被我退回去三次，提拔力度不够大，没给后面的人留空间，最终报上来的一些‘单板王’的级别还是18C。一定要敢于拉开差距，‘火车头’就是要与‘车身’拉开差距。

“现在我们和美国赛跑，到了‘提枪跨马上战场’的时候，一定要把‘英雄’选出来，没有‘英雄’就没有未来，‘英雄’犯错了就下去，改了再上来。我们一定要改变用人的格局和机制。我们要敢于团结一切可以团结的人，我们的唯一武器是团结，唯一的战术是开放。

“我们一方面要在内部识别合适的人来做合适的工作，另一方面要对优秀的人给予肯定，不要论资排辈。我们在硬件领域好一点，在软件领域更要讲质量管理，宁可让考核方骂，也不要在用户体验方面做不好。做软件在华为为什么不成功？要考虑人力资源机制，不能完全怪员工。

“华为公司的整体情况是好的，华为有能力自己‘站起来’，不做

‘亡国奴’。大家要不断研究，加强国际交流，不断开放思想。我们只有敢于敞开心胸，容纳人才，我们才有未来!”

在研发趋势日渐全球化的今天，谁能得天下之人才，谁就能够在创新的竞争中胜出。当年，唐太宗李世民看到熙熙攘攘进京赶考的人群，不禁喜形于色：“天下英雄尽入吾彀中矣！”如今，当任正非张开臂膀广纳人才的时候，说明华为已经具备了引领世界科技发展的能力。

第二章

员工培训：让“学生娃”变成狼性“铁军”

为帮助团队成员不断超越自我，公司建立了各种培训中心。培训很重要，它是贯彻公司战略意图、推动管理进步和培训干部的重要手段，是公司通向未来的重要阶梯。员工要充分利用培训平台，努力学习先进的科学技术、管理技能、科学的思维方法和工作方法。

——任正非

新员工培训的“721 法则”

华为之所以取得巨大成功，不仅得益于任正非这样伟大的企业家，更与拥有一支能冲锋陷阵的“铁军”分不开。华为是如何将一批又一批刚刚走出校门的“学生娃”打造成攻城略地的“铁军”的呢？

在任正非看来，最好的培训方式一定是实践，最好的人才也一定是从实践中培养和磨砺出来的。在这一思想的指导下，华为打破了过去以授课式为主的新员工培训体系，对其进行了颠覆式的创新，提出了新员工培训的“721”法则，即 70%通过实践学习，20%通过导师帮助，10%通过课堂学习，如图 2-1 所示。确立了这个法则之后，华为就此调整了新员工培训模式，将培训的重点放到了实践中。

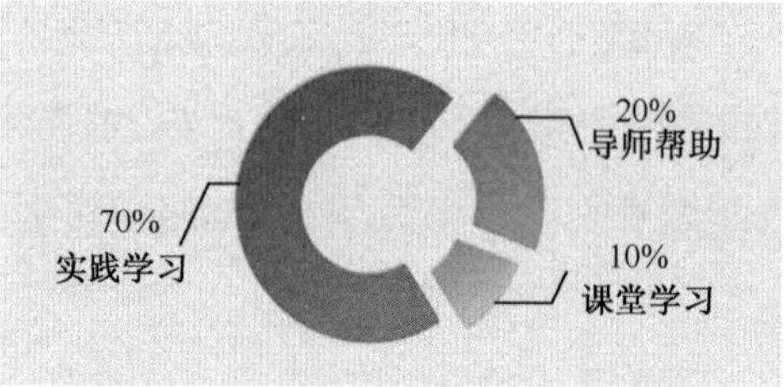

图 2-1　新员工培训的“721”法则

目前，华为的新员工入职后都要进行为期 3 个月的封闭式培训，培训分为文化培训和岗位培训两个环节。文化培训环节是所有入职的校招应届毕业生的必经阶段，而岗位培训环节根据员工所在岗位的不同，培训内容也不尽相同。

最有意思的就是文化培训了。在华为，文化是一个平面的、基础的东西，文化要普及所有人。

任正非在《写给新员工的信》中说：“一个高新技术企业，不能没有文化，只有文化才能支撑它持续发展，华为的文化就是奋斗文化，它的所有文化的内涵，都来自世界的，来自各民族的，来自合伙伙伴的，甚至是来自竞争对手的文化中的先进合理的部分。”

对于团队的一个新成员来说，要融入华为文化需要一个艰苦过程。因此，华为要求每位新成员都要积极主动、脚踏实地地在做事的过程中不断去领悟华为文化的核心价值，从而认同并接纳华为的价值观，使自己成为一个既认同华为文化，又能创造价值的华为人。

任正非指出：“一切资源终会枯竭，唯有文化生生不息。只有每一位新成员都能尽早地接纳和弘扬华为的文化，才能使华为文化生生不息。华为文化的特征就是服务文化，谁为谁服务的问题一定要解决。服务的含义是很广的，总体来说是为用户服务，但具体来讲，下一道工序就是用户，就是“上帝”。必须认真地对待每一道工序和每一个用户。在任何时间、在任何地点，华为都意味着高品质。希望大家时刻牢记。”

文化培训主要是为了让员工了解华为的历史和文化价值观，培养良好的品德。让员工成为一个正直、诚实的人，一个有大事业心的人。员工要埋头做事，少空谈，多做些实事。

每天一早，所有参加培训的新员工必须参加跑步。早晨训练结束后，就去教室参加培训，教室里边写着很多标语，如“以客户为中心，以奋斗者为本”，“胜则举杯同庆，败则拼死相救”，“烧不死的鸟是凤凰”等，这些都是华为的文化价值观的体现。

华为愿意从应届大学毕业生中招收新员工，而不过分倾向于招收有工作经验的人才。从“一张白纸”开始，华为在应届大学毕业生身上投入的资源丰富，取得的效果也是很好的。当应届大学毕业生能够认同华为的企业文化后，他们就更容易且快速地融入华为的企业氛围之中，从而以华为作为实现人生理想和愿景的平台。

通常新员工在正式进入华为之前，华为会对其进行系统的培训，之后要进行严格的任职资格考试，考试的结果决定员工是否可以被录用。而员工此后的加薪、晋升也都是依据其在培训中的表现来决定的。

通过培训，华为让新员工理解了公司的价值观、经营理念及企业文化，并掌握了基本的工作常识和专业技能，提升了他们的素质，提高了他们的竞争力，强化了他们的思想的一致性。保持华为人拥有“统一的心态”，或许是任正非一直乐此不疲的一项重要工作。

“721 法则”的确定，是华为根据各方面变化而做出的调整，并据此合理安排各个阶段的培训内容和培训时间，华为强调“实践出真知”，强调实践对新员工未来成长的重要性，也给新员工明确了一个信号，就是要想有所作为，就必须脚踏实地地工作。“721 法则”也反映了华为人的务实作风。

华为的培训教师都拥有丰富的实践经验和良好的知识结构，讲课富有激情，语言简练、风趣、幽默，有很强的感染力，能够有效地调动学员的积极性，课堂气氛非常活跃。他们讲课深入浅出，能将自己的管理心得以一种轻松、愉快、诙谐、幽默的方式传授给学员。在教学过程中，他们寓教于乐，课堂气氛活跃；体验、参与、互动式教学方式，让学员在学中练，在练中学；所举的案例生动、操作性强，课程设计简单、有效。

让新员工快速融入“狼群”

众所周知，华为崇尚“狼性”文化，因为再强大的动物，也难以招架狼群的攻击。因此，华为团队精神的核心就是团结、互助。

那么，华为是如何让大多为独生子女、自我意识超强的 90 后员工快速融入“狼群”的？他们的经验是：通过打造系统的入职培训、岗前培训和在岗培训平台，快速解决新人的融入问题。

在华为看来，让新员工快速融入组织，首先要解决好两个问题：一是推动员工产生高绩效；二是让他们认可企业文化。现在的 90 后员工需要被尊重，希望管理者能倾听他们的想法，能尊重他们个人的一些兴趣。为此，华为强调除了物质激励，还要进行非物质激励，通过激发员工的内在的驱动力来加速融合。

为了让新员工快速融入“狼群”，华为将新员工培训分为“三个阶段”，即入职前的引导培训、入职时的集中培训和岗前实践培训。岗前实践培训是这三个阶段的重点培训。

第一个阶段：入职前的引导培训。华为的校园招聘一般安排在每年的9—11月，将拟录用的大学生提前分配到各个业务部门，在毕业生还未进入华为之前，华为会提前给每个人指定一名导师。

为了能更好地管控由于大学生还未入职所带来的风险，华为要求员工导师每个月必须给他们打一次电话，进行沟通，了解他们的个人情况、精神状态、毕业论文的进展、毕业离校安排等，如果他们确实想进华为，在这个过程中导师会给他们安排一些任务，提前让他们了解一些岗位知识，看一些书籍和材料，向他们提出岗位知识的学习要求等，让他们做好走上工作岗位的思想准备。

第二个阶段：入职时的集中培训。这个阶段比较简单，主要围绕华为的企业文化来开展，包括规章制度等，这个阶段也不会太长，培训周期是5~7天，而且全部要到深圳总部培训。白天跑步、上课，晚上开辩论会，还有演节目、写论文等很多内容。培训内容比较聚焦，主要是围绕企业文化展开，讲清楚为什么公司会出台相应的政策和制度，以及它们所反映出的文化、价值观是什么。

另外，华为的新员工在此阶段还要做两件事：一是要学习两篇文章，第一篇文章是任正非写的《写给新员工的信》，任正非关于华为的文化和对新员工的要求都在其中。第二篇文章是任正非亲点的《把信送给加西亚》，讲的是一名士兵信守承诺，穿过重重障碍将信按时送达加西亚将军。二是看一部电影《那山，那狗，那人》，讲述的是一个老乡村邮递员退休后让儿子第一天接替自己工作而引出来的故事，影片所倡导的敬业精神正是华为追求的价值观。电影非常感人，可见华为对通信业的感情之深，也可以看出任正非当时挑选这部影片的良苦用心。

同时，大家还要看三本书：《黄沙百战穿金甲》《下一个倒下的会不会是华为》和《枪林弹雨中成长》，并写读后感。

第三个阶段：岗前实践培训。在这个阶段，新员工要在导师的带领下，在一线真实的工作环境中去锻炼和提高自己。当然，不同岗位的新员工，培训内容和方式是有很大差别的。例如，要派往海外的营销类员工，必须首先在国内实习半年到一年，通过实习掌握公司的流程和工作的方式方法，熟悉业务后，过一段时间再被派到海外去。

对于技术类员工，导师会先带他们参观生产线，了解生产线上组装的机器，让他们看到实实在在的产品和生产流程。研发类员工在上岗前，导师会安排他们做很多模拟项目，以便快速掌握一门工具或工作流程。

目前，国内有很多企业没有对新员工进行培训，就让他们上岗工作。还有一些老板错误地认为新员工不需要进行专门的入职培训，直接安排到工作岗位上，边工作边学习就行了；有的企业把新员工的岗位培训工作当作一个简单的“行政步骤”，走过场，不求效果。这样做的结果往往导致新员工无法融入团队，无法适应新的工作环境，无法认同企业的产品甚至是企业文化，直接导致最后和企业一拍两散。华为通过对新员工进行三个阶段的培训，较好地解决了新员工快速融入团队的难题。

实行全员导师制

华为是国内最早实行全员导师制的企业之一，30 多年始终如一坚持实施，收到极佳的效果。

随着技术迭代变化，华为需要聘请更多的技术研发人员。新员工的受教育程度普遍要比老员工高，管理这些有着雄心壮志且一心想以自己的方式给华为带来改变的知识型新员工是很困难的。

华为高管曾为此展开过多次激烈的讨论，但一直没有找到有效的办法，直到一位部长提出导师制。老员工不仅要将企业文化、价值观传递给新员工，还要将新员工介绍给部门的同事，这样当新人遇到困难时就可以向周围的员工寻求帮助。

为了有效地完成这个目标，华为将新员工分成若干组，分批进入公司，以使其对公司业务的冲击最小。这一做法十分有效，新员工融入公司的过程很容易得以完成。

基于导师制在研发部门的成功，华为将该制度进一步推广到全公司，随后演变成对老员工晋升的一项考核要求。员工必须当过导师，才能被提拔。

华为的新员工在进行集中培训前，公司为每个新员工指定一名导师，进行一对一辅导。

华为对导师的选拔标准非常严格，必须具备如下5个条件：

（1）必须在公司工作一年以上，绩效非常突出，立过“战功”。

（2）必须是部门的业务骨干，有能力进行业务指导。

（3）认同华为的文化和核心价值观，有能力进行思想引导。

（4）为人正直热情，责任心强；有较强的计划、组织、管理、沟通能力；有能力为新员工制订合理的计划，安排相应的工作任务。

（5）参加过导师辅导培训并考核合格。

为了保证效果，一名导师名下最多不能超过两个学生。

如图2-2所示为华为导师工作流程。

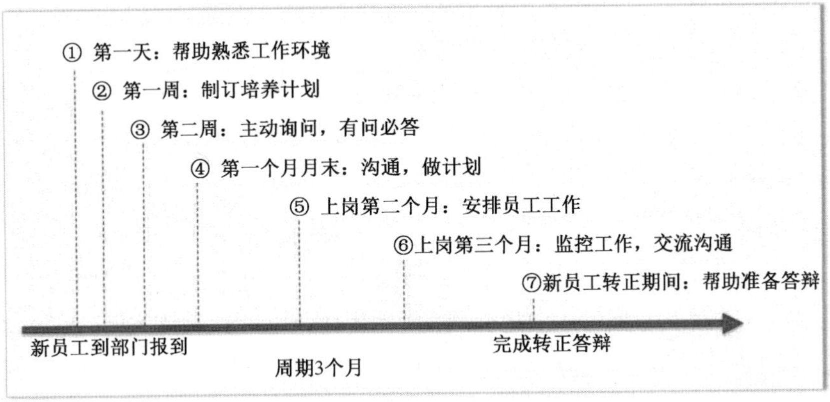

图2-2　华为导师工作流程

在华为，导师也被称为“思想导师”，因为他们不仅要负责指导新员工的工作，还要定期与新员工进行沟通，了解他们的生活和思想状况，在工作、生活等方面进行全方位的帮助和指导，同时还要做好新员工的思想工作，为其答疑解惑。华为的“导师”就相当于部队的“指导员”。

为了帮助新员工尽快适应工作，华为建立了一套行之有效的导师制度。在新员工成为正式员工的前 3 个月里，导师要对新员工的绩效负责，新员工的绩效也会影响导师的考核。

华为除了针对新员工所开展的导师制度外，在每个部门都配有一个资深的教授专家团队，为员工提供顾问支持。团队成员大多为来自名牌大学的教授，以及一些研发中心退休的老专家。当新员工在工作或生活中遇到问题时，他们就利用自己丰富的工作、生活经验，向新员工提出富有成效的建议，以及接受进一步的咨询。

华为对导师制订了相应的激励政策：一是晋升限制，华为规定凡是没有担任过导师的人，不能提拔；二是对导师发放补贴；三是开展年度“优秀导师”和“一对红”（导师和员工都出色）评选，在公司年会上进行隆重表彰。这些措施，激发了老员工踊跃担任导师的积极性和带好新员工的责任感。

除此之外，华为内部的学习平台 iLearning 全部转换为 LCE（一种面向对象的中间件平台）多媒体的方式，全部在线化。另外，还有音乐与审美、心理学、如何处理婆媳关系、亲子关系等课程，内容很丰富。这些学习，不是强制性的，而是可以自主选择的，能在任何时间、地点去学习。

此外，华为还针对研发人员开发了一个 OA（办公自动化系统）平台。软件研发员工会在上面做一些测试编程练习，如 C 语言、数据库等，里面会有很丰富的题库，完全是自动化测试，把代码编好之后提交上去，导师会告诉你哪儿错了，哪儿有问题。新员工很喜欢这种方式，他们会利用课余时间去练、去测，从而提升自己的技能，这也能快速帮助他们提升工作上需要提升的技能。

华为的导师制是一项非常好的员工培养制度，不仅可以有效缩短新员工进入新环境的“磨合”期，尽快适应新的工作岗位，而且可以加深员工之间、上下级之间的关系，值得所有企业学习和借鉴（为便于学习，笔者在本书第三章对华为的导师制员工培养模式进行详细介绍）。

因岗施教，注重实践

华为每年都会从高校招聘大量的编程类学生，应届编程类毕业生大多擅长编写千行以下的小程序，对于规模软件开发缺乏实际经验，为了使他们能快速适应规模软件开发，公司针对性开发了培训和考核内容，主要包含开发流程培训、编程基础培训、业务知识培训和答辩考核。

一、开发流程培训

新员工在入职 3 个月内，质量部会组织开发流程培训，培训形式为 5 天封闭式培训。其间由培训讲师带队，完成一个小项目开发，老师在开发过程中详细讲解公司的开发流程及质量文化，培训结束后进行闭卷考试。

这个培训叫作 Mini 项目培训，通过培训，新员工可以对公司的开发流程和质量控制体系有大概的了解，进入项目组后，能够更好、更快地融入项目开发工作。

二、编程基础培训

新员工在 3 个月试用期内必须通过两门基础知识考试：①编程基础考试；②编程规范考试。

1. 编程基础考试

根据语言分为 C/C++类和 Java 类，每月举行一次考试，每人有 3 次机会，考 100 分（满分 100 分）为通过。

内容主要包含数据结构、C/C++编程，以及公司总结的在开发过程中容易出错的知识点，具体包括复制/构造函数、运算符/函数重载、虚函数/多态、继承、类成员访问控制、对象模型、模板、内存操作。考察点较多，考试题要比面试时的笔试题难。

考试题型为选择题（含单选题、多选题）、判断题和填空题。

新员工在入职一个月内，部门会组织技术骨干进行 C++基础培训，平时主要以自学、课余时间学为主，考试前部门答疑一次；考试试题主要从公司题库中抽取。

2. 编程规范考试

编程规范考试每月举行一次，每人有 3 次机会，考 90 分为及格（满分 100 分）。公司有一本整理好的编程规范文档，内容包含排版、注释、标示符命名、可读性、变量/结构定义、可测试性、程序效率、质量保证、代码逻辑/编译、代码测试/维护、宏等规范，涵盖内容比较多，Word 文档有 50 多页。考试题型为选择题（含单选题、多选题）、判断题，考试以“编程规范”为出题范围。

统一的编程规范能显著提高代码的可读性，降低维护成本。部分学员编程基础不扎实、编码不规范，通过这两个考试，能够巩固基础知识，养成良好的编码习惯，为项目的开发打下较好的基础。编程基础考试是新员工入职时面临的“第一座大山”，考试不通过，或被淘汰，或被转岗，因此，这也能使新员工有一定的学习压力，迫使他们主动学习，从进入公司开始就养成良好的学习习惯。

三、业务知识培训

业务知识是指与项目相关的知识，主要培训责任人为导师。培训内容主要有 3 项：一是熟悉项目，二是学习经典案例，三是修改 Bug。

1. 熟悉项目

新员工由导师带领熟悉项目的整体知识，学习项目组的培训资料，然后重点学习某一模块。新员工主要学习的模块一般是其导师负责的模块。新员工定期（两周或一个月）制作学习汇报 PPT，在项目组中进行汇报讲解。

部门会组织业务骨干对新员工进行技术培训，培训内容为本部门开发使用的平台或组件，以及开发过程中所需要的业务知识。

2. 学习经典案例

华为有经典案例库，案例都是员工在实际开发过程中遇到的某一类问题的解决方法总结和修改 Bug 中积累的典型经验教训，通过经典案例学习，可以有效地吸收经验，避免或减少重复错误。

3. 修改 Bug

新员工刚开始一般做项目维护工作，一周内就会被安排修改 Bug。修改 Bug 的过程实际是在有压力的条件下，有目的的学习过程，新员工解决了一个 Bug 后，往往更有成就感，成就感能够激发学习的欲望。

在实际过程中发现，通过修改 Bug 来熟悉项目整体、深入理解模块是很有效的，在项目组历练过的新员工，无论基础好坏，通过修改 Bug 的培训，基本上两个月后都能独立修改一个模块的问题。

四、答辩考核

新员工在 3 个月试用期满、编程基础考试通过后，要准备答辩 PPT，描述自己在试用期的学习和工作成果，由部门组织 3～4 个项目经理或骨干员工组成评审专家组，对新员工进行答辩考核，形式与毕业论文答辩差不多。

考核内容包括公司文化、编程技术、业务知识，答辩成绩分为 A、B、C、D 四等。A 为优秀，占 5%左右；B 为良好，占 40%；C 为合格，占 50%；D 为不合格，约占 5%。D 要被淘汰。

目前，华为有近 70%的业绩来自国外，但新进的营销类员工，不可能立刻被派去国外工作，在一般情况下要在国内锻炼一段时间，通过实践能够掌握公司的流程和工作方法后再被派到国外去。

第三章

人才管理：建立长效机制，“复制”优秀人才

人才不是华为的核心竞争力，对人才进行管理的能力才是华为的核心竞争力。拥有好的人才不如建立良好的人才培养体系与管理体制，这样公司才不会因某个人才的流失而导致整个系统瘫痪。

——任正非

让人力资本增值大于财务资本增值

很多人把华为只当成一家经营通信业务和手机硬件的公司，殊不知，华为更是一家善于经营人才的公司。

1997 年，在《华为基本法》的起草过程中，起草小组的一位教授曾经问任正非："人才是不是华为的核心竞争力？"任正非的回答则出人意料："人才不是华为的核心竞争力，对人才进行管理的能力才是华为的核心竞争力。"

所以，在《华为基本法》中有一句话"认真负责、管理有效的员工是华为最大的财富"。而不是像很多企业那样泛泛地讲"员工是企业最宝贵的财富"。

《华为基本法》明确规定："人力资本不断增值的目标优先于财务资本增值的目标。"

任正非多次强调："追求人才比追求资本重要，有了人才就能创造价值，就能带动资本的迅速增值。"

众所周知，华为是一家主要依靠知识型劳动者和企业家创造价值的公司，华为强调人力资本增值的目标优先于财务资本增值的目标。在过去，资本是比较稀缺的资源，其支配力较大。现在的情况发生了变化，在过去资本雇用人才，在现在和未来，是人才雇用资本。人才会起到更主导的作用，人才创造的价值会更大。资本需要附着在人才身上，才能够保值、增值。

"知本"意识被作为当代企业必备的十大意识之一，这是因为在 21 世纪，人类从"资本主导"进入"知本主导"的全新经济时代。企业要在这样一个高速发展与瞬息万变的时代获得发展，必须依靠发挥人力资源与知识资本优势，使之成为企业重要的核心资源。

在华为的投入结构中，对人力资本的投入处于优先的、超前的地位，是先有对人力资本的投入，才有财务资本的增长和高投资回报。这里所说的人力资本的概念主要包括员工的教育水平、智力、技能、学习能力、创造力、团队合作生产力和员工数量等。财务资本主要指股东权益、总资产等。华为在资本运作过程中，始终秉持“知本”这一本质的特征，使企业30多年来一直保持稳健发展。

任正非的“知本”意识要超前于国内大多数企业家。这与他的身世有很大的关系。1944 年出生的任正非有一个充满饥饿感的童年，而他的青年时代恰逢充满动荡的特殊时期。幸运的是他有着崇尚“知识就是力量”的双亲，在那样混乱不堪的环境中，父亲仍然鼓励他：“记住，知识就是力量。别人不学你要学，不要随大溜。”就是这一句话，让任正非静下心来将樊映川的《高等数学习题集》从头到尾做了两遍，还自学了哲学和三门外语。任正非对于那些改变了人类命运的科学家的崇拜和敬仰，也是在那个时候形成的。这种崇敬和对知识的追寻也最终改变了他的命运。

任正非在内部讲话时经常强调：“华为要创造价值，首先应承认资本的力量，但更主要是靠劳动者的力量。特别是在互联网时代，年轻人的作战能力提升很迅速。要敢于涨工资，改革人力资源的胆子要大一些，底气要足一些。我们需要多学科人才，构筑对华为有长远影响的知识体系，招聘不能只局限在通信、电子工程类专业，可以招一些神经学、生物、化学、材料、理论物理、系统工程等专业的人才。应届毕业生入职后，要有两年的保护期，在两年内不会被淘汰，将来能否脱颖而出就看他们的实际贡献。”

挖掘人才并不是一项简单的工作，而人才也不是从天而降后便能够扎根于某一个企业的，任正非对这一点了然于胸，所以，从企业内部选拔和培养人才，远比直接从外界引进并不一定认同自己企业文化的人才要安心得多。

华为强调，人力资本不断增值的目标优先于财务资本增值的目标，但人力资本的增值靠的不是炒作，而靠有组织的学习。由此，华为每年在培训人才上所付出的努力是巨大的。一是因为中国还未建立起良好的外部劳动力市场，不能完全靠市场解决；二是因为中国的教育还未完全实现素质教育，大学刚毕业的学生动手的能力还很弱，需要培训；三是因为信息技术更替周期太短，老员工要不断进行充电。

每一个卓越的企业在培训上都别具一格，而且在投入上是不计较的。1998—2000 年，华为在深圳建设坂田基地的时候，手中拥有充足的现金。任正非将研发大楼和培训中心作为投资最大的基建项目，仅培训中心的硬件投入就超过 10 亿元，他将培训基地盖成了超五星级的“豪华酒店”。

对此，曾有人提出异议，但任正非初衷不改，他说：“人力资本的增值优先于财务资本的增值。企业要在人才培训方面进行投入，使一定的财务资本转化为人力资本，人力资本是财务资本增值的基础，可能是企业不得不支出的成本。”

“培训一定要让企业获得人才，让员工学到能力”，本着这一务实的原则，任正非极为重视对普通员工、普通岗位的培训。他说：“大家要苦练基本功，华为要培养业务能力过硬的钳工、电工、厨工、库工、工程师、秘书、统计员、计划员、业务经理，让每一个人都有基本功。”可以看出，任正非不只是希望那些坐在管理层位置的人才更上一层楼，也希望基层员工得到较之原来的突破性的成长，进而一步步地成为管理者，成为华为的骨干力量。

任正非希望把华为打造成一个学习型组织，因此，建立了一套完善的以华为大学为主体的华为培训体系。华为大学集一流教师队伍、一流教学设备和优美培训环境于一体，拥有千余名专、兼职教师和能同时容纳 3000 名学员的培训基地。

如此规模宏大的培训基地，让华为员工得到了极好的发展机会，而培训广泛采用的案例、体验和多媒体培训及工程维护实习等教学手段，也让华为员工的知识获取渠道更为多元。通过全方位的培训，华为人的潜力被挖掘了出来，工作效率迅速提高。

巨大的耗资看似浪费，其实是“磨刀不误砍柴工”。华为通过在培训上的巨大投入，产生了一大批可以创造更大价值的人才，他们自身的增值，让企业的盈利不仅仅体现在账面上，更是体现了华为的强劲的综合实力。

真正能意识到人才的重要性的领导者，从不会认为高薪、高职位能俘获人才的心。企业自身造就源源不断、可以创造高价值的人才的秘诀就是培训。华为正是通过全方位的培训让人才增值，从而一步步成就了华为的卓越与辉煌。

在任正非看来，知本是永远高于资本的，这就是华为的人才理念，任正非认为人才是关键，只有认识到人的价值的企业，才是一家有价值的企业。如今，华为每年投入上百亿美元的研发资金，近60%是花在人的身上的。

华为是一家主要依靠知识型劳动者创造价值的公司。这一点明确了华为的价值是从何而来的问题，也体现华为对人才的重视程度。

众所周知，华为没有上市，没有直接融资的渠道，所以，资本在华为价值创造过程中的作用处于相对次要的地位。那么，华为的价值到底是由什么创造的呢？

从华为的人员结构上来看，从事 R&D（研发）的员工数量占员工总数的45%，真正在生产线上完成作业功能的人员数量只占很小的比例。

从财富创造要素的角度来看，华为的全部价值主要是由知识型员工和企业家创造的。所以，华为总裁任正非指出：“华为没有可以依存的自然资源，唯有在人的头脑中“挖掘”出‘大油田’‘大森林’‘大煤矿’……”“资源是会枯竭的，唯有文化生生不息。”

华为不追求利润最大化，不追求股东价值最大化，而是把公司的可持续发展作为首要目标。

任正非认为，从当期的损益来看，人力资本的超前投入会增加短期的成本，大量招人会增加人力成本和期间费用，有可能会降低企业的当期效益；但从长期来看，会提高企业的长期效益和价值。

有效的知识型员工的价值管理模式，能够客观、公正地评价知识型员工的贡献。

一个优秀的企业家不仅要舍得分钱，还要将钱分得客观公正，让大家心服口服，否则，钱给得越多，员工有可能越抱怨，尤其是在知识型企业中，知识型员工更追求价值分配的客观公正性。华为人力资源管理最具特色的是华为的价值创造、价值评价、价值分配“三位一体”的价值链管理系统，形成了全力创造价值、科学评价价值、合理分配价值的良性循环的价值管理机制，使好人不吃亏、坏人不得志，做出贡献者定当得到合理回报。华为通过一整套科学的方法体系，对岗位价值、胜任能力水平（任职资格）、劳动态度（文化价值观）、工作绩效等方面进行客观公正的评价，使得员工工资的确定（以岗位价值评价为主）、奖金的分配（依据绩效评价结果）、股权的获取（劳动态度评价、岗位价值与绩效评价）、职务的晋升（任职资格评价）都有客观依据，升职、加薪，不是由老板说了算，也不是由各级管理者说了算，而是由这套评价体系说了算。知识分子既感性又理性，最容易惹麻烦、引争议，但也是最讲道理的。对知识型员工的管理，不能简单用官僚威权、“拍脑袋”决定，而是要基于数据、基于事实，知识型员工更追求基于规则和理性的公平。在华为，有客观公正的评价体系，员工不用看领导的眼色行事，也不用拍领导马屁，只需不断提升自身的能力，做好工作，创造出高绩效，就可以多拿钱、快升职。

同时，知识型员工的需求是多方面、多层次的，不单是工资和奖金，他们还要追求成就感、自我价值实现与能力提升。知识管理专家玛汉·坦姆仆经过大量实证研究后认为：激励知识型员工的前四个因素依次为个体成长、工作自主、业务成就和金钱。

与其他类型的员工相比，知识型员工更加重视能够促进他们不断发展的、有挑战性的工作，他们对知识，以及对个体和事业的成长有着持续不断的追求；他们要求给予他们自主权，使之能够以自己认为有效的方式进行工作并完成企业交给他们的任务。获得一份与自己贡献相称的报酬，自己能够分享到自己创造的财富，仍然是激励知识型员工的重要因素，但与个体成长、工作自主和业务成就相比，金钱的边际价值已经退居相对次要的地位。

因此，华为的整个评价机制向那些持续为公司创造价值的人，特别是知识型员工倾斜，通过建立全面的薪酬管理体系，满足知识型员工的多方面需求。《华为基本法》很早就提出了要建立全面薪酬管理体系，机会、工资、奖金、股权、信息分享、学习深造，都属于“薪酬”，这就是所谓的多元的、全面的薪酬。

华为建立了客观公正的评价体系，对知识型员工的岗位价值、能力价值、价值观价值、绩效价值进行客观公正的评价，使价值分配有依据。并通过多元、全面的薪酬管理体系满足知识型员工的多元化、多层次的需求，从而发挥出人力资本的最大效能，实现人力资本增值大于财务资本增值的目标。

“三位一体”的人才管理模式

从企业的人才运营管理模式来看，持续提升人力资本的 ROI（投资回报率）是一件极其困难的事情。华为实行“三位一体”的人才管理模式，取得了显著的成效，值得国内企业学习借鉴。华为“三位一体”的人才管理模式如图 3-1 所示。

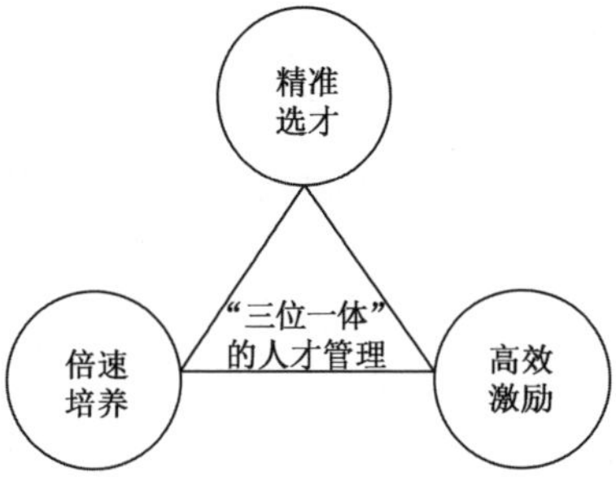

图 3-1 华为“三位一体”的人才管理模式

精准选才——人才的甄选与配置

选人最大的成本不是招聘成本，而是企业的机会成本。对于人才，华为认为最合适的就是最好的。一位胜任岗位的人才能把事情做成，而一位不胜任岗位的人就会把同样的事情给搞砸，这就是韦尔奇说的“先人后事”——没有合适的人（尤其是领军人才），再好的战略也无法落地执行。

任正非认为，作为一名管理者，准确识人是一项基本功。为了快速提高人才辨识能力，华为从 1998 年开始采用 STAR 法［S——Situation（情景）、T——Task（任务）、A——Action（怎样行动）、R——Result（结果），对过去关键行为的描述有助于企业准确判定应聘者的素质和技能］，STAR 法是一种结构化的行为面试方法，面试官经过反复训练，掌握这种方法之后，可以有效杜绝大部分人为“拍脑袋”的因素，让企业的人才识别率提升到60%以上。

其实华为在吸引人才方面曾有过沉痛的教训，2000 年华为曾一次性从名牌大学招聘了300多名应届毕业生，但不到一年时间，这些人才“跑”了个精光。任正非自己也承认，他曾多次在招聘人才时“看走了眼”——把那些“伪人才”招到了公司里，因此，给公司造成了很大的损失。但是，在经历了无数次教训之后，华为终于找到了一套精准选才、甄别人才的有效办法。

任正非要求不仅要把单个的人才选准，还要学会组建最佳团队——让核心人才的分工搭配更加合理。

因此，华为从20世纪90年代开始实施了“狼狈计划”，并制订了团队正职和副职搭配的两大原则：核心价值观趋同，能力、优势互补。

倍速培养——人才倍速成长机制

十年树木，百年树人。在一般情况下，企业成长的速度会快于人才成长的速度，尤其是在企业的变革转型期。

任正非意识到，现在是人本社会，公司是赋能型的企业组织。所以，他非常重视员工的发展和职业生涯规划，希望能快速提升员工的工作能力。

华为是中国第一个引入“五级双通道”任职资格体系的企业，让员工明确知道自己职业发展的上行通道。即先梳理出“管理”和“专业”两个基本通道，再按照岗位划分的原则，将专业通道进行细分，衍生出技术、营销、服务与支持、采购、生产、财务、人力资源等子通道。这些专业通道从纵向按职业能力再划分出几类岗位，如技术通道由助理工程师、工程师、高级工程师、技术专家、资深技术专家五类岗位构成。管理通道则分为监督者（三级）、管理者（四级）和领导者（五级）。

在这个模型中，每个员工都可以根据自身特长和意愿，选择向管理方向或技术通道方向发展。两条通道的资格要求不同，技术过硬但领导或管理能力相对欠缺的员工，可选择在技术通道方向发展，一旦成长为资深技术专家，即使不担任管理岗位，也可以享受公司副总裁级的待遇，并有权调动资源。这在华为称为“有职、有权、有责”，企业也得以保留一批具有丰富经验的技术人才。很多员工还可以选择从两个通道分别进行认证，企业采取“就高不就低”的原则来确定员工的职级待遇。

此外，任正非还提出“饿狼逼饱狼”的策略。竞争上岗的基本条件是任职资格，任何一个岗位都会有 3～4 个符合任职资格的人选，你在这个岗位必须好好干，否则马上就有接替者。不得不提的是，华为的绩效管理体系、薪酬分配体系和任职资格评价体系互通互联，形成动态的结构，促使员工必须自觉努力工作。

为了培养出能打胜仗的人才，华为采用“训战结合”的方法，“复制”前方的“将军”级人才，华为把那些业绩卓越的员工代表召集在一起，由他们来编教材、当老师，让最优秀的人来培养更优秀的人。这些老师把培训课堂当作“前敌作战指挥部”，带领学员进行实战学习。理论和方法教育固然重要，但从战争中学习战争才是关键。

华为针对能力的提升和平台的建设，训练了 20 多个战略预备队。有各种解决方案的预备队称为重装旅，大的原则是训战结合，战斗需要什么能力，就训练什么能力。所要训练的技术、能力是从战斗的角度来安排的，市场需要的场景、能力都按照战斗的需要来设置。战略预备队一般每年有两个星期的封闭式训练，其间，把受训者拉到全球进行分批训练。

在团队能力建设方面，华为特别舍得投入，不仅会把一线作战团队拉回来训练，每年还会进行为期九天的高管培训，学任正非文章，写心得体会。这样的培训都要收费，参加培训的高管，公司会停掉其半个月的工资。他们从世界各地、全国各地赶回来参加培训，吃、住、行都要自理。住华为自己的宾馆要自己掏钱，吃饭自己掏钱，连学费和教材费都要自掏腰包。

高效激励——人才培养的长效动力机制

有人说，华为有钱，可以以高薪来高效激励人才成长。事实上，有钱、没钱和激励机制是否有效是完全不同的概念。

很多创业公司即使没有钱，照样可以吸引并激励优秀员工；而很多财大气粗的企业，不恰当的物质激励方式却带来负面效果。华为在创立之初，经营规模很小，也没有经济实力，但照样能够招聘到优秀的人才，这关键在于华为建立了一套有效的激励机制。

举例来说，目前华为员工的收入是由工资、奖金、TUP 分配和虚拟股收益 4 个部分构成的。在 2014 年之前，华为员工的收入只包括 3 个部分——工资、奖金、虚拟股收益，没有 TUP 分配。

但是后来，TUP 分配制度的副作用越来越明显——形成了庞大的“食利者”阶层，这些人不干活，只拿钱。TUP 分配的本质是奖金的一种递延分配，主要分配给有卓越贡献的年轻人。这样一来就稀释了“老人”们虚拟股份分配的数额，让华为“以奋斗者为本”的核心价值观得以兑现。

自 TUP 分配制度实施以来，除了激活部分“老人”之外，最大的价值就是增强了华为吸引和保留优秀年轻员工的能力，让华为不会在互联网“新贵”们的人才掠夺战中失去人力资本优势。

任正非认为，激励的本质是期望值管理——员工不是看薪酬的绝对值，而是看薪酬绝对值与个人期望值的差距。

贪婪是人的本性，华为在激励方面最大的贡献就是让员工的期望值回归理性。为了管理好员工的期望值，华为首先坚持设定具有挑战性的目标，其次在考核中严格执行绩效考核结果等级为 A 的员工比例占 10%、B 的占 40%、C 的占 45%、D 的占 5%，不能让员工轻易达成目标。

对绩效考核结果等级为 A 的要求是要超越目标，而目标又具有挑战性。所以，得 A 是很难的，越往高层走就越得不到 A，华为有接近一半员工的考核结果等级是 C。

华为设定的目标值的挑战性很高，因此，即使企业的年度目标达成率仅为

70%～80%，总奖励金额也会很大。

绩效考核结果等级为B、C的员工（占员工总数的85%左右）发现自己虽然没有完成目标，但是自己拿的奖金还挺多。这样一来，员工拿到钱的时候就会产生“负疚感”：老板太好了，干得不咋地，还给这么多的钱，惭愧啊！明年必须好好干。

反观大部分中国企业，目标值定得低不说，考核结果等级为A的员工比例还很高，由此造成许多员工误认为自己干得“很棒”，而企业却兑现得太少。由此助长了人性中“贪婪”的一面，这样一来，再多的钱也无法满足他们。

任正非指出：“有竞争才有比较，才有利于人才的选拔和使用。没有竞争，企业就没有活力，企业就显得死气沉沉，也就难以涌现出优秀的人才。”

有人的地方就有竞争，竞争往往体现在资源占有、现实利益分配，以及对未来发展空间的争夺上。一个好的企业必须有一个好的激励机制来留住人才，让这些人才和企业共进退。借鉴华为“三位一体”的人才管理模式，选对人，用好人，提高人才的竞争优势，才能让更多的人才在竞争中脱颖而出。

将十几万名知识型人才聚集在一起，共同锻造世界级的、商业性的高科技企业。华为的这一目标能否实现取决于其如何评价员工的价值贡献和如何分配企业创造的价值。其中考核是价值评价，解决的是公正问题；激励是要做好价值分配中的公平问题。华为发展的源动力是将十几万名员工打造成“命运共同体”，而不是“利益驱动体”。

人才管理的六大法则

华为一直是中国民营企业学习的标杆，很多人都在探寻、学习华为的成功之道。其实，华为的成功是人的成功，所有的成绩来自人才战略的成功。任正非今日的辉煌，来自一个突破，那就是对人性的洞悉。对于一个管理者而言，对人性的洞悉程度有多深，管理水平就有多高。

任正非在青少年时期生活困顿，后又经历近十年的军队“熔炉”历练，于人生低谷时创建华为。饱经苦难之后，他的睿智与从容，以及对人才的重视，求贤若渴，为他吸引了一批人才。

华为的研发大将郭平，在研究生毕业后，任正非亲自去挖他，郭平加入华为后，又为华为带来郑宝用。华为的第二款自主研发的产品就是郭平主持研发的。而郑宝用一来就被任命为总工程师。

研发非常烧钱，前期投入就像一个黑洞，不断消耗掉华为前期的积累资金。在资金链即将断裂、千钧一发时，任正非遇到了他人生的又一贵人——孙亚芳。

孙亚芳也是军人出身，对于任正非身上的韧劲、闯劲非常欣赏，不仅为华为拉来了投资，还辞去了铁饭碗，加入了华为。而任正非回报给孙亚芳的是公司法人、董事长一职，重用、信任异常。

重赏之下，必有勇夫。任正非非常明白这个道理：你愿意舍财，别人就愿意为你卖命。华为的高端人才，是他拿真金白银砸出来的。来到华为，只要你有贡献，你的薪资不是按年涨的，而是按月涨的。初来华为的技术型研究人才，都经历过一段梦幻般的涨工资期。

任正非给高管允诺高薪，但在特殊时期采取特殊方式，薪水先发一半，另一半是记在公司账上的，公司打白条，等公司挣钱后再发放。

当然，这离不开员工对任正非的高度信任，管理者的人品和能力缺一不可。后来记在账上的那一半薪水大都变成了华为的股份。

任正非说：“我不懂财务，不懂技术，不懂管理，我只有靠利益分享机制把 18 万人粘在一起。”

华为 90%以上的员工都是受过高等教育的知识型员工，要管好知识型员工是很困难的，任何单一的举措都很难奏效，人才管理必须从洞悉人性入手，形成合力。我们可以把华为人才管理的经验归纳为六大法则：吸引人才的“桃子”，捆绑人才的“绳子”，抽打人才的“鞭子”，培训人才的“路子”，留住人才的“票子”，淘汰劣才的“筛子”。

一、吸引人才的“桃子”

人才管理的核心问题是要有可选择的人才。如果你对一位员工的能力不满意，却没有可以替代的人选，也只能将就着使用他，否则工作就没有人做。这时，一切管理手段都会大打折扣，甚至你根本就不敢大胆地出台和使用人才管理办法。

任正非显然非常清楚这一点。因此，华为一直把人才招聘工作放在人才管理整体工作的优先位置。华为主要以招聘应届大学毕业生为主，然后让他们从基层一步一步往上发展。这样做最大的好处就是“一张白纸好写字”——便于把华为的价值观装进人才们的脑子里。这是人才管理中最“狠”的一招。

当然，无论是有经验的人才，还是应届大学毕业生，人才凭什么愿意到你的企业任职呢？解决这个大问题的最好的办法就是要有吸引人才加盟的“桃子”。

华为是通过以下四个“桃子”来吸引人才的：

第一，通过企业发展愿景和品牌影响力，让人才对未来有丰富的想象空间。

第二，给人才以有竞争力的收入（工资、奖金、TUP 分配和虚拟股收益）。

第三，给人才提供良好的学习与成长平台，丰富的职业发展机会。

第四，建立和不断完善公正、公平的价值评价与分配制度，努力创造一个公正、公平的人才成长环境。

二、捆绑人才的“绳子”

华为并没有直接讲用“绳子”来捆绑人才。任正非在《华为的红旗到底能打多久》中说：“公司与员工在选择权利上是对等的，员工对公司的贡献是自愿的。自由雇佣制度促使每个员工都成为自立、自尊的强者，从而保证公司具有持久的竞争力。”由于双方的权利是对等的，也就更有利于矛盾的协调。

企业和员工是对等的，企业做不到的地方员工要理解。员工可以不选择企业，若选择了企业就要好好干，若不好好干，员工随时都可能离开。

但是，这并不意味着华为没有用“绳子”来“捆绑”优秀人才的思考和实践。深入分析后就会发现，华为的人才管理机制，对于优秀的人才有明显的“捆绑”作用。这种“捆绑”主要体现在如下三个方面：

一是企业文化。这是最高明的人才捆绑策略，是精神（价值观）上的“捆绑”。

二是薪酬福利。它给人才的暗示是，在华为工作，如果你能满足公司的要求，你就有可能获得优于其他企业的回报，这是物质利益的“捆绑”。众所周知，任正非所说的“不能让‘雷锋’吃亏”“以奋斗者为本”，就是这个意思。

三是发展平台。在华为，人才不仅拥有自主选择工作的权利，而且拥有轮岗学习和其他多种学习机会。而且，华为为优秀人才的升迁提供了三条清晰的通道（管理、技术和项目），这对那些希望获得职业成功的人才极具诱惑力。

三、抽打人才的“鞭子”

华为是一家极善于运用“鞭子”来“抽打”人才的企业。“抽打”人才的目的有两个，一是让人才不断学习进步，二是让人才为企业创造更好的业绩。前者是让人才有工作意愿和工作能力，后者是让人才为企业（也是为人才自身）创造价值。

华为用于“抽打”员工的“鞭子”主要有两条：

第一条“鞭子”是重视对人才的培养——能力发展。华为在人才开发方面倾注了大量的资金。华为重视人才培养的逻辑说起来简单而明确：只有通过严格的培养，人才才能拥有足够的工作意愿和能力；只有人才有了足够的工作意愿和能力，才能为组织创造最大化的业绩；只有为组织创造了最大化的业绩，个人在组织中才能得到最大化的回报。

第二条“鞭子”是重视对人才的绩效管理——动力激发。华为的绩效管理充分借鉴了 IBM 的管理体系。乍一看，与大多数企业绩效管理的套路并无根本区别。但在华为，绩效是任何一位人才是否能够在公司“存活”的唯一依据，末位淘汰制的唯一标尺就是绩效考核结果。

四、培训人才的“路子”

任正非再三表示：“我们提倡自觉地学习，特别是在实践中学习，在战争中学习战争。”

任正非说过，没有实践就没有培训，要从实践出发，学以致用。急用先学，培训士兵时就教炸药包怎么捆、怎么拉导火索，不用讲怎么当元帅。各个干部都要配合培训中心，一定要把整个培训方式调整过来，不能走老路子。

在快速变化的环境下，要搭建结果导向的培训体系，基于团队共创、小批量多批次的学习方式，形成灵活的组织学习供应链。

激发内部团队的智慧，解决业务部门的实际问题，在战争中学习战争，在战争中锻炼队伍。行动学习有助于战略目标的实现，能够提升团队能力，能够培养出能打胜仗的队伍。

华为在实践中选拔人才，通过训战结合方式培养人才。华为的英雄都是在泥坑中摸爬滚打出来的。华为不论资排辈，所以，华为的英雄“倍”出不是一辈子的“辈”，而是加倍的“倍”。

五、留住人才的“票子”

众所周知，华为的管理模式以高工资、高效率、高素质人才为特点，华为成功的很重要的一个因素就是“分钱分得好”。敢给钱，留住了众多优秀人才，稳住了创业团队。

任正非还善于勾勒“美好前景”。他曾经告诉华为的员工：“未来华为最大的问题是什么？就是钱多得不知道如何花。你们家买房子的时候，客厅和卧室可以小一点，但阳台一定要大一点，因为要时常在那里晒晒钱，不然钱就发霉了！”

华为是世界 500 强中唯一没有上市的公司，华为在内部推行虚拟股权制度，实行全员持股。截至 2017 年 12 月 31 日，华为共有 80 818 名员工持有公司股份，员工持股比例占99%，其创始人、总裁任正非仅持有公司1%的股份。

在华为员工的收入中，除了工资和奖金之外，股份分红占了相当大的比重，不少员工一年能获得近百万元的股份分红。2017年，华为员工股份分红总额达到168亿元，持股员工人均可分得21万元。

此外，华为员工的工资在国内民营企业和全球同行业中也是最高的。对华为员工来说，工资只是零花钱，高额的奖金和分红才是大头。

据华为年报显示，2016年度华为支付给雇员的工资、薪金及其他福利为941.79亿元，此外还有130.76亿元的“时间单位计划”。据此计算，2016年度华为员工获得的工资、薪金及其他福利，加上“时间单位计划”，年度人均收入合计达到59.58万元。2017年，华为员工的人均年薪为68.89万元。在华为员工中百万元年薪的人数已经有2万人。

正是任正非懂得与员工们共同分享公司的发展成果，聚集了众多的优秀人才，才使各路英才的聪明才智得到充分发挥，给华为注入了强大的生命力，大家“力出一孔，利出一孔”，将华为推上世界之巅。

任正非曾经说过，分钱是企业最难的事。为什么这么说？因为分钱体现了企业的意志，必须做到内部的相对公平合理，要让绝大多数的员工都有积极性，要发挥薪酬的持续激励作用。

因此，华为建立了适合自己的薪酬分配方式，通过分好钱，让干活的人不吃亏，让不干活的人占不到便宜，让想留住的人留得住，让不想留住的人自己走。

六、淘汰劣才的“筛子”

华为推行末位淘汰制，基本上遵循了美国通用电气公司（GE）前CEO杰克·韦尔奇推崇的“活力曲线”——“2-7-1法则”。即把20%的绩优员工定义为A类员工，把70%的业绩中等的员工定义为B类员工，把余下10%的业绩较差的员工定义为C类员工。C类员工必须走人。

实际上，在华为的新员工的入职培训内容中，会有关于华为残酷的末位淘汰制的介绍，即华为会结合公司的各个岗位设定绩效考核体系，对员工进行考核，根据考核的结果对等级排名靠后的员工进行淘汰。在华为，考核结果分为A、B+、B、C、D几个等级，半年执行一次。排名靠后的5%的普通员工和管理层员工会被淘汰。一些不干活的员工肯定不能让他赖在公司。

考核结果等级为D的，公司会直接与之终止合同；连续两个半年为C的，基本会被劝退，不被劝退的员工自己一般也会离职；考核结果等级为B的，被称为华为的扎实贡献者，就是普通员工；考核结果等级为B+的算比较优秀；考核结果等级为A的则算得上特别优秀。考核结果等级为A和B的在年终奖和加薪方面都有相当大的差距，考核结果等级为A的到年终可以加薪30%～50%，考核结果等级为B+的年终可以加薪20%，考核结果等级为B的基本不加薪。

员工的绩效是由员工的直接领导直接评定的。但领导也有绩效考核，其绩效与团队整体绩效挂钩，所以会相对公平。

在每年年初，员工和上级之间商定好工作责任书，即半年内达到哪些目标，半年后，能够完成目标的员工可被评为B；在这个目标以外，有其他贡献的员工，可以被评为B+；目标以外的贡献特别突出的员工，可以被评为A。

2007年11月，华为还出奇招，要求工作满8年的员工向公司提交一份辞职申请，在达成自愿辞职共识之后，再竞争上岗，与公司签订新的劳动合同，工作岗位基本不变，薪酬略有上升，并且享受一到两个星期的假期。这就是华为著名的“先辞职再竞争上岗”的管理革新。当时，99%的员工重新上岗，其中也包括任正非自己。华为的这一策略，一度被批为“对抗新劳动法”。但事实同时也证明，这一举措提高了华为员工的竞争力。

华为不搞干部终身制，干部能上能下，易岗易薪，竞争压力比较大。华为每年都会对干部进行末尾5%的淘汰，高层的干部同样也需要进行淘汰，这在华为都是硬性执行的，非常残酷。任正非曾经表示：“我们的干部不是终身制的，高级干部也要能上能下。在任期届满，干部要通过自己的述职报告，以及下一阶段的任职申请，接受组织与群众的评议以及重新讨论确定薪酬。”

“末位淘汰”“能上能下”已经是华为人能够普遍接受和认可的文化现象，华为之所以能越走越远，走出国门，走向全世界，离不开它的企业文化。

华为的“筛子”遭受到了来自各个方面的人们的批评和质疑。但是，华为却一直坚持。如果没有包含退出机制在内的双向激励手段，华为就不会激发出人才的危机意识，也不可能把巨大的市场压力传递到每个员工的神经末梢。

但华为出于人性化的考虑，末位淘汰制在大多时候并没有对普通员工执行得那么严格，往往会依然保留这部分人员，或者采取一些变通手段。

例如，公司会和希望主动离职的员工商议，让他们背 5%的淘汰指标，如此，这些主动离职的员工也可以拿到《劳动法》所规定的，只有被公司辞退才能拿到的 N+1 的赔偿。按《劳动法》的规定，主动离职人员不能拿到赔偿。因此，在过去的发展过程中，华为普通员工的淘汰比例就被主动离职的员工担了下来，真正被末位淘汰掉的员工其实并不多。

值得一提的是，在华为，一个普通员工也可以充分享受企业发展的红利，一个普通员工也有机会实现自我价值，这是很多企业所不具备的，也是华为成功的原因之一。

为了激励年轻人奋斗，华为建立了科学的人才激励机制，用机制牵引员工成长和职业提升。华为坚持“以奋斗者为本”，为奋斗者提供舞台，将利益分配向一线的奋斗者和研发人员倾斜，并以贡献来评价员工，考核选拔干部。

华为通过付给人才以具有市场竞争力的薪酬、待遇和提供最先进的研究条件和优雅的工作环境，吸引世界范围内能与华为保持同向的优秀人才加入华为。

华为是一家独特的公司，历经 30 余年，华为的奋斗者文化能长盛不衰，那么多华为人，无论是 90 后，还是外籍员工，都能长期艰苦奋斗、做出牺牲，这一切都和华为独特的人才观密切相关。将华为的人才观和人才战略“复制”到其他企业未必能够成功，其中的很多精髓和思想却值得很多企业借鉴。

行之有效的导师制员工培养模式

导师制是华为独特的人才培养模式，经过 30 多年的实践证明，导师制是行之有效的人才培养模式，为华为培养了大量的优秀人才。

一、什么是导师制员工培养模式

导师制员工培养模式是华为特有的育才机制，是员工在职培训的一种方式，有助于实现员工技能的螺旋式提升。导师制会伴随员工度过在华为的整个职业生涯。

二、导师制员工培养的目的

配合公司发展的需要，培养出既有水平又能做事的华为人。

三、导师在员工培养中所扮演的角色

（1）教师、教练和辅导员。

（2）榜样。

（3）能力与潜质的开发者。

（4）值得员工信赖的保护人。

（5）技术带头人、提携者。

（6）提供机会和纠正错误者。

（7）思想引导者。

四、任职资格认证、知识和能力培训与绩效考核三者在导师制员工培养模式中的关系

任职资格认证是导师制员工培养模式的牵引绳，它指明了员工的职业发展的方向，明确了员工在每个阶段的发展目标。针对员工目前的资格水平与目标的差距，培训部将组织相关知识和能力的培训，帮助员工提高技能。员工的进步和存在的问题将通过绩效考核来验证。因此，任职资格认证、知识和能力培训与绩效考核三者是紧密联系在一起的，共同支撑导师制员工培养模式。

五、导师制管理办法

1. 管理组织与责任

华为干部部是导师制的领导机构，全面负责和推动导师制的执行，制订和签发导师制的相关管理制度。各系统干部处负责本系统导师的管理工作：

（1）负责制订和完善导师工作细则和评价标准。

（2）不定期对导师的工作进行检查，推动导师制度的深化。

（3）对本部门导师进行资格审查、工作检查、日常管理。

（4）导师及培养对象结束培养期的考核评定，组织答辩。

（5）进行导师工作的创新，保证本系统导师工作的正常进行。

2. 导师的任职资格要求

（1）公司各级主管、部门主管、基层主管和部门业务骨干，有能力对培养对象进行业务方面的指导。

（2）认同华为文化，有能力对培养对象进行思想引导，愿意听取意见，并为培养对象解决思想问题。

（3）责任心强，有较强的计划、组织、管理、沟通能力，有能力为培养对象制订合理的学习计划，安排相应的任务。

（4）为人正直，有能力对培养对象的工作进行客观评价，能利用各种激励方法，引导培养对象进步。

3. 导师的主要责任

导师的主要责任是帮助培养对象在思想和业务水平上达到预定的目标。包括：

（1）定期与培养对象沟通，帮助解决其思想上的疑难问题。

（2）根据资格认证标准，针对培养对象的不足制订发展目标、培养计划，在日常工作中进行业务指导和经验传授，促使培养对象达到任职资格的要求或预定的目标。

（3）创造和提供机会让培养对象参加各种培训。

（4）填写培养手册。

4. 对导师的考评

对导师的考评工作在辅导期结束后，由各系统干部部组织开展。通常导师的答辩和被培养对象的答辩同时进行。答辩委员会针对导师的答辩情况给出评价，部门干部处针对答辩评价，并结合被培养人培养手册中所反映的情况和绩效考核情况，参照等级评定标准，给出具体等级评定意见，然后提交公司干部部，经干部部部长签字确认后生效。

5. 导师等级评定标准

导师的考评结果分为优秀、合格、不合格三等，考核点主要包括导师工作的结果和过程两部分。以培养对象的工作学习表现和业务水平的提高作为导师工作的结果，以辅导期内导师工作档案——“培养计划”“月度总结”及沟通记录等作为导师的工作过程，并参考导师自评、培养对象评价意见、答辩委员会意见和周围同事的意见共同评定。

（1）优秀：培养对象的工作明显改善，业务水平提高很快，认同并融入公司文化和部门工作氛围，遵守公司各项工作制度，无违纪现象。新员工经过实习期完全可以独立承担较重要的工作；后备业务骨干、后备干部和干部的成长得到公认。导师工作认真负责，过程文档齐备，培养对象及周围同事一致认可，表现突出。

（2）合格：培养对象的工作有改善，业务水平有所提高；认同并融入公司文化和部门工作氛围，工作较安心，无重大违反公司各项规章制度的行为。导师工作符合要求，过程文档基本完整，培养对象及周围同事都予以认可。

（3）不合格：培养对象的工作无改善，业务水平没有得到有效提高。新员工实习期满后不能独立开展工作，对公司文化或部门工作惯例不认可，工作不安定或出现重大违纪事件。后备业务骨干、后备干部和干部的工作没有进步，同时，导师工作过程文档不完整，沟通、计划、总结等工作不符合要求。

对考评结果为优秀的导师，给予荣誉奖励，如果是非干部的新员工导师，还会被列入“后备干部队伍”培养计划；考评结果为合格的导师，可以继续担任导师工作；考评结果为不合格者将被撤销导师资格。以上考评结果将与导师的绩效考核和年终评定直接挂钩。

6. 对培养对象的考评

对培养对象的考评除了在培养期间的绩效考核以外，还包括培养期结束时的转正答辩或答辩考核：3 个月培养期结束后，新员工必须接受转正答辩，具体方式和考核细则由各系统自行设计。

后备业务骨干、后备干部和干部的答辩考评：6 个月培养期结束后，由各系统干部处组织答辩，建立答辩委员会，制订考评细则，对培养结果做出评定。对于达到培养目标的被培养人，根据部门实际情况，可以参加下一阶段的培养计划；对于没有达到培养目标的被培养人，具体部门将上交原因分析报告和处理建议，由系统干部处审核，公司干部部审批后生效。

7. 导师和培养对象的申报

新员工的导师的申报由各系统下属业务部门负责，导师的申报应结合部门招聘情况，力争做到“1+1”，即每个新员工都至少有一名导师。导师的申报每季度申报一次，导师申报须填写申报表，由各系统干部处负责审核，系统领导批准后生效。后备业务骨干、后备干部和干部的导师的申报和培养对象一起配套申报，由各业务部门负责，并填写申报表，系统干部处审核备案，重新申报工作在上一轮培养期答辩结束后，由系统干部处组织开展。

8. 工作流程

新员工导师的工作流程如下：

（1）新员工进入业务部门定岗的第一天，由其所在部门领导为其指定导师（导师必须是预先申报并获准的）。通过新员工报到反馈单报各系统干部处备案。导师的任期为 3 个月，期满后师生关系结束，在任期内新员工所犯的错误，其导师应承担一定的连带责任。

（2）导师应主动向新员工介绍部门的组织结构、工作环境、工作流程、相关业务进度及周边同事。应在一周内与新员工认真沟通，了解其专业知识结构，明确转正标准，并根据本部门需要和新员工实际情况为其制订详细的月度“培养计划”，培养计划一式三份，导师、新员工和干部处各存一份，各系统干部处负责督促培养计划的及时完成，并不定期进行抽查。

（3）导师除在技术上给予新员工指导外，还应在思想上给予帮助，引导新员工严格遵守公司制订的各项规章制度，并不对其妄加评论，对于不应该了解的事项不随意打听。

（4）在 3 个月培养期内，导师应根据实际情况，及时对“培养计划”做出修正，并对新员工的学习和工作情况进行检查。

（5）3 个月培养期满后，导师填写“培养工作总结”，对自己的培养工作和新员工的工作进展做出书面评价，并对新员工是否能上岗转正提出意见，将书面评价提交到干部处，书面评价作为考核评价导师和新员工工作的依据之一。新员工每月填写“月度工作总结”提交导师、干部处，3 个月培养期满后，填写“工作总结”，要求对 3 个月来的学习工作做出书面总结，对导师工作做出评价，将书面总结提交到干部处，书面总结作为考核评价导师和新员工工作的依据之一。

根据上述原则，各系统干部处结合新员工转正答辩要求，自行设计本系统的新员工培养手册。

后备业务骨干、后备干部、干部的导师工作流程如下：

（1）整个培养期分为两个阶段，在培养关系获准建立后一个星期内，导师要与培养对象进行一次全面的沟通，针对培养对象的特点、目前工作现状，结合任职资格要求和培养目的，制订第一个阶段培养改进计划（包括培养目标和培养措施），此阶段的培养期为一个季度。第一个阶段的培养计划完成后，再制订第二个阶段的培养改进计划，此阶段的培养期也为一个季度。培养改进计划力求 SMART 化，计划表由导师填写，经导师的上级主管领导签字确认后生效，计划表一式三份，导师、培养对象、系统干部处各留一份。

（2）导师应针对培养对象的实际情况，指定相关资料、书籍要求培养对象限期阅读，并做好读书笔记。沟通时查看读书笔记，听取学习心得，并予以指导。

（3）导师应结合具体工作实例，与培养对象共同讨论，指出其工作中的不足之处，提出改进建议。应多与培养对象沟通，每月至少正式沟通一次。正式沟通完毕后，导师应填写沟通卡，沟通卡经双方签名后，交到干部处备案。

（4）在 6 个月培养期内，导师应根据实际情况，及时对“培养计划”做出修正，并对培养对象的学习和工作情况进行检查，对培养对象的工作进行总结，肯定进步，指出不足，并征求培养对象关于培养工作的意见，沟通气氛要融洽。

（5）培养对象在各阶段（一个季度一次）都要填写“阶段培养总结表”，将该表提交给导师，导师要填写好其中的“导师评价”项，该表经导师的上级领导签字后反馈给培养对象。

（6）导师与培养对象在确定培养关系后要签订培养承诺书，承诺履行承诺书上规定的责任和义务。

9. 导师的调整

为了保证被培养人发展的连贯性，公司不主张频繁更换导师，但以下情况除外。

（1）导师调离或出差超过 1 个月。

新员工、后备业务骨干的导师调离或出长差：需调离或出长差的导师必须在离开前 10 个工作日内向其直接主管提出更换导师的申请，接受申请的直接主管有责任在 5 个工作日内为被培养人确定新导师，并监督原导师与接任导师做好工作交接，调整结果报干部处备案。

后备干部、干部的导师调离或出长差：需调离或出长差的导师必须在离开前 10 个工作日内向其直接主管提出更换导师的申请，接受申请的领导提出导师调整建议，并填写导师申报表，报系统干部处，经公司干部部部长批准后生效，接任导师应及时与原导师保持联系，保证培养的连续性。

（2）被培养人调动。

新员工调动：试用期内的新员工不能调动。

除新员工以外的被培养人调动：由调入该员工的部门领导根据实际情况对其是否继续实施培养提出建议，经系统干部处审核，公司干部部批准后生效。如果继续实施培养，则根据工作流程为其指定新的导师；如果停止实施培养，被培养人在调出部门的导师必须为培养情况做总结，并将总结反馈给原系统干部处，培养资料汇总后上交公司干部部存入员工个人档案中。

（3）导师的直接上级领导可以根据导师的绩效情况对其资格提出调整建议，经系统干部处审核，公司干部部部长审批后生效。

公司干部部将对全公司的导师及被培养人的配对信息、进展情况、答辩结果等信息进行统一管理，结束培养期的被培养人的培养档案最终上交公司干部部，存入员工个人档案。

“炸开”人才金字塔尖，让华为人才辈出

人类社会正处在一个转型时期，未来会是什么样子？任正非这样描述：“未来二三十年人类社会会演变成为智能社会，其广度、深度我们现在还

难以想象。那么，如何面对一个具有不确定性的未来？我们认为，越是面对未来的不确定性，越需要探索和创造。谁来发挥创造力？主要还是依靠人才。”

综观全球，云计算、大数据、人工智能方面的人才供不应求，顶尖人才更是稀缺资源，这种情况还会持续甚至加剧。企业应提前布局，大胆争夺人才；未雨绸缪，提前储备人才。华为也一直在积极部署人才战略，希望吸引更多顶尖人才。

在任正非看来，智能社会不是以一般劳动力为核心要素的社会，没有文化无法驾驭。若这个时期同时发生资本大规模雇用智能机器人（过去的机器人，是机器，不是人；智能机器人是“人”，不只是机器，有自我学习能力），分化现象会更严重。这时，有可能西方制造业重回低成本时代，产业将转移回西方，我们将有可能被“空心化”。即使我们实现生产、服务过程智能化，需要的也是高级技师、专家、现代农民……文化水平不高的劳动者或将会失业。因此，华为要争夺市场机会，就要“炸开”人才金字塔尖，让华为人才辈出。

在华为人才发展的金字塔模型中，既有管理人才发展通道，又有专业人才发展通道，各通道都有各自对应的人才“选、用、育、留”流程，牵引各类人才的成长和职业发展。任正非说：“管理者的最高境界不是管理者，而应该是‘领袖’，‘领袖’是有思想、能洞察未来、懂战略的人，华为要培养自己的思想‘领袖’和战略‘领袖’。”

在干部培养方面，华为坚持用选拔制加淘汰制来任用干部，在实践中选拔干部，优先在成功团队中选拔干部。带领基层团队、项目组持续打过胜仗的员工，就有可能被提拔为中层主管。华为也培养干部，培养的办法就是加压、赋能，让员工到实践岗位上去接受锻炼，温室里长不出栋梁之材，要让员工到更高的岗位上去干，去获得经验。华为不搞竞聘，由团队集体决策，优先在主攻“战场”、一线和艰苦地区选拔干部，优先在影响公司长远发展的关键事件中选拔干部。同时实行末位淘汰制，被调整下来的基层主管就转去做专业工作，中层干部可能会被派去基层；高层干部也可能被调整下来，实行分层淘汰。

如今的华为已经成功“登顶”，并进入“无人区”。按照任正非的战略部署，接下来，华为将放慢“机会主义”的高速发展，做实创新引导理论。而在科学创新的过程中，培养人才是根本。

任正非说：“华为‘领导’世界的关键在于人才。华为过去的人才结构是一个封闭的人才金字塔结构，金字塔本身也是封闭的系统，限制了组织模型并造成薪酬天花板，我们已‘炸开’金字塔尖，形成了开放的人才系统。华为不能僵化，要向美国学习如何‘领导’世界。我们要找一些‘牛人’，让‘牛人’带领小青年。我们要理解‘歪瓜裂枣’，允许‘黑天鹅’从我们的咖啡杯中飞起来。蛋从外向内打破是煎蛋，蛋从里面打破，飞出来的有可能是孔雀。”

谈到人才，这几年有很多关于企业管理、人才管理的讨论，对 80 后、90 后的管理和过去的人才管理，能一样吗？是人才重要还是资本重要？

在任正非看来，过去是资本雇用人才，现在是人才雇用资本。人才会起到更加主导的作用，人才创造的价值会更大。资本需要附着在人才身上，才能够保值、增值。

为了让人才创造出更大的价值，华为让人才在良性约束下自由发挥。其经验有四点：一是“炸开”人才金字塔尖，与世界交换能量；二是鼓励探索，宽容失败；三是英雄不问出处，贡献必有回报；四是用最优秀的人去培养更优秀的人。

所谓良性约束，就是共同的价值观。在共同的价值观下，企业的愿景和使命，与个人的追求契合在一起，让人才的奋斗有方向。人才有了方向引领，才能够奔跑得更快。华为的共同价值观就是以客户为中心，以奋斗者为本。

任正非在华为“炸开”人才金字塔塔尖，与世界交换能量。他认为，金字塔是最稳定的建筑结构之一。在工业时代，人才金字塔结构的优点显而易见，有秩序、有层级、分工明确、效率高。而在数字时代，这种人才金字塔结构便有了缺点。例如，它是封闭的，与外界没有能量交换，层级严密，内生，不利于创新。又如，金字塔塔尖那么小，只能站下少数人，容不下更多人才。所以，他决定把人才金字塔塔尖“炸开”，无限扩大外延，使内部的领军人物辈出，外部天才云集。这样能够让更多的华为商业领袖、战略领袖和技术领军人物不断站上来，使组织永葆活力。同时，华为的人才可以与外部专家、科学家、国际组织、标准组织、产业组织进行广泛交流。这些交流与碰撞就会产生思想的火花，无论被谁应用，都是有利于社会的。

华为孟晚舟于 2016 年在清华大学演讲时说：“华为于 1987 年成立，每想起公司诞生之初的艰难与今天的快速发展，我心中都有万千感慨。支撑这些的力量是什么？就是三点：第一，开放。华为不仅用好了中国的人才，全球的优秀人才都在共同的价值观下发挥创造力。第二，鼓励探索，宽容失败。第三，不拘一格用人才，贡献必有回报。我自己就是一个例子。加入华为的时候，我还是一个什么都不太会做的小姑娘。今天站在这里，我应该感谢华为给了我成长的平台。”

任正非一直推崇“一杯咖啡吸收宇宙能量”的理念。他认为，华为要“领导”世界，还必须看得更远。一杯咖啡吸收宇宙能量，就是“炸开”封闭的人才金字塔的顶尖，仰望星空，企业不再依靠塔尖上那个人（也就是任正非自己）的视野，而是通过成批人才来引导华为的未来发展，事业不再取决于塔尖上那个人。

人才在哪儿，资源在哪儿，华为就在哪儿。华为尽可能为人才提供合适的场景、条件来激发创新，而不是由华为来规定怎么创新、往哪个方向去创新。现在，华为已在全球建立了 28 个能力中心，就是为全球科学家、专家提供一个平台，目的是让科学更好地造福人类、奉献社会。

任正非在内部多次强调，要大胆鼓励探索，宽容失败。华为每年把收入的 10%～15%用于研发。其中，大概 70%用于开发。开发是一个确定性工作，强调保证质量、效率提升。还有 30%用于研究。研究是不确定性的工作，需要鼓励探索。对于不确定性工作，华为设定了一个收敛值是 0.5，也就是说，允许有 50%的失败。任正非认为，这不叫失败，应该叫探索。华为不以成败论英雄。从失败中提取成功的因子，对其进行总结、肯定、表扬，使探索持续不断。对未来的探索本来就没有“失败”这个词。不完美的英雄，也是英雄。使“失败”的人才、经验继续留在华为的队伍里，华为才会更成熟。

任正非这样描述华为未来 20 年的发展：华为未来的发展，就是我们一定能活着，而且一定能成功！因为我们在七八年前就已经把人才金字塔塔尖“炸开”了。金字塔是一个封闭的模型，站在塔尖的那个人有多宽的视野，金字塔就有多大。现在把塔尖“炸开”了，组合了非常多的精英，战略方向和前进方向是靠大家共同去探索出来的，而不能靠一个人来判断局势。大部队最大的问题，就是方向不能错。大部队的方向不出现差错就不会灭亡。比世界还大的“世界”，就是我们的心胸。

第四章 用人机制：不论资排辈，年轻也能当“将军”

不拘一格降人才，要创造条件使优秀干部和专家快速成长，承担更大的责任，是在当前经营环境下激发组织活力，加快干部与专家队伍建设，保证公司持续有效增长的重要战略性举措。为此，在公司已有的干部任用和个人职级管理规则与程序的基础上，建立针对优秀人员的破格升级制度。

——任正非

不拘一格降人才

华为不拘一格降人才，人才只要有能力，就会被破格使用，年轻也能当“将军”。华为的人才不仅仅来自国内，也来自全世界。

任正非在内部讲话中多次强调：

> “有的人才为什么不敢破格使用？为什么不学习美国军队？诺曼底登陆的时候，李奇微还是个少校，到朝鲜战场的时候，已经成了“联合国军”总司令；后来他接替艾森豪威尔任北约组织武装部队最高司令。短短八年时间就能有这么大的提升。为什么华为就不能这么选干部？华为还是要选一些战略狂人上来，才能占领战略要地。发现谁是千里马，就把谁用起来。公司已经没有什么秘密可保了，这个人靠得住、那个人靠不住的时代已经过去了。现在就是谁品德好、谁有能力就让谁上去。当然你能力好但品德不好，我也不用你。
>
> “用人不论资排辈，对优秀干部要敢于破格提拔。华为在过去太强调公平了，现在已经有公平的基础了，接下来就是要敢于破格。要不拘一格降人才，要创造条件，使优秀干部和专家快速成长，承担更大的责任，是在当前经营环境下激发组织活力，加快干部与专家队伍建设，保证公司持续有效增长的重要战略性举措。为此，在公司已有的干部任用和个人职级管理规则与程序的基础上，建立针对优秀人员的破格升级制度。”

华为不仅大胆破格提拔优秀人才，还把战略能力中心建到战略资源聚集地区，利用全世界的人力资源来“领导”世界。

华为将战略能力中心建到战略资源聚集地区，研发部门在全球已经有二十多个能力中心，这些能力中心不是负责本地业务的，也不是负责欧洲业务的，而是领导华为的全球业务。华为全球能力中心的建设将会持续下去，这些能力中心会逐渐补足各专业组织的能力。

截至2017年年底，华为员工总数达到18万人，技术研发人员占45%，其中有1万名博士，各领域的专家3000多名，在海外设有17个研发中心，有30 000多名员工被派驻世界各地，是全世界的公司中研发人数最多的公司之一。

华为高级副总裁陈黎芳女士在2016年8月16日于LSE中国峰会发表演讲时表示：“对于任何企业来说，如果能以自我变革应对内外变化，就能抓住机遇。如果可以给人才提供一个‘罗马广场’，让全球优秀人才能够发挥价值，为社会进步做出贡献，那么，黄金时代就在眼前。华为通过创新研究计划（HIRP）与全球120多个著名高校和研究机构、100多位院士合作。2015年，HIRP就支持了170多个研究项目。今后，华为将会投入更多资源支持同方向的科学研究。”

人才在哪里，华为就在哪里。华为为了吸引一位爱尔兰的专家加入华为，在其家乡附近设立了研究所，这样的壮举，估计没有几家公司可以做到。

近年来，华为已经在莫斯科、巴黎、伦敦、纽约、杜塞尔多夫、米兰、班加罗尔、西雅图、东京等城市建立了二十多个能力中心，利用当地的科学家开展ICT领域的前沿技术和基础理论研究，利用当地的专家监控华为全球业务的财务风险、经营风险和宏观环境风险。

以华为财经体系为例，现在华为财经体系来自牛津、剑桥、哈佛、耶鲁等著名大学的优秀学生有数百名。2016年度，华为财经体系招聘了340名留学生，占财经体系当年校园招聘指标的38%。这些来自西方名校的新员工，普遍的品质是“能吃苦”“懂得珍惜”“时间管理能力强”“团队融入快”。他们身上表现出的艰苦奋斗精神与华为的核心价值观高度契合。他们的加入使华为的员工队伍更加多元化，融合了多元文化的员工队伍更具有包容性和创造性。

华为要求每一个人要热爱自己从事的工作，在条件许可、精力充沛的情况下，可以多了解一些与工作相关的周边的其他业务的运作状况与技能。华为强调，没有基层工作经验的人不能提拔，学历只是选拔干部的参考因素，选拔干部主要依据实际才干。

早在1996年，任正非就指出："君不见用户板测试组，持之以恒数年如一日盯在一块板上，已产生了巨大的成绩。我们这个时代需要的是专家，而不是"万金油"式的通才。焊接专家、插件专家、线缆及机框组装专家、包装专家、货运专家、仓库专家、打字专家等各种各样的专家组合在一起，这就是一个极有战斗力的联合兵团。试想一个炮兵团，人人都是多面手，软件会搞一下，网络也懂一点，又懂芯片设计，还了解财务，成本大概也能说一通，就是'炮'打不准，全团如果都是这样高学历的人才，什么都懂，就是没人打得准'炮'，上'战场'这个团有什么战斗力，非垮不可。如果华为的干部都是这种'万能将军'，公司非垮不可。"

2016年的数据显示，在华为的员工构成中，52%是85后。部门经理有60%是85后，研发专家有70%是80后，在市场体系中85后也占30%。在华为市场体系担任驻外代表的人员中，41.4%的人员都是30岁出头的年轻人，他们管理的业务规模达到10亿～100亿元。

在人才选拔上，任正非有一个"歪瓜裂枣"的观点："歪瓜"是指长得不圆的西瓜，"裂枣"是指表面平滑但有裂痕的大枣。但实际上歪瓜裂枣虽然外表丑陋，但它们反而比正常的瓜枣更甜。

任正非把华为里一些"歪才""怪才"比喻成"歪瓜裂枣"。"歪瓜裂枣"是指那些绩效不错，但在某些方面不遵从公司规章的人，尤其是一些技术专家，都有着特别的个性和习惯。

在任正非看来，"歪瓜裂枣"看起来并不完美，但他们很"甜"，可以给企业带来业绩上的突破，所以，他要求要宽容"歪瓜裂枣"们的奇思异想。

以前在华为一说"歪瓜裂枣"，就有人把"裂"看成劣质的"劣"。对此，任正非在员工大会上指出："你们搞错了，枣是裂的最甜，瓜是歪的最甜，他们虽然不被大家看好，但我们从战略眼光上看好这些人。"我们要理解这些"歪瓜裂枣"，并支持他们，他们的思想可能超越了时代，令人费解。你怎么知道他们就不是这个时代的"梵·高""贝多芬"？所以，要合理评价这些人，对"歪瓜裂枣"们不求全责备，才能真正让他们发挥他们的价值并获得与其贡献相符合的回报。

华为以开放包容的胸怀，广泛吸纳各领域的优秀人才，秉持“人才资本增值优先于财务资本增值”的基本理念和“积极、多元、开放”的人才观，将人才视为公司走向长久成功的关键要素及华为事业长期发展的驱动力，建设开放型的人才结构，实现人才与公司共同成长、达成共赢。

2017 年，面对不断变化的商业环境和更加复杂的业务需求，华为敢于破格提拔 4500 名优秀员工，给优秀人才更多成长的机会。任正非表示，2018 年要破格提拔 6000 名优秀员工，坚持论责任结果而不论资历，实事求是地根据其责任结果提升这些员工的职级，帮助员工提高他们的任职能力。同时，大胆地开展各类人才的差异化管理工作，让各类人才得到能充分发挥其个人价值的土壤，在最合适的岗位上做出最佳贡献，获得最好的发展和回报。

读万卷书，行万里路，在帮助员工快速成长方面，华为在东莞松山湖和贵州投资建设了员工实践基地，为员工提供深入一线实践的机会，帮助员工熟悉为客户创造价值的场景，了解公司的服务和解决方案，深刻体会以客户为中心的文化，在更好地为客户创造价值的同时，自身能力得到迅速提升。

干部是华为最宝贵的财富

任正非是军人出身，在部队曾获得了两个重要荣誉：一个是“技术创新能手”称号，另一个是“活学活用毛泽东思想标兵”。因此，他对毛泽东提出的“政治路线确定之后，干部就是决定的因素”的著名论断，以及对如何管理干部队伍很有心得。

华为是先有干部，后才有人力资源部，华为始终将干部队伍建设作为人力资源管理的核心工作。以干部来带动员工，任正非的很多讲话都是针对干部队伍而非员工的。

任正非认为干部才是公司最宝贵的财富，是公司未来的胜利保障。他在干部管理上有很多有价值的思想，比如，“宰相必起于州部，猛将必发于卒伍”；“干部是打出来不是培养出来的”；“坚持从有成功实践经验的人中选拔干部，优先从成功队伍中选拔干部”；“选拔干部不是为了好看，而是为了能攻山头”；“各级干部都必须努力培养超越自己的接班人，不能培养接班人的干部不能被提拔”；“用人所长，不求全责备，有‘洁癖’的人做不了‘领袖’”。

华为建立了完善的干部管理制度体系，华为干部管理制度体系包括四个部分。

（一）干部管理理念

华为重视干部思想与理念的统一，作为的干部管理理念如下：干部是一种责任，干部必须勇于奉献；干部必须富有激情；干部必须践行公司核心价值观；干部必须聚焦于工作；干部必须富有自我批判精神；干部必须为团队绩效负责；让做事的干部提高能力，让有能力的干部做事；让最有责任心的干部拥有最大的权力。

（二）干部管理机制

华为的干部管理机制包括如下几项：干部任职资格管理机制，干部绩效目标责任机制与述职机制，干部考核激励机制，干部关键事件评价机制，干部任期与任前公示机制，自动降薪机制等。

（三）干部管理制度

华为的干部管理制度包括如下几项：中高层管理者绩效承诺与述职管理制度，干部任职资格管理办法，干部任期管理规定，中高层干部民主生活会制度，管理岗位行政任命审批制度，个人诚信档案管理制度等。

（四）干部管理体制与监督制度

人力资源部门负责收集干部在工作中的绩效数据；人才管理部门对每个干部的能力，如决断力、商业洞察能力、战略风险承担能力等方面进行评估；党委会则针对商业违规的事件进行调查，如果违规事件严重影响到干部的话，公司会将干部从岗位上调整下来。

2018 年 4 月，华为把原来人力资源部具体管人的权限拿出来，成立了总干部部。总干部部的职责是重点管好后备干部的选拔、培养、考核、弹劾，配股、调薪、奖金评定等日常人力资源管理内容也归总干部部负责。

任正非指出：“华为现在的人力资源过于权力中心化，容易‘指鹿为马’，未来华为的人力资源管理体系包括人力资源体系和干部部体系两个系统。”华为对人力资源部的职责重新进行了定位：主要做好公司干部管理的规则和建议、执行和监管，还要做好考核、员工招聘、全员学习与发展等人力资源专业支撑工作。

从优秀员工之中挑选出一名合格的干部，不仅考验了一个企业领导的眼光，同时还决定了企业的未来走向。因此，干部的任免和选拔历来是人力资源工作的重中之重。而华为作为一个培养干部和管理者的摇篮，在干部的任免与选拔上同样有其独到之处。

任正非对于华为的干部任免，历来都有自己的标准，其中首要一条就是，要想当干部，必须要经过“战场的磨难”。他曾经讲过：“磨难是一笔财富，而我们没有经历磨难，这是我们最大的弱点。我们公司经过十年的顺利发展，没有经历过挫折，不经历挫折，就不知道如何走向正确的道路。”华为是一个实战型企业，在华为的干部培养原则中，其中有一项是：没有经历艰苦的战斗磨难无法产生将军。只要看到了一个好苗子，华为就会将他置于各种复杂的情境中，以考验他的能力。

在任正非看来，要想当干部，首先就要有“将军”的特质。如果你每个月挣一万块钱就非常满足，这样的人华为是不会让他成为干部的。任正非曾经说过：“大仗、恶仗、苦仗一定能出干部。总部机关、各个部门都要派后备干部到艰苦地区锻炼，让他们在艰苦环境中成长，公司要从那里培养和选拔干部。”

如何判断一个人是否有“将军”的潜质呢？华为主要看两点：一是你是否

有战斗的激情和欲望，也就是干劲；二是你是否同时具备能攻坚、能打胜仗的能力和素质。

任正非曾经说过，选拔干部首先要考虑的就是干劲。我们知道华为向来强调奋斗精神。因此，有干劲被看成具备“将军”潜质的人的一条重要特征。

当然，干也不是蛮干，真正的“将军”不仅能冲锋陷阵，更能坐镇指挥，毕竟当你手下有几百人、几千人甚至几万人之后，你的任务已经发生变化，你要做的不是自己如何打仗，而是自己如何带领队伍打胜仗。因此，任正非要求，员工要有方法论，要有成功的战斗经验。只有具备了这两点，华为才会将这些人作为种子、苗子，从中基层干部向中高层团队过渡，成为干部继任梯队。

华为在干部的任免上采用的政策犹如沙中淘金，都说“是金子在哪里都会发光”，华为就是要通过这种高压的手段迅速将金子与沙子分隔开来。此外，华为对干部的心理素质也非常重视，毕竟，对于一个指挥作战的“将军”来说，能力固然重要，心理素质同样会影响战局。

一个人的心理素质过硬，才可以在面临困难时保持冷静，在面对危机时临危不乱，在面对荣誉时镇定自若，而这正是优秀的管理者所应具备的素质。干部与员工不同，干部需要带领一个队伍或者一个部门，他们是一个团队的核心。往往一个团队的领导者可以直接影响一个团队的行事方法与成绩。所以，管理者非常重要，无论多小的干部，他代表的都不再是一个人。

也许有些人会议论这样的干部管理制度是否太过残酷？但对于一个企业来说，只有能打仗、能打硬仗、能打胜仗的“将军”，才能带领士兵冲锋陷阵，同时保证战斗胜利。而从干部本身来讲，你能力越强，你便可以获得越多的资源，得到越多的晋升机会。

华为的这些关于干部管理的这些理念、机制、制度，确保了华为的干部可以真正成为华为成长和发展的可靠的中坚力量。

干部循环流动和“之”字形成长

华为在干部培养、选拔上提倡干部循环流动和“之”字形成长，干部任职不到 3 年就要进行岗位调整，例如，负责研发的干部去市场部，去供应链部，去采购部，干部必须经过多个业务领域的历练。

任正非认为：“过去我们的干部都是直线形成长，对于横向的业务什么都不明白，所以，现在我们要加快干部的‘之’字形成长。因为直线成长起来的干部缺少足够多的多岗位的实践历练。”

从象形上看，“之”字是折线式的，联系员工的个人成长和华为实际情况就是，一个员工如果在研发、财经、人力资源等部门做过管理工作，又在市场一线、代表处做过项目，有着较为丰富的工作经历，那么当他在遇到问题时，就会更多从全局考量，能端到端、全流程地考虑问题。

干部“之”字形成长意味着要对干部进行岗位循环与轮换。《华为基本法》规定：没有周边工作经验的人，不能担任部门主管。没有基层工作经验的人，不能担任科级以上干部。

华为各部门负责帮助新流动进来的人员尽快融入和成长。循环流动的人员到了新部门，也要通过学习去适应新环境和新工作。

华为干部的循环流动是根据业务需要，不是为了流动而流动。例如，制度概算、合同业务，只需要少部分人能跨全球使用，但要求多数人能跨区域使用。为了培养一支有实战能力的队伍，华为执行干部循环流动制度。任正非说：“华为只会给那些可能上航母当舰长的人进行循环流动；其他员工一般不需要跨区域工作经验，也不需要流动。员工族固定下来，干一行、爱一行、专一行。所以，不是为了干部成长去流动，而是你成长了，就给你流动机会。”

任正非认为，如果干部一直在某个体系中直上直下，从一条线上成长起来，其思维难免会有局限性，遇到问题也很容易出现本位主义思想，考虑问题也很可能会片面。所以，华为一直鼓励干部流动，形成一个有力的作战群。任正非说："干部和人才不流动就会出现板结，会让机关和现场脱节，如果形成'阶级'，华为迟早会分裂。"所以，他一直强调干部和人才的流动，并要求不拘一格地从有成功实践经验的人中选拔优秀专家及干部；推动优秀的、有视野的、意志坚强的、品格好的干部走向"之"字形成长的道路，培养大量的将帅团队。

华为不允许干部只在某个部门或者系统里面循环，特别是中高级干部，由华为总部进行统一管理，这样能保证干部跨领域、跨体系地进行调配。

能上能下是彻底的能上能下，岗位发生变化之后会易岗易薪。华为每年都会对干部进行末位淘汰，高层的干部同样也需要进行淘汰，这在华为都是强势执行的。

如个人有换岗需求，也有合适的新岗位安排，在做好交接工作的前提下可以开展横向换岗，以避免职业疲劳。

华为倡导让干部能上能下主要有几个原因：

一是干部的人才密度。华为有干部两万人以上，而且都是高级知识分子，基数大、家底厚，不会因为部分干部的上下影响了业务发展，这是华为的人才密度带来的优势。

二是干部的利益保障。在华为，如果一个中高级干部不当干部了，即岗位调整后权益不会有很大损失，股份分红不会有影响，只是把岗位腾出来而已。

三是干部的培养制度。华为干部倡导的是"之"字形成长，除了管理线，还有技术线和专业线。如果做不了 20 级的管理者，可以应聘专业领域 20 级的技术人员。

华为还建立了内部人才市场，为那些期望到更适合自己的岗位上做出更大贡献的员工及组织精简释放的人员等，提供内部岗位选择和变动机会，员工在符合一定条件下可以不经部门审批直接进入内部人才市场。任正非曾说，对于那些根据身体状况和意愿，申请调整到较低级别的岗位工作，能胜任新岗位要求，接受易岗易薪的老员工，公司在氛围上要让这种选择正常化，而不应将其作为负面现象来看待。

“轮岗制”是华为实行的一种体验式的快速学习方式。华为干部轮岗有两种方式：一种是业务轮换方式，如让研发人员去搞中试、生产、服务，使他们真正理解什么叫作商品；另一种是岗位轮换方式，即让中高级干部的职务发生变动。

今天，华为在全球攻城略地所取得的成就，与华为能产出一批批能打仗、善用兵、践行公司价值观的各级干部息息相关。在干部的导向上，华为保持了很好的一致性，30 多年来几乎没有变化，这种强执行力的干部文化成为华为成功的重要法宝。

华为将员工分为 4 类：管理类、专家类、职员类、作业类。机关操作员工叫职员类，生产操作员工叫作业类。

任正非说：“公司要重新建立职员类和作业类员工的素质模型和评价体系，职员类和作业类员工不必走“将军”成长的道路，不需要那么高的淘汰率，也不需要年龄限制，只需要把本职工作干好。管理类和专家类这两个职类需要参加循环流动，但职员类和作业类不需要流动，不需要‘之’字形成长。因为管理类干部、专家类岗位的待遇比较高，所以要强制进行循环流动，在流动中实现晋升或淘汰。”

任正非建议，事务员的岗位，不要认为到 16 级就可以封顶了，可以到 17 级、18 级，让资深事务员也要有机会。例如，办理签证是一项复杂的工作，语言要好，又要灵活、聪明，还要善于和人打交道，所以不能把职级压得太低，否则优秀的人才都跑光了。签证效率太慢，“炮弹”不能快速运到一线，这是一个大问题。所以，要把签证中心人员的职级提起来，有些岗位能否定到 19 级或 20 级？这样就可以从海外调一些曾做过相关工作的人进来。签证中心要有几个专家，毕竟像指导填表、研究签证业务难题等工作，也不是那么容易做好的。

四是华为倡导干部循环流动和“之”字形成长，就是要让员工脱离舒适区，去不断适应变化，培养多方面的技能，从而激发个人和组织的战斗力。

对此，任正非曾说：“华为人力资源的政策要朝着熵减的方向发展，而培育战略预备队就是一个主要措施。战略预备队的主要目标是激活整个公司的组织结构与干部、专家。通过训战管理，提高作战能力。各部门的循环赋能、干部的循环流动千万不能停，停下来就沉淀了，就不可能适应未来新的作战方式。战略预备队方式的旋涡越旋越大，把该卷进来的都激活一下。这种流动有利于熵减，使公司不出现超稳定惰性。华为不能像部分西方公司一样，在温柔乡中葬送了几十年的奋斗。我们要看到这个世界的复杂性，要看到我们未来的艰难，基于此构建未来胜利的基础。循环不能终止，训战也不能终止，超稳定状态一定是毁灭华为的重要隐患，不是别人打垮了我们，是我们自己打垮了自己。”

任何强大的公司都不会给员工安全感，而是用最残忍的方式促使每个人变得强大。凡是想办法给下属安全感的公司都是会毁灭的，因为再强大的人，在温顺的环境中都会失去狼性。

的确，总是给你安全感的公司，很可能就被社会淘汰了，看看曾经无限风光的诺基亚和柯达。所以，日本很多大公司都打破终身雇佣这个不成文的规矩。所有的人生起落，必须由每个人自己去奋力支撑。所以，华为提倡干部“之”字形成长，干部任职不到 3 年就要进行岗位调整。

所有的中年危机，都是在本来该奋斗的时候选择了安逸。站在树上的鸟儿，从来不会害怕树枝断裂，因为它相信的不是树枝，而是它自己的翅膀。人生路上，只有奋斗才能给你安全感。

只要努力奋斗，年轻也能当“将军”

华为在管理上有诸多创新，革除了大企业病与制度枷锁。华为强调“精兵”作战，在具体作战时，强调员工个人的创造性。尤其在一线，华为强调授权，让一线自主决策，在充分发挥大公司的规模和平台优势时，又不失小公司的灵活性。

从华为，我们能找到制度与文化的优越性。对大学毕业生来说，很多人担心到一个论资排辈和充满内耗的组织里，不讲能力，不讲贡献，做事时想到你，分享劳动成果时又排挤你，这样的企业不在少数。结果，很多优秀人才的大好青春年华被消耗，也没有被重用。在华为，完全不必有这种担忧，华为可为员工提供大量的机会。

华为没有上市，无须以短期财务目标为导向，排除了外界的干扰，确保华为有充足的“弹药”投入到研发上，投入到人才培养上，同时坚持分享制，让奋斗者必有回报。“以奋斗者为本”是华为企业文化的重要组成部分，优秀的员工能获得更丰厚的回报（奖金是普通员工的 1.5～2 倍）。

“力出一孔，利出一孔”，华为在分配制度上“按贡献定回报”，不让“活雷锋”吃亏。

华为坚持以责任结果为导向。个人薪酬定级及晋升没有捷径可走。在华为，不论学历、不论资历，即便是年轻人，只要肯干、能干，能独当一面，就能成为“将军”。

华为常务董事、消费者业务 CEO 余承东就是在泥坑中摸爬滚打奋斗出来的“将军”。

余承东于 1993 年从清华大学硕士毕业后加入华为，在华为 20 多年的工作经历中，他曾经写过代码，做过销售，做过运营商业务，历任 3G 产品总监、无线产品行销副总裁、无线产品线总裁、欧洲片区总裁、战略与 Marketing 体系总裁、华为高级副总裁等。2011 年，余承东被任命为华为消费者业务 CEO，他实施高端精品战略，狠抓产品质量，注重用户体验，短短 6 年时间，把华为手机打造成为全球知名消费品牌，手机销售量居全球第二位。

近几年来，华为消费者业务是华为财报中最为抢眼的一块，其销售收入几乎占到华为的半壁江山。2018 年 3 月 23 日，经持股员工代表会议投票选举，余承东当选为华为投资控股有限公司董事会常务董事，成为华为董事会中最年轻的常务董事。

余承东说：“人生的精彩不在于目的地，而在于所经历的风景。好比我们去九寨沟旅游，从成都开车过去，路很不好走，但沿途的风景却十分优美。市场的历练和海外的经历是我人生中非常宝贵和难忘的经历。我也去过非洲，艰苦地区的工作经历也非常难得。莎士比亚说过，凡是过往，皆为序章。所有的经历对你的人生而言都是财富。”

在华为，有使命感、责任感的员工，能更快得到晋升。“阿甘”就是一个典型的90后，入职10个月成为办事处主任，被传为佳话。加入华为5个月后，在自己最好的青春年华，他主动要求去西非奋斗，第一站是喀麦隆，做法语客户经理。“阿甘”在喀麦隆工作5个月后，被调往中非，管理一个国家的办事处，成为一个90后“老大”，他既做客户经理，又做产品经理，赢得了客户的赞许。

毕利银于2000年加入华为，历任重庆服务部固网产品经理、服务经理，西安服务解决方案部长，2014年6月至今，任乌鲁木齐运营商BG交付副代表。作为账实相符改革的先锋，他带领团队从零开始，推动账实相符全球变革迈出关键的一步。2014年，毕利银被公司破格提拔。

任天柱于2010年加入华为，历任进出口专员、仓库管理员、土耳其物流经理。2014年10月，任天柱被公司破格提升两级并提拔任命为仓储业务管理部副部长。

总结过去几年的工作，任天柱认为最重要的还是基于对场景和痛点的识别，痛则变，变则通。变革的过程也注定有痛苦的磨砺和付出，在岗位上的坚持和学习、全局思考、上下游良好的协同是他能够解决仓库难题、促进经营质量提升的关键。被同事开玩笑称为“一傻一世界”的任天柱也曾经动摇过，在华为从基础的审单工作做起的他，也曾有过心理落差，在彷徨时因为《秘密》这本书的触动，调整了心态。“任何一个看上去微小的岗位，只要用平常心对待，就能做出不平凡的事和影响力。我觉得自己很平凡，像是一粒沙子，但微不足道中也可以有不一样的世界。”

勤顺天道，简生不凡。任天柱在变革中一路耕耘、一路成长，怀着平常心做好当下，迎接未来。

很多时候，一个人的潜力发挥不出来，不是个人能力问题，而是企业与组织没有用好人，甚至是“毁”人不倦。华为以善于用人著称，积累了一套自己的经验。华为主张用人所长，把合适的人放在合适的岗位上，激发员工的最大潜能。华为坚持让员工在最佳时间段走上最合适岗位，做出最大贡献。相信这也是华为能够尽收天下英才的原因。

从“一个萝卜一个坑”到“能上能下”

华为干部管理最大的特点就是干部能上能下，下了还能上。国内大多数企业就不一样了，犯了错误下来以后就可能永远没有机会了。只因为在华为下了还能上，所以下就更能被接受了，因为大家看到只要干好了，下次还有机会。很多人从副总裁到办公室主任，干得好了又回到副总裁的位置上。

华为不仅有系统的职业发展通道，还会对员工进行职业发展等级资格的评价认证。认证分为初次认证与周期性认证两种。初次认证就像“一个萝卜一个坑”。职业发展等级资格标准规定了职业发展路径上不同能力等级的要求，即“坑”的大小，而人的实际能力决定了“萝卜”的尺寸。等级资格的评价认证就是比照行为标准将相应尺寸的“萝卜”放入大小匹配的“坑”中。员工的胜任情况和其静态薪酬范围相对应。

初次认证之后，每隔 1～2 年，华为都会对员工职业发展状况进行周期性认证，根据认证的结果，将“萝卜”向更匹配的“坑”里迁移。“萝卜”可能向大“坑”也可能向小“坑”迁移。华为由此实现了“干部能上能下”的制度化管理。

在华为，管理者职业发展等级资格标准的设计，是根据任职者取得高绩效所应该具备的关键行为能力提炼而成的，其直接的目的是提高管理者的职业化工作水准，但最终目的还是提高管理者的绩效水平。

在华为，在移到想去的“坑”之前，必须参加任职资格培训。而且这个培训并非随便就能参加，有一个前提条件，就是绩效考核一共 15 分，必须达到 12 分以上才有资格参加，这就避免有的人一味地把精力放在追求晋升上，本职工作的业绩却做不出来。现在不少企业在考核任职资格、绩效、培训效果时都各干各的，不配套，华为则是责、权、利、能“四位一体”。

干部不搞终身制，“能上能下”是华为永恒的制度，成为华为独特的优良传统，也是华为人能够普遍接受和认可的文化现象。任正非认为，如果公司不能形成一种有利于优秀人才成长的机制，华为必将走上盛极而衰的道路。要保持公司长盛不衰，就要保持正确的干部淘汰机制。公司不迁就任何人。公司的末位淘汰要形成制度和量化的方法，立足于绩效，用数据说话，并融入日常绩效管理体系中，形成一体化的工作模式，而不是一项独立开展的工作。因为绩效原因暂时被下调的干部要保持正常心态，华为的干部管理效果一再证明“烧不死的鸟是凤凰”。

“能上能下”涉及的范围很大，涉及的人员非常广，员工的岗位发生变动之后会易岗易薪。华为每年都会对干部进行末位淘汰。末位淘汰是分层进行的，高层、中层和基层都是按分层来淘汰 10%的干部。如果不分层，可能最后被淘汰的人员会集中在基层。

华为这样的制度并非无懈可击，设计这套制度后，任正非还是时时刻刻在寻找组织内的“黑洞”。很多人在华为工作 10 年，就已经赚到可以享受退休的钱，这就造成了一批阻碍公司成长的“沉淀层”，工号数值小于 20000 的，被称为公司内的“贵族”，享有岗位与收入上的特权。为此，华为分别在 1996 年与 2007 年发起了两次“集体辞职”的大“运动”，两次涉及的人数都将近 7000 人。

以市场部集体辞职为例，1996 年 1 月，华为发生了一件被内部人称为“惊天地、泣鬼神”的大事——市场部集体辞职。当时，华为市场部所有正职干部，从市场部总裁到各个区域办事处主任，所有办事处主任职级以上的干部都要提交两份报告，一份是述职报告，一份为辞职报告，采取竞聘方式进行答辩，公司根据其表现、发展潜力和企业发展需要，批准其中的一份报告。在竞聘考核中，包括市场部代总裁毛生江在内的大约 30%的干部被替换下来。

这次活动开创了干部“能上能下”、自我批判的先河，使华为的干部得到一场“洗礼”，他们的心理素质得到很好的磨砺与锻炼。大家都能以良好的心态克服小我，融入大我，看淡职务升降。没有那次破天荒的“运动”，也就无法形成今天华为干部自我批判的风气，也就没有华为的今天。没有它带给华为文化的深刻影响，任何先进的管理、先进的体系在华为都无法生根。

自市场部集体辞职事件起，华为的和风细雨式的像春风一样温暖的文化，经历了一次升华，或者说是经历了一次严寒酷暑般的考验。

任正非表示：“有极少数的人是真正在烈火中烧，如果说他们能站起来，那他们对我们华为人的影响是无穷的。”

市场部集体辞职后，走下领导岗位的干部也很多，几年后通过自己的努力学习、充电，在岗位上又再次做出贡献，任正非又让他们重新回到了领导岗位。像胡厚昆、王城、毛生江、袁曦、庆龙、李令歌、杨明俊、李强等干部，都是在集体辞职后，由于他们毕竟有能力和经验，又再次做出很大贡献，且有良好的心态和自我批判的能力，所以又重新回到领导岗位，并且还有走上更高岗位的。在任正非看来，对干部而言，比技能更重要的是品德，比品德更重要的是意志，比意志更重要的是心态。

从表面上看，这是华为市场部的一次重大人事变动，而任正非的真实用意却更加深远。

创业初期的华为，依靠的是一群“土狼”的拼命精神。那时的华为，员工基本上没有休息日，晚上加班更是非常平常的事。由于长期过度疲劳，许多高层领导都患上了各种慢性疾病，“华为的成功，让我失去了孝敬父母的机会，也侵蚀了自己的健康。”任正非在《我的父亲母亲》一文中所讲的这番话，是对华为艰苦创业历史的真实写照。

2007 年，华为规定凡年资 8 年以上的员工，只要自愿提出辞呈，就可获得与年资相对应的赔偿金，最低 20 万元起。辞职后如愿意继续留在公司，华为也会再次聘用，虽然既有股份不变，但岗位与年资均按照该年的绩效重新计算。

这种激进的做法当时引起舆论哗然，政府主管部门甚至介入调查华为此举是否有违法之嫌，但出乎意料的是，华为员工竟然没有出现激烈的抗争行动，辞职再回任的比率高达99%。

这是因为不回任者必须在离开前将股份卖给公司，而重聘者可能会被降职降薪，但持有股数不会因此被削减，只要公司继续成长获利，他依然可依靠持股享受分红好处。

这个做法，让华为一方面保全了资深员工作为股东的权益，另一方面又促进新陈代谢，让一批更年轻、更有能力的人上来，担任与其绩效相符的岗位。一般公司会遇到的成长瓶颈与人事困境，华为再一次靠“让员工当老板”的规则跨过。

任正非在内部多次强调：

> “干部不搞终身制，必要的淘汰是需要的。我们提倡能上能下，在实践活动的大浪淘沙中，把确有作为的人才放到相应岗位上，不管他的资历深浅。我们也坚定不移地淘汰不称职者。绝对的公平是没有的，但在努力者面前，机会总是均等的。被降职的干部，要调整好心态，以实际行动来证明自己。”

华为的“能上能下”还体现在轮岗制度上。华为认为人才应是全面、适应力强、综合素质高的，而非专才。轮岗有助于促进人才的合理流动，通过轮岗来激活员工的潜力，实现人力资源的合理配置。同时华为还明确规定，中高级干部必须强制轮岗。

建立健全干部能上能下、能进能出、充满活力的用人机制，是长期以来在组织工作上面临的一道难题。为破解这道难题，华为致力于完善考核评价机制，坚持用制度管人，保持干部出口渠道的畅通。

“能上能下”的最大好处在于，组织的整体性得到最大限度的保障。有员工评价华为的这个制度，就像每个人都是华为这台庞大“机器”上的一颗螺丝钉，你的离去不会对这台“机器”的运转带来任何影响，随时会有合适的人补充你的岗位。所以，这个制度在某种意义上保证了华为哪怕是在外部环境极其艰难的情况下，也能保持高速前进，而不会受到来自内部的任何干扰。

第五章 干部选拔：注重实绩，竞争择优

坚持从成功实践中选拔干部，打造富有高度使命感与责任感，具备战略洞察能力与决断力、战役的管控能力，崇尚战斗意志、自我牺牲和求真务实精神的干部队伍。敢于选拔优秀的低职级员工，也敢于淘汰不作为的高职级的“主官”。

——任正非

“宰相必起于州部，猛将必发于卒伍”

“宰相必起于州部，猛将必发于卒伍”是华为选拔干部的原则。意思是说华为的干部一定要来自基层一线，没有基层一线成功实践经验的人员是不能被选拔成为干部的，华为的很多高管都是从基层一步一步成长起来的。

华为要求公司的所有人才都必须出现在最接近客户的一线，包括研发在内，优秀的管理人才也是从基层业务中干出来的，不能从机关中提拔干部，没打过仗的人是不能被提拔的。华为现在的 2/3 的中高层干部都做过与市场相关的工作，1/3 的中高层干部都做过与研发相关的工作，所有高管不是做过市场工作就是做过研发工作。华为优先在成功项目和成功团队中选拔干部。

例如，一个在非洲打了“胜仗”的干部，可能有机会被提拔到欧洲片区去担任重要岗位。欧洲是一个主战场，但是这个从非洲艰苦地区干出来的干部，他同时还需要主动学习和持续成长，否则可能无法胜任欧洲片区的全球化管理工作。从影响公司发展的关键事件中，可观察出一个干部的战斗力，在风险可控的情况下，一个干部敢于决断且决断的效果持续很好，这样的干部可以被提拔成为一把手，不敢决断的干部做副职、做机关干部。

华为在提拔干部时还推崇赛马文化，提拔在竞争中跑在最前面的，这就是导向，就像奥运会一样，金牌的荣耀激励着大家都去争夺第一名，这样一来，组织的战斗力就提升了，团队的效率和个人的能力就都提高了。任正非说：“我只关注最前面的人，这样后面的人就会紧跟着前面的人。”

任正非十分重视对公司中高层关键干部的培养，他把公司的关键岗位梳理出来，这些关键岗位的领导每 3 年就要进行岗位轮换。在岗位轮换的过程中也会遇到困难，有些干部可能不太想继续成长，而新岗位、新业务需要不断学习，要不断提升能力，因此压力会比较大。如果不愿意去新的岗位，就在老地方待着，但位置可能不稳，因为会出现更能干的人。2017 年，任正非在接受采访时说："愿意成长的中高层干部，公司支持他们的成长。"华为的中高层领导都是如此，需要去各种岗位进行锻炼，不断接受新的挑战。

任正非的人才观是："要从实践中选拔干部，'将军'是通过打仗打出来的，不是写文章写出来的。华为的专家也不是培养出来的，同样也是在实践中磨炼出来的。一个专家如果不能创造价值，不能为公司赚钱，那还算什么专家呢？专家就是工程商人、技术商人，能为公司创造价值的，才是真正的专家。"

何庭波毕业于北京邮电大学，硕士研究生，1996 年加入华为，从一名普通的工程师开始做起，做到了华为的高级工程师、总工程师、中研基础部总监、华为芯片业务总工程师、海思研发管理部部长等，现任海思总裁、"2012 实验室"副总裁、华为董事会成员。没有任何家庭背景的何庭波完全是靠自己的努力一步一步走上海思总裁的位置的，被任正非誉为"华为女强人"。

说到华为海思，很多人首先都会想到华为手机现在普遍使用的麒麟（Kirin）处理器，华为 P20、Mate20 手机搭载的麒麟 970、980 芯片都出自海思。

如图 5-1 所示为华为自主研发的麒麟芯片。

图 5-1　华为自主研发的麒麟芯片

其实，华为海思虽然从事芯片的研发，但并不仅限于手机芯片。准确地说，海思提供的是数字家庭、通信和无线终端领域的芯片解决方案。通俗一点讲，就是手机芯片、移动通信系统设备芯片、传输网络设备芯片、家庭数字设备芯片等，统统都做。如果没有海思，就没有华为世界领先的 5G 网络技术；如果没有麒麟芯片，华为手机的销量就不可能排名世界第二。华为消费者业务 CEO 余承东表示，华为手机的目标是到 2020 年实现销量世界排名第一。

对于华为人来讲，在复杂多变的市场中时刻都要面临艰巨挑战，时刻都要准备进入冬天。要想经得住种种考验，就必须对干部严格要求，选拔出一批真正具备战斗能力的管理人才，这样华为才能始终在市场中占据一席之地。

华为所认可的干部，思想高度固然重要，但是思想高度并不能决定一切。华为向来讲究实践，强调理论层面的成就并不代表实践的成就。在华为，想担任干部的首要条件便是必须经历过基层工作锻炼，拥有丰富的实践经验。

任正非非常推崇英国企业的管理体制，他认为英国企业的分级管理制度井井有条，是值得学习的，所以，他将英国企业的管理体制借鉴过来，并加以改进。在干部的任免上，华为也同样运用了严格的分级管理制度。

在华为，无论你是硕士、博士还是博士后，无论你是从什么名牌学校毕业的，如果没有基层工作经验，那么公司总是会对你挑挑拣拣。没有当过营销人员、车间工人或基层秘书的人，都不太可能会被提拔。换句话说，就是凡是没有基层工作经验的人，一律不能被提拔为干部，哪怕是博士也不行。

客观存在总是要强过主观臆想，一个人专业理论知识再丰富，也仅限于理论而已，就好比你让一个学者去实践他的理论，你会发现有很多理论是无法实现的，这也正是为什么人们一直坚信实践是检验真理的唯一途径。一个人的学历不管有多高，在学校学习了多么高深的学问，如果不会运用于实践，对企业而言就毫无用处。人只有通过在基层的磨炼与实践，才能发挥出所学的特长。知识只有经过被合理地运用才可能转化为生产力。所以，华为的干部必须在基层摸爬滚打过后才能走上管理岗位。

1999 年，杨友桂大学毕业后加入华为，在中国区做销售工作，历经 4 个代表处和系统部的历练，一步步从客户经理成长为系统部主任、业务助理、代表，逐渐积累了战略、客户关系管理、项目运作和团队管理的能力。

2012 年，杨友桂被任命到联通系统部。看似顺风顺水的背后，他的内心却泛起阵阵恐惧，无论接受与否，人生的天花板已开始渐渐逼近。如果希望将来能够承担更大的责任或走得更远，就必须挑战自己。他认为，之所以害怕改变，其实是既害怕失去眼下舒适的生活，又迷惘于未来之路在何方。他坚信只有保持好奇心，不断走出舒适区，才能收获重生。于是，在“而立”和“不惑”之间，他选择了改变，主动申请到海外工作。

2012 年 9 月，杨友桂被派遣到沙特。因为宗教信仰方面的原因，沙特没有酒，没有娱乐生活，也没有世俗烦扰，因为简单，所以就能聚焦。沙特的业务量很大，STC 系统部沙特子网又是华为最重要的子网，市场竞争异常激烈，华为驻沙特办公室里的灯几乎每天都亮到午夜，他和同事从早到晚、一年四季，始终处于打仗状态，丝毫未能得到片刻喘息和休整。业务、自然条件和精神层面的三重挑战，让他始终感觉“压力山大”。作为主管，他始终不敢放弃华为的标准和要求。在沙特这个“快车道”上，他始终铭记千万不能开“慢车”，为了公司的嘱托、家人的幸福和自己的追求，只能选择艰苦奋斗。

杨友桂认为，同样的光阴，是“全力以赴”还是“尽力而为”，不同的态度会产生不一样的人生。未来是什么？未来取决于我们今天的付出。

2014 年，当杨友桂和同事一次性签订几亿美元的合同时，他最大的感慨和收获就是通过自己的努力，把所有的不可能变成了可能。杨友桂暗下决心：未来沙特还要瞄准 30 亿美元收入的目标，把公司打造成本地人最向往的 ICT 公司。这个过程一定会有很多未知的困难和挑战，每个人都会有痛苦到想放弃的时候，痛苦意味着成长，只要坚持，最终一定会实现难以置信的梦想。

2015 年 5 月，杨友桂被任命为中东地区部副总裁，负责中东地区部整体工作。在“812”战略人才规划中，他认为有两个要素举足轻重：人才发展、BCG（《华为员工商业行为准则》）遵从。首先，必须敢于给予员工机会，为他们提供帮助和支持，当他们成功时真心为他们喝彩；其次，赋予他们更多的机会，由此形成一个良性循环，实现人才辈出。

华为的高级干部，每一个都来自基层，实践经验丰富。即便已经坐上了高层的位置，他们仍然在努力奋斗，有许多高级干部甚至没有节假日，平时也几乎没有私人时间，手机必须 24 小时都处于开机状态，以便随时随地处理出现的问题。随着华为日益走向国际化，这些来自基层的高级干部经常要在深夜开会，讨论问题。

华为并不像那些国际化大公司一样拥有稳固的市场地位、人脉和品牌，也没有任何关系可以依赖，他们能够走到今天，靠的就是艰苦奋斗的企业文化和一些能够在主战场、一线和艰苦地区吃苦的干部。这些干部在别人休息或喝咖啡时仍然忙于工作，正是他们的持续付出，才成就了今天的华为。

管理是一门学问，也是一项技能。光会干活不一定能当一个好干部，但是光会理论却不会实际工作，必然无法担任干部。只有将理论与实践结合起来，用实践去印证理论，以理论来指导实践，才能真正发挥出一个人的所有才能。

正是勇于在实践中发扬艰苦奋斗的作风和从实践中总结经验教训，才使得华为取得了今天的成就。因此，华为将这种实践精神融入了企业文化和干部的选拔、培养标准中，并贯彻于企业发展的全程中。这一点对于那些经常感慨“遇人不淑，无人可用”的企业来说，无疑更具启示意义。

“三权分立”选对人，用好人

华为在干部选拔过程中采用“三权分立”的方式，这三项权力是建议权、评议权和否决权。

准确来说，第一项权力叫建议权与建议否决权，第二项权力叫评议权与审核权，第三项权力叫否决权与弹劾权。

这三项权力分别由不同的组织行使，相互制衡，最大限度上选对人、用好人。

如图 5-2 所示为华为干部选拔的“三权分立”方式。

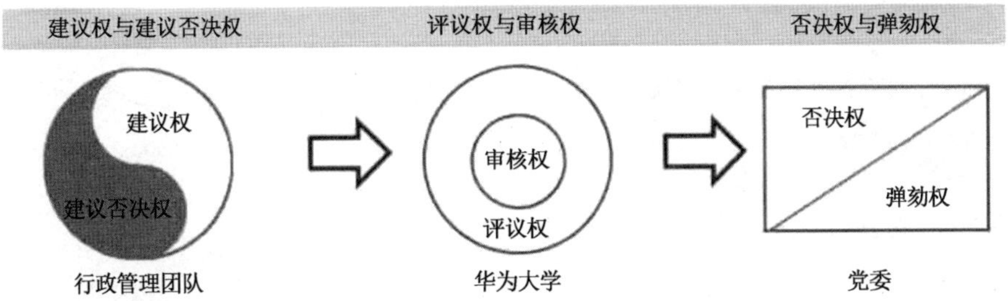

图 5-2　华为干部选拔“三权分立”方式

在华为的各个企业管理层级中都存在两个组织，一个叫行政管理团队（Administration Team，AT），另一个叫经营管理团队（Staff Team，ST）。

一、建议权与建议否决权

建议权由负责日常直接管辖的组织来行使。也就是说，某一个干部如果属于某一个业务单元，那么是由这个业务单元的行政管理团队（AT）来行使。经营管理团队（ST）是由组织常设的部门的一把手来共同组成的，所以 ST 是跟岗位、角色直接相关的。

例如，华为中国地区部的 ST 是由中国地区部所有的一级部门的一把手来共同组成的，那么他们开展的工作、进行的决策，主要是针对业务活动、业务事项的。AT 的成员是从 ST 的成员中选拔的，不是说所有部门的一把手都可以进入 AT，而是从 ST 成员中挑选在人员管理方面具有比较强的能力、具有丰富经验的人来组成。

AT 的职权范围是对所有与人的评价相关的工作来行使权力，如干部选拔评议、绩效考核、调薪、股份分配等。

建议权由日常直接管辖的组织的 AT 来行使，对于在矩阵组织中的这些部门来讲，由矩阵里的其他组织来行使建议否决权。

二、评议权与审核权

评议权由负责促进公司成长过程中的能力建设与提升的组织（华为大学）来行使。审核权由代表进行日常行政管辖的上级组织来行使，也就是由行使建议权的组织的上级部门来行使。

三、否决权与弹劾权

否决权与弹劾权由代表华为全流程运作要求、全局性经营利益和长期发展的组织来行使，实际上就是党委。党委在干部选拔任命的过程中行使否决权，在干部日常管理的过程中行使弹劾权，否决权和弹劾权都是有基础的，要有依据。对干部的举报经过调查核实，查实这个干部确实有问题，党委就可以行使否决权和弹劾权。

华为的办公会议、行政管理团队、委员会各自承担的职责各有不同，议事规则也不同。办公会议主要负责部门日常业务运作，强调首长负责制，首长有最后的批准权；行政管理团队主要负责人力资源相关工作，如干部任命等，强调集体决策、一人一票，但团队领导有最后的否决权，没有最后的批准权；委员会侧重于务虚，讨论公司的未来发展方向等，对重大决策有否决权。用任正非的话来说就是"上层作势，基层做实"。

在干部任命上，部门首长有提名权，没有批准权；管理团队有批准权，没有提名权；委员会有否决权。另外，党委负责考察干部的品德，在干部品德方面实行一票否决制。这种分权的治理模式，虽然可能会降低一点效率，但是会避免出现决策的重大失误。

华为把"三权分立"方式用在干部选拔上，以此来确保公正性和公平性。可以把"三权分立"方式看作是对行政主管个人权力的一种制衡。

华为干部作风的八条准则

华为自创立起，就要求干部严于律己、自我批判，并提出要制度化地防止干部腐化、自私和得过且过。早在 2005 年，任正非就敏锐地觉察到华为最大的风险来自公司内部，必须保证干部的廉洁自律，并于 2005 年 12 月召开了执行管理团队（EMT）民主生活会。EMT 成员共同认识到：作为公司的领导核心，必须做到正人先正己，以身作则，严于律己，做全体员工的楷模。

2007 年，华为通过了《EMT 团队宣言》，要求在此后的两年内从 EMT 团队成员到所有中高层，申报与清理所有与供应商的关联关系，以制度方式，对照检查、自查自纠，并接受全体员工的监督。后来固化此形式，每年举办一次宣誓大会。

2015 年，华为以业务规定〔2015〕001 号文件发布了《华为改进作风的八条要求》（简称“华为干部作风八条”）。2017 年对“华为干部作风八条”进行了修订，并举行了华为干部工作作风宣誓仪式。以下是新修订的“华为干部作风八条”：

（1）绝不搞迎来送往，不给上级送礼，不当面赞扬上级，把精力放在为客户服务上。

点评：干部没有特权。在员工面前，干部应该有高度、有格局。不溜须拍马、阿谀逢迎，始终保持艰苦奋斗的作风，“脑袋对着客户，屁股对着领导”，以客户为中心，为客户创造价值。

（2）绝不动用公司资源，也不能占用工作时间为上级或其家属办私事。遇非办不可的特殊情况，应申报并由受益人支付相关费用。

点评：公私分明是干部的基本职业底线。干部都做不到廉洁奉公，整个企业就会腐烂。

（3）绝不说假话，不捂盖子，不评价不了解的情况，不传播不实之词，有意见直接与当事人沟通或报告上级，更不能侵犯他人隐私。

点评：干部要做正气、正直、正能量的人。树干不歪，树就能笔直生长。俗话说，上梁不正下梁歪，中梁不正倒下来。中层干部承上启下，任重而道远。

（4）认真阅读文件、理解指令。主管的责任是获取胜利，不是简单的服从。主管尽职尽责的标准是通过激发下属的积极性、主动性、创造性去获取胜利。

点评：干部做好自己是一种本分，带好团队、做出成绩、达成目标、改善绩效才是真正的高价值。

（5）反对官僚主义，反对不作为，反对发牢骚讲怪话。对矛盾不回避，对困难不躲闪，积极探索，努力作为，勇于担当。

点评：干部要有能力，更要有责任心和使命感，要自我批判和自我反省，善于发现问题并及时解决问题。发现问题是能力，直面问题是担当，解决问题是勇气和智慧。

（6）反对文山会海，反对繁文缛节。学会将复杂问题简单化，600 字以内能说清一个重大问题。

点评：管理简单化是一门艺术。管理本身要简单，经营计划要细化，不要将时间花在低价值的文件、会议上，追求高效才能实现低成本运营。愚蠢的管理者将简单的问题复杂化，高明的管理者将复杂的问题简单化。很多实践证明：管理越简单越高效。

（7）绝不偷窃，绝不私费公报，绝不贪污受贿，绝不造假，也绝不允许任何人这样做，要爱护自身人格。

点评：从严治干部，正本清源。干部要守住人格、职业操守的底线，做所有华为人的楷模和标杆。

（8）绝不允许跟人、站队的不良行为在华为形成风气。个人应通过努力工作、创造价值去争取机会。

点评：干部应奉行劳动创造价值、价值决定命运的正确事业观，搞歪风邪气、拉帮结派，只会将团队的力量分解，而无法形成合力。

“华为干部作风八条”看似简单，其实蕴含着大道理。这不是作秀，不仅是制度要求，也是行为准则，更是企业文化宣导。华为能把简单的规定落到实处，不是一件容易的事情。“华为干部作风八条”值得所有管理者细读、研究，并以此不断提升自我修养和领导素质，练就强大的执行力！

华为干部的二十一条军规

华为能管理好 18 万名知识型员工，在全世界都是奇迹！华为的成功，不是偶然的，华为的成功是“知识分子+军人能量”聚合的成功，是以知识型员工为主体的特别能担当、特别能战斗的华为人的成功，是始终充满激情和斗志的任正非及其领导团队的成功。

2016 年 8 月 11 日，华为以总裁电邮〔2016〕074 号文发布了《华为干部的二十一条军规》，这二十一条军规是在原“华为军规十六条”基础上修订补充而成的，但在华为内部仍沿用“十六条军规”的提法。

（1）商业模式永远在变，唯一不变的是以真心换真金。

（2）如果你的声音没人重视，那是因为你离客户不够近。

（3）只要作战需要，造炮弹的也可以成为一个好炮手。

（4）永远不要低估比你努力的人，因为你很快就需要去追赶他（她）了。

（5）胶片（PPT）文化让你浮在半空，深入现场才是脚踏实地。

（6）那个反对你的声音可能说出了成败的关键。

（7）如果你觉得主管错了，请告诉他（她）。

（8）讨好领导的最好方式，就是把工作做好。

（9）逢迎上级 1 小时，不如服务客户 1 分钟。

（10）如果你想跟人站队，请站在客户那队。

（11）忙着站队的结果只能是掉队。

（12）不要因为小圈子而失去了大家庭。

（13）简单粗暴就像一堵无形的墙把你和他人隔开，你永远看不到墙那边的真实情况。

（14）大喊大叫的人只适合当拉拉队，真正有本事的人都在场上呢。

（15）最简单的是讲真话，最难的也是。

（16）你越试图掩盖问题，就越暴露你有问题。

（17）造假比诚实更辛苦，你永远需要用新的“造假”来掩盖上一个“造假”。

（18）公司机密跟你的灵魂永远是打包出卖的。

（19）从事第二职业的，请加倍努力，因为它将很快成为你唯一的职业。

（20）在大数据时代，任何以权谋私、贪污腐败都会留下痕迹。

（21）所有想要一夜暴富的人，最终都一贫如洗。

华为干部选拔的九大原则

在干部选拔上，华为强调责任结果导向，强调成功实践经验，强调会带团队。在此基础上，敢于破格提拔。在人才发展方面，坚持用选拔机制牵引人才发展，对选拔上来的人要进行培养。以下是华为干部选拔的九大原则。

一、坚持从有成功实践经验的人中选拔干部

华为强调要从有成功实践经验的人中选拔干部，反对纸上谈兵。有成功实践经验的人，一般都具有一定的方法论及领导能力，他们经过培养，容易吸收公司的管理方法。

任正非认为，华为未来最大的危机还是干部员工队伍的惰性。内部合理化的目标，就是激发组织活力，让队伍不畏艰险去冲锋，干部一定要有成功的实践经验。

二、大仗、恶仗、苦仗出干部

华为强调，一些在艰苦国家和地区工作的干部，如果在市场方面做得也称职，不要虚位以待，要让他上。华为的干部要从那些愿意干的人中选拔。所以，在不同地区工作的干部要采取不同的选拔、甄别方式。

任正非说："我们就是要在艰苦地区培养和选拔干部，那是不是说发达地区就不利于优秀干部成长？不是的。在发达地区培养出来的干部更要注意提升自身的职业素养，因为可能你的对手及客户的水平比你高得多。在发达地区培养出来的干部如果愿意到艰苦地区来工作，我们十分欢迎，他们像白求恩一样放弃优裕的生活环境来艰苦地区工作，那就更好了。"

任正非强调："文化素质较高的员工，应到一线去，到艰苦的工作中去取得成功。大仗、恶仗、苦仗一定能出干部。总部机关、产品体系都要派后备干部到艰苦地区进行锻炼，在艰苦的环境中成长，公司要在'上甘岭'培养和选拔干部。"

三、在关键事件中选拔核心员工

公司核心员工是公司在发展过程中，面对危机或重大内外部事件时可以信赖和依靠的员工群体。

核心员工的选拔，应首先考察其在关键事件中表现出的忠诚度。华为重视员工在如当公司经营出现危机，当公司需要采取战略性对策，当公司实施重大业务和员工管理政策调整，当公司业务发展需要员工牺牲个人短期利益等关键事件上的态度和言行，公司核心员工必须在关键事件中表现出鲜明的立场，敢于为公司利益而坚持原则。

四、机关干部必须到海外去锻炼

华为坚持让机关干部到海外去锻炼，机关干部要长期身先士卒待在国外，完成全项目的工作。

华为在监控有效的条件下，尽力精简机关，坚定不移地把一部分机关干部派到能直接创造价值的岗位上去。任正非认为："让不懂战争的人来指挥战争，成本一定会高。总部机关的干部一定要对自己服务的业务有成功的实践经验，并具有快速准确、任劳任怨的服务精神与服务能力。机关的员工也一定要有服务业务的实践经验。"

华为总部机关逐步从管控中心转变成服务中心、支持中心，机关要精简副职及总编制，副职以下干部要转成职业经理人。华为规定，拥有决策权的正职，必须来自一线，而且要经常轮岗。总部不再从机关副职中选拔正职。任正非强调："干部的选拔，一定要有基层成功经验。什么叫指挥中心建在听得见炮声的地方？就是指项目的指挥调控权应当在前线，机关只起服务作用。

五、注重实绩，竞争择优

华为在选拔人才上注重实绩，竞争择优。那些做不好本职工作的人，也做不好更重要的工作。

在华为，每个员工都可以通过努力工作，以及在工作中增长才干，从而获得职务或任职资格晋升的机会。与此相对应，保留职务上的公平竞争机制，坚决推行能上能下的干部管理制度。

华为遵循人才成长规律，依据客观公正的考核结果，建立对流程负责的责任体系，让最有责任心的明白人担负重要的责任。华为不拘泥于资历与级别，按公司组织目标与事业机会的要求，依据制度性甄别程序，对有突出才干和突出贡献者实行破格晋升。

任正非强调："是千里马都拉出来赛跑，跑得最快的前 25%留下来交给有关部门去考察素质，去看看‘牙齿’啊，看看‘蹄口’啊。该选谁就选谁，但必须在跑得快的马里面选。”华为的文化是一个赛马文化，在地区部专业业务骨干的选拔上，也会给“小马”们一些机会。当然包括代表处的存量维护的专家队伍，也可以通过“赛马”来产生。

六、优先从成功团队中选拔后备干部

华为坚持在英勇善战、不畏工作艰苦的员工中选拔后备干部，但这并不意味着“上甘岭”会自然产生“将军”。任正非说：“一屋不扫何以扫天下？一个人领导一个小团队都不能成功，如何领导一个大团队？我们不以成败论英雄是针对整个大势而言的，而对基层干部，在其本职工作范围内，不能与团队一起成功，我们是不能加以肯定的。”

七、培养敢于抢滩登陆的勇士

任正非强调：“华为要培养起一大群敢于抢滩登陆的勇士，这些人会不断激活我们的组织与干部体制。尽管负责抢滩登陆的勇士不担负向纵深方向发展的任务，但当勇士成长后，也会成为向纵深方向发展的战役家。”

敢于抢滩登陆的就是勇士，但是勇士能不能向纵深方向发展成为将军，要对选拔出来的25%的勇士进行培训，培训后进行筛选，从25%中选1/3，将8%左右的勇士推荐到干部后备队。进入干部后备队的勇士，公司要给他们机会去实践。对那些经过素质训练还达不到素质目标的勇士，也应该视为公司的英雄，也应给予荣誉称号，当然英雄不一定是“将军”。

八、以全球化的视野选拔干部

未来公司需要什么样的干部？在任正非看来，未来公司需要的干部是对市场有深刻体验和宽文化背景的人。怎么理解宽文化背景？宽文化背景就是“大杂烩”，什么都要懂一点。高级干部要有宽文化背景，干部要进行必要的循环，这是学习宽文化的好机会。

大胆、开放、积极地引入外籍 CFO、外籍专家，与华为的优秀青年组成混合团队，建设财经领域的“混凝土”组织。任正非指出：“让有为的员工走上合适的管理与专家岗位。过去华为的管理不够开放，使一些优秀人才的才华得不到充分发挥，欢迎他们回来，与我们一起奋斗。”

九、从内部挖掘人才

华为善于从内部挖掘人才，各部门主要领导都与华为一同成长，同呼吸、共命运，对华为充满热爱。在这样的文化之下，员工对公司的战略理解更深刻，对制度贯彻更彻底，做起事来也更得心应手。

任正非在华为 2013 年度干部工作会议上的讲话中提出：“公司的管控方式要逐步从中央集权式，转向‘让听得见炮声的人来呼唤炮火’，让前方组织有责、有权，后方组织负责赋能及进行监管。”

管理者就像战场上的“将军”一样，不能让士兵服从的“将军”打不了胜仗。在华为，任正非一直主张“让听得见炮声的人来呼唤炮火”，这一点对华为很关键。现在，一些企业走入误区，老员工长期得不到重用，它们宁可从外部高薪挖人，也不愿给忠于企业的员工加薪，这种企业文化，会伤害员工的积极性，导致人心涣散，使公司各项工作的推进受阻。

对于企业而言，相比挖掘外部人才，如何从企业内部培养人才，意义更为重大。因为企业文化是有沿袭的，员工忠诚度需慢慢培养。让一个外部人才突兀地出现在企业的核心岗位上，会让跟企业一同奋斗的人寒心，如果这个人的管理和业务能力不出类拔萃，其结果必定是造成员工口服心不服的不良影响，企业的执行力会遇阻。

注重个人成就感的人不能当干部

华为规定，有基层成功经验的人才能当干部，注重个人成就感的人不能当干部。

德国军事理论家和军事历史学家克劳塞维茨在《战争论》中说过一句话：“要在茫茫的黑暗中，发出生命的微光，带领着队伍走向胜利。”这是任正非很欣赏的一句话。的确，在战争中，将领的作用是非常重要的，而将领的思想上的光芒，会在队伍陷入困境、艰难无助时，激励队伍走出茫茫的黑暗，乃至走向光明。

然而，作为团队领导，任正非认为，更重要的是把自己的部下源源不断地培养成“英雄”，而不是自己去当“英雄”，所以，领导者要淡化个人成就感。对此，任正非说：“当然，‘英雄’也可转化成‘领袖’，‘领袖’就是我们的项目经理、科长、处长、办事处主任等。‘领袖’不重视个人成就感，只注重组织目标的成就感……我们有非常多的无名英雄，他们是我们未来的一切，我们要依靠他们团结奋斗，充分发挥他们的个人能力。我们要构建干部体系，通过价值评价体系把我们所需要的优良作风固化下来……那么在下个世纪，我们将是大有希望的。”

实际上，华为走到现在，也是从“英雄时代”一步步走过来的。当初，华为刚创立时，不过是一个小公司，随着各个部门出现了大量的“英雄”，推动了华为事业的迅速发展，也奠定了华为的基业。那时，为了能够让公司大力发展，任正非鼓励员工们积极发挥个人才干，争当华为各部门的“英雄”，华为的很多高级管理者就是在这个时期涌现出来的。

随着华为的不断壮大，公司内部的治理就不能再单凭激情和热忱了，更多的是需要制度和理性。这个时期的任正非，也已经敏锐地觉察出了公司在管理方面的问题，便开始认真思索个人与企业之间的关系。于是，任正非逐渐不再把“英雄”挂在嘴边，更多考虑的是如何使华为成为一家能够长久发展的企业。

在 2000 年，为了使华为的高级管理者进一步了解领导者的职责，任正非组织华为高级副总裁以上级别的干部进行考试，以如何有效地治理公司为题目进行命题作文。这次考试并非一考定终生，考不好的人还可以学习改进，只要下一次考试有进步就行。但是，多次考不好的高级管理者，将有可能被降职。

通过这样的考试，任正非希望从“英雄时代”成长起来的很多高级管理者，能够重新转变思想，从充当“个人英雄”改变为去积极培养更多的“英雄”，从而支撑华为的可持续发展。任正非还强调：“注重个人成就感的人，不能当干部。”这意味着如果华为还有人还没有从“个人成就感”里走出来，未来会失去机会。

任正非强调淡化个人英雄主义色彩，是希望将华为逐渐发展为职业化管理的企业，组建起依靠流程和职业能力进行管理的团队。为了达到这个目标，华为在美国 HAY（HAY 公司，又称合益咨询公司，于 1943 年在美国费城成立，是一家著名的全球性管理咨询公司）咨询公司的协助下，制订了高层干部任职资格的评定标准。其中，任职资格共分为 5 个等级，每个高层干部在每年年初都要填写任职资格表，年底要填写述职报告，公司会根据高层干部这一年的努力和表现来评定其是否合格，是否达到了标准。

高层干部的任职资格评定工作，由任正非亲自主持，高级副总裁以上级别的干部一起参与评定工作。通过这种做法，让高级干部进一步认识到，个人能力是有限的，只有聚集团队的力量，才能做出更好的成绩。

第六章

干部管理：

让指挥员群体在实战中脱颖而出

华为未来人力资源管理总的体系要进行结构性调整，把原来人力资源部具体管人的权限拿出来，建立一个总干部部，把决策权、管理权、执行权分开。要让懂业务（人力资源专业管理能力+主航道业务洞察水平等）、有能力的人员上位担责，不懂的要赶快补课。人力资源优化变革的主力部队，应该在一线实践中表现优秀、具有很强洞察力与思维力的指挥员群体或专业人员群体中产生。

——任正非

华为管理干部任职资格管理体系

任正非说：“华为的成功，从很大意义上讲就是人力资源的成功。”而在华为人力资源实践中，其干部管理、任职资格管理和绩效管理体系最受追捧。

华为一直把人力资源管理工作作为经营战略重心之一。可以说，完善的人力资源管理制度为华为的可持续发展提供着源源不断的动力。而干部任职资格管理体系则是华为一项最具特色、最为完善的人力资源管理制度。

华为干部任职资格管理体系是1996年在美国HAY咨询公司的帮助下建立起来的。干部任职资格是以实际工作为基础的职业资格，它强调的是“能干什么”，而不是“知道什么”。其目标是推动各级干部不断地提高自己的岗位实际工作能力，以适应管理工作和公司发展的需要。它是公司推进管理工作规范化，管理者职业化，从而提高工作绩效的重要手段。

一、管理干部任职资格分级

华为将管理者定义为从事以人员管理为主要工作的人员。按照管理层级，可细分为三级监督者、四级管理者、五级领导者三级。其中，三级监督者指率领一组人员从事某项具体的专业/技术工作的人，本人既是监督者又是执行者之一；四级管理者指对所辖部门的工作质量、时效、成本负完全的责任，并参与所辖工作的战略方向、资源分配、成本及时间要求的制订，下属至少含三级监督者及普通员工数人的人；五级领导者则需要对企业某个运作过程或某项职能负完全的责任，参与制订公司长期战略及宏观指导。

二、管理干部任职资格考评

1. 管理干部任职资格考评方式

华为管理干部任职资格考评有以下几种方式：基本条件考察、工作行为认证、绩效考核等。干部任职资格管理的目标是推动各级干部不断提高自己的岗位实际工作能力，以适应管理工作和公司发展的需要，所以干部任职资格考评以行为认证为主，以绩效考核成绩为基础，干部任职资格行为认证结果是管理者获得相应资格证书的主要依据，而年度绩效考核等级为C（含）以下的管理者不能获得相应的证书。同时根据具体岗位要求，还要考察干部的品德、素质及经验，特别是其在工作中持续不断的冲劲及挑战新领域的决心和行动。

华为管理干部任职资格考评主要以其直接主管及流程主管的考评为主，以任职资格专业工作人员的考评为辅。考核认证以相应的任职资格标准为依据，将人与标准比，而非人与人比。

考评认证坚持三个原则：

（1）客观公正，即标准客观，判断客观全面。

（2）促进改进，即认证不仅能评判达标与否，更重要的是能促进改进，形成规范化工作的习惯。

（3）有序可行，即遵循工作的内在规律。

2. 管理干部任职资格认证评审体系

任职资格认证评审是华为任职资格管理人员对任职资格认证程序的审核和认证结果的评议。它是华为任职资格认证质量保证体系中的重要一环。它的主要目的在于保证认证质量，提高认证者的专业能力。资格评审分为二级评审，包括部门级和公司级。部门级评审是由各系统任职资格管理处负责组织，旨在保证本系统内各部门对标准掌握的一致性。公司级评审则由公司任职资格管理部负责组织，以保证公司各系统对标准掌握的一致性。公司级评审通过后，由人力资源委员会最终审核颁证。任职资格证书的有效期为两年，每两年公司组织一次资格复审或标准修订，复审通过，证书将继续有效。

三、管理干部任职资格行为标准

1）任职资格标准

华为干部任职资格标准是从管理者（有直接下属至少一人）称职胜任的角度出发，以工作结果和行为表现为判断依据的技能标准。它是指完成管理工作的成功行为，反映了公司对职业经理人的技能要求。

华为建立管理干部任职资格标准主要遵循的原则是：①源于工作：标准级别的划分和标准的内容都从实际工作中来，而不能仅从技能本身进行推理；②结果导向：达标评定的素材尽可能取自于日常工作成果，尽量减少为获得资格而额外增加的工作。

2）三级管理干部任职资格标准

三级管理（也称管理三级）干部任职资格标准适用于率领一组人员从事某项具体的专业或技术工作的员工。员工必须达到某专业或技术资格标准二级资格标准（含）以上才能申请管理三级任职资格认证。在个人职业发展道路上，达到管理三级标准并担任相应岗位是在华为开始管理工作生涯的第一步。华为管理三级任职资格标准共有六个单元（涉及 13 个方面）：第一单元是工作任务的管理，包括制订工作计划，组织实施工作计划，指导和控制工作计划的实施；第二单元是组织氛围的建设，包括在组织内部建立和保持良好的工作关系，创造、培育和维持良好的外部工作关系；第三单元是环境资源的管理，包括建立工作环境，保持和维护良好的工作环境；第四单元是决策信息的提供，包括收集、调研和选择所需信息，处理并提供所需信息；第五单元是工作流程的制订、实施和优化，包括制订流程及对流程进行实施和优化；第六单元是绩效的改进，包括挖掘个人潜力，提高自身绩效，帮助下属提高绩效。

针对每一单元的每一方面，任职资格标准都给出了具体的行为标准和所需要的基本知识。例如，第一单元中“制订工作计划”的行为标准和基础知识如下。

行为标准：

（1）根据上级部门的规划或部署，与上级共同制订部门的目标，明确各项工作任务和改进方向。

（2）根据工作的优先顺序分配资源（包括人、财、物、信息等），充分考虑资源成本，以使其得到有效合理的利用。

（3）与相关人员商讨，面向目标，在公司规定范围内确定执行计划的具体工作方法和活动。

（4）根据工作任务的具体要求和特点，深入分析工作中易出现失误或问题的环节，并设计相应的监控点及防范措施。

基础知识：

（1）上级部门的目标及重要性优先顺序。

（2）SMART 原则和 5W2H 原则，PDCA 循环。

（3）专业领域的相关技术。

（4）制订工作计划的方法及工具（PERT、GANTT 等）。

（5）目标优化顺序变更及未预见情况的处理方法。

（6）时间管理方法。

（7）协调资源和任务的方法。

（8）本部门工作任务的风险及预防措施。

（9）本岗位的工作角色和职责。

（10）下属的工作角色与职责。

（11）与工作有关的公司章程与规定。

（12）本部门工作任务的特点及业务流程与运作方式。

（13）本部门资源状况。

3）四级管理干部任职资格标准

四级管理（也称管理四级）干部任职资格标准适用于公司的中层管理者，对所辖部门的工作质量、时效、成本负完全的责任，并参与所辖工作的战略方向、资源分配、成本及时间要求的制订，下属至少含三级监督者及普通员工数人。达到管理三级水平（含）以上的员工可以申请管理四级任职资格认证，在个人职业发展道路上，达到管理四级标准并担任相应岗位后可以继续向公司级领导努力。华为管理四级任职资格标准共有五个单元（涉及 12 个方面）：第一单元是目标的制订与监控，包括制订合理的目标与计划，有效实施计划，监控及评估工作活动；第二单元是组织氛围建设，包括内部工作关系、外部工作关系；第三单元是工作资源管理，包括对现有资源的管理，资源的获取、分配和控制；第四单元是影响与促进决策，包括进行决策，参与同级决策，促进上级决策；第五单元是绩效的改进，包括本人及员工的绩效改进、流程优化。

4）五级管理干部任职资格标准

五级管理（也称管理五级）干部任职资格标准适用于公司的高层领导者，对企业某个运作过程或某项职能负完全的责任，参与制订公司长期战略及宏观指导。达到管理四级水平（含）以上的员工可以申请管理五级任职资格认证。在个人职业发展道路上，达到管理五级标准并担任相应岗位可以说是其管理工作生涯的一个里程碑。

华为管理五级任职资格标准共有五个单元（涉及 14 个方面）：第一单元是方针管理，包括参与公司目标、策略、方针的制订，监督和检查公司目标、策略与方针在本系统的实施；第二单元是组织与文化建设，包括设计本系统的组织结构及文化导向，建立本系统的组织结构并落实文化导向，评价组织结构的有效性及组织氛围；第三单元是资源建设，包括制订公司资源建设的方针，监督执行公司资源建设方针的有效性；第四单元是促成决策，包括就内部变动因素促成决策和就外部变动因素促成决策；第五单元是促进发展，包括个人发展及培养下属，公司绩效的改进，为公司的长远利益与合作伙伴缔结利益共同体。

显然，华为的管理干部任职资格管理体系借鉴了英国职业资格管理的思想和精髓，但它又不完全相同于英国职业资格管理，其最大的区别在于：它不是旨在取得资格证书，而是旨在提升管理者的个人工作技能，促进管理者在实际工作中不断改进管理行为，提升工作绩效，从而培养出高素质的职业经理人队伍，以便满足公司高速发展的需要。同时，通过任职资格的认证面谈可以发现管理工作中存在的问题，通过上下级共同分析研讨并寻求解决问题的方法，从而提高公司的整体营运能力，推动公司的管理水平迈上新台阶。

华为干部后备队管理办法

华为非常重视对干部后备队的培养，关键岗位的干部都是有后备人选的。如果现任的干部对工作投入不够，公司很可能会立即换人。

任正非要求公司各级干部要做好干部后备队的培养工作，干部不是人力资源部门培养的，人力资源部门只做引导，每个部门每年都有给公司输送干部的任务，这也是部门的考核指标。

任正非说："我们不缺"兵"，不缺专家，我们什么"兵"、什么专家都有，就缺能"带兵"打仗的"将军"。华为管理者的能力还不够高。未来 5 年，华为的营业收入要达到 1 万亿元，这需要更高的领导力，需要更多的"将军"。"

因此，华为根据公司的发展战略，组建了干部后备队干部培养、储备资源池，培养了一支业务能力强，同时认同企业核心价值观的干部后备队队伍，为企业的发展提供了人才保障。华为的干部后备队干部管理办法值得管理者们学习借鉴。以下是 2017 年发布的《华为干部后备队管理办法》。

一、目的

干部后备队是公司根据战略发展需要而组建的后备干部培养、储备的资源池。为规范干部后备队的管理，明确干部后备队的选拔标准、选拔程序和培养方法，为公司发展提供合格的后备干部，特制订此管理办法。

二、定义

干部后备队分为三级管理干部后备队、四级管理干部后备队、五级管理干部后备队、员工干部预备队四个层次进行培养。

（1）三级管理干部后备队：从优秀员工中选拔进入华为大学培养，是三级管理者的候选资源池成员；

（2）四级管理干部后备队：从优秀的三级管理者和优秀的跨部门团队核心成员中选拔进入华为大学培养，是四级管理者的候选资源池成员；

（3）五级管理干部后备队：从优秀的四级管理者和优秀的重量级跨部门团队核心成员中选拔进入华为大学培养，是五级管理者的候选资源池成员；

（4）员工干部预备队：是指在培训各环节及上岗试用过程中持续表现优秀，并经过各培训组织部门综合考察评价选拔出来的优秀员工。员工干部预备队选拔的目的是对这些优秀新员工进行跟踪考察和引导，促进他们在工作岗位中快速成长，公司对员工干部预备队不安排专门的管理技能培训。

三、适用范围

本管理办法适用于华为技术有限公司及华为各全资子公司。

四、后备干部的选拔

1. 选拔的基本原则

公司从如下员工或干部中选拔干部后备队员：

（1）符合公司干部四象限原则，绩效优良、有责任感和使命感、敬业与奉献、对公司忠诚并具备一定任职资格的中外员工和干部。

（2）优秀特招人才参照上述标准可以直接选拔到相应干部层级后备队进行培养。

（3）品德作为后备队员选拔的一票否决条件。

2. 选拔组织

干部后备队的选拔组织工作，由公司人力资源部和华为大学联合组织。

各业务体系管理团队对本体系干部后备队选拔工作集体负责，各业务体系管理团队主任是本体系干部后备队选拔组织工作的第一责任人，对本体系选拔组织工作过程和选拔结果负责。

各业务体系干部部作为本体系干部后备队选拔执行机构，负责本体系具体选拔工作的组织落实。

公司人力资源部和华为大学对各业务体系的选拔工作提供培训支持。

公司各级管理者要本着对公司负责的态度，积极参与公司干部后备队的选拔推荐工作。

3. 选拔标准

（1）三级管理干部后备队选拔标准

a. 品德优秀且诚信档案无不良记录。

b. 绩效一贯优良，绩效评价在本业务体系内横向排名前 25%。

c. 任职资格为管理二级普通等以上，工作态度优良。

d. 优先从优秀的一线团队中选拔后备队员。

e. 符合上述标准且参加过华为 A 类培训的员工优先考虑。

（2）四级管理干部后备队选拔标准

a. 原则上担任三级管理岗位（含跨部门团队核心成员）1 年以上。

b. 品德优秀且诚信档案无不良记录。

c. 绩效一贯优良，绩效评价在本业务体系内横向排名前 25%。

d. 任职资格为管理三级普通等或职业等。

e. 团队组织氛围好者优先。

f. 关键事件表现突出者优先。

（3）五级管理干部后备队选拔标准

a. 担任管理四级岗位（含重量级跨部门团队核心成员）3 年以上。

b. 品德优秀且诚信档案无不良记录，勇于承担责任与压力。

c. 部门绩效一贯良好，部门绩效评价在本业务体系内排名前 25%。

d. 任职资格为管理四级普通等或职业等。

e. 具有不断自我批判的精神和面向未来的战略性思考能力。

（4）员工干部预备队选拔标准

a. 上进心强，品德优秀。

b. 入职培训各环节表现优秀。

c. 上岗适应能力强，工作投入，认真负责，绩效好。

d. 自愿前往一线艰苦地区长期工作与锻炼。

e. 有管理方面的潜力。

4. 选拔程序

（1）三级管理干部后备队选拔程序

根据三级管理干部后备队选拔标准，预备人选由两名三级管理者共同推荐（每个推荐者需独立给出推荐评价意见），经干部部对推荐名单和推荐资料进行审查，报上一级管理团队评议通过后，将名单交由公司人力资源部进行资格与程序审查，合格后入选三级管理干部后备队。

（2）四级管理干部后备队选拔程序

根据四级管理干部后备队选拔标准，预备人选由两名四级管理者共同推荐（每个推荐者需独立给出推荐评价意见），经干部部对推荐名单和推荐资料进行审查，报上一级管理团队评议通过后，将名单交由公司人力资源部进行资格审查，合格后入选四级管理干部后备队。

（3）五级管理干部后备队选拔程序

根据五级管理干部后备队选拔标准，预备人选由两名五级管理者成员共同推荐（每个推荐者需独立给出推荐评价意见），经公司人力资源部对推荐名单和推荐材料进行审查，报公司人力资源委员会评议，合格后入选五级管理干部后备队。同时推荐者要签名承诺对被推荐者三年的表现承担连带责任。

（4）员工干部预备队选拔程序

根据新员工在培训期间的综合表现及上岗中的表现来选拔，员工干部预备队预备人选由华为大学、各培训实习机构及各干部部定期选拔。

5. 选拔周期

（1）各层级管理干部后备队和员工干部预备队：每年选拔一次，每半年复核一次。

（2）干部后备队是一个动态的资源池，在培养过程中不断会有人转出或被筛选出资源池；新干部后备队员可以不断补充进池，但各级干部后备队的总体规模根据岗位配置需求保持相对稳定。

五、干部后备队的培养

1. 培养原则

（1）公司对干部后备队的培养采取培训和岗位实战相互结合、培训与工作实践循环推进的原则。

（2）华为大学负责对干部后备队进行培训，重在提高后备干部的素质、能力、团队领导力，更重要的是要培养后备干部掌握科学的学习与工作方法。

（3）各业务部门负责在工作实践中培养和锻炼后备干部，重点是要培训和考察后备干部的责任心、使命感、敬业精神与献身精神、业务能力与绩效贡献。

2. 培养组织

（1）华为大学对整体培养方案和培养过程负责，包括培养体系的规划、设计与组织实施、过程评价、过程记录和档案记录。

（2）业务部门负责在实践中培养与考察干部，包括后备干部的岗位锻炼与考察、跨部门锻炼与考察、艰苦环境或挑战项目的锻炼与考察等。

（3）公司人力资源部干部任职资格管理部门是干部后备队管理工作在人力资源部的接口部门，也是干部后备队工作在各业务体系的日常工作的接口部门；华为大学重大项目部是干部后备队在华为大学的接口部门，负责干部后备队培养的全过程管理，并负责为各业务部门提供干部后备队培养信息记录和过程文档。

六、干部后备队的考察、评价与任用

1. 考察与评价原则

干部后备队在整个培养阶段的综合评价由华为大学学员鉴定中心负责，综合评价包括以下几个方面：

（1）干部后备队在华为大学培训期间的考察与评价由华为大学负责，考察与评价的重点是后备队员对相关知识和技能的掌握情况，以及表现出来的领导潜质等。

（2）干部后备队在业务部门承担本职岗位锻炼时的考察与评价由各业务部门负责，各业务部门所在的干部部负责周边考察与评价，考察与评价的重点是绩效、任职能力、工作态度等方面。

（3）干部后备队在参加跨部门项目锻炼时的考察与评价由所在的跨部门项目组织部门负责，考察与评价的重点是岗位适应能力、合作意识、工作态度等方面。

（4）对干部后备队的品德考察贯穿整个培养过程，干部后备队的品德考察由公司组织干部部负责。

2. 干部后备队的淘汰机制

淘汰机制始终贯穿干部后备队的培养过程，并与动态筛选机制结合，其规则如下：

（1）培养过程中触及公司规定的高压线者直接被淘汰出资源池。

（2）培养各阶段考核和考察达不到标准者直接被淘汰出资源池。

（3）培养周期结束后综合评价排名末尾5%者直接被淘汰出资源池。

3. 任用原则

（1）华为大学学员鉴定中心根据综合评价的结果，对学员的综合表现进行排序，并将其作为公司选拔任用干部的决策依据。

（2）原则上新提拔的干部必须从相应层级的干部后备资源池中选拔。

七、职责分工

干部后备队的管理由公司人力资源委员会总体负责，公司人力资源部和华为大学负责具体的组织实施工作，各业务体系干部部负责具体的落实执行。具体工作分工如下。

（1）公司人力资源部：负责干部后备队的选拔标准、选拔程序等政策文件的制订，选拔工作的组织启动，三、四级干部后备队选拔程序的审查与五级干部后备队资格的审查等工作。

（2）华为大学：负责干部后备队培养方案的制订、培训的组织实施、培养过程的考察与评价及干部后备队档案管理等。

（3）公司组织干部部：负责干部后备队思想品德的考察评价与干部后备队监察。

（4）各业务体系干部部：负责本业务体系干部后备队的选拔组织、推荐名单与推荐资料的审查、岗位锻炼的组织实施与考察等。

（5）各业务部门：负责本部门干部后备队的选拔提名、办公会议评议、岗位培养及干部任用提名等。

成立总干部部，与人力资源部权责分离

华为在 2018 年年初发起人力资源管理纲要 2.0 的公开讨论之后，任正非开始对人力资源管理体系进行重大调整，把原来在人力资源部的具体管人的权限分离出来，成立了由公司直接管理的华为总干部部，从此，华为的人力资源体系分为人力资源部体系和干部部体系两个系统。华为人力资源部体系与干部部体系的区别（一）如图 6-1 所示。

	人力资源部体系	干部部体系
核心分工	人力资源部体系管规则，包括规则的建议，以及对规则执行的监管	干部部体系管人。总干部部负责在全局范围内协调干部队伍，负责干部的跨领域成长、流动和能力成长
服务对象	以员工为中心，包括员工招聘、员工培养与激励、员工发展等相关工作	以干部为中心。总干部部要重点负责后备干部的选拔、培养、考核、弹劾
基本定位	负责专业化。人力资源体系主要负责公司人力资源政策与规则的体系化、专业化的建设	负责差异化。干部部体系负责将人力资源政策和规则与业务部门的实际相结合，最终使政策的效果达到预期

资料来源：华为总裁办电子邮件 电邮〔2018〕062号

图 6-1　华为人力资源部体系与干部部体系的区别（一）

华为对人力资源部的职责进行了重新划分，同时也明确了总干部部的职责。

人力资源部的职责：负责规则的建议、执行和监管，负责考核支撑、员工招聘、全员学习与发展等人力资源专业支撑工作。

干部部的职责：总干部部重点负责后备干部的选拔、培养、考核、弹劾。配股、调薪、奖金评定等日常人力资源管理工作也由干部部负责，由各干部部和各自业务主管讨论，形成发放清单，然后交给人力资源部共享服务部去执行。

2018 年 4 月 20 日，任正非在华为总干部部及人力资源部组织运作优化沟通会上讲话时提出："把原来在人力资源部具体管人的权限拿出来，建立一个总干部部。华为现在的人力资源部的权力中心化，容易'指鹿为马'。未来华为的人力资源体系分为人力资源部体系和干部部体系两个系统，这样可以更好地贴近业务，把人管好。"

华为的人力资源部体系和干部部体系这两个系统，它们不是对立的关系，而是分工各有侧重、相互协同的系统。在基层组织的层面上，两个系统可以融合，以提高效率。

人力资源部体系和干部部体系之间主要有两个关系：

一是上下游关系。任正非说："人力资源部体系负责把规则管好，干部部体系统筹应用规则；各级干部部是业务领导的助手。"这也就是说，干部管理目前还做不到垂直的全模块管理。从规则的流程角度来看，人力资源部体系属于上游，干部部体系属于下游。

二是一体化关系。任正非的比喻非常精妙："人力资源部体系就像是长江的河道，其职责是管好两侧的堤坝；干部部体系的职责是管好水里的船和人，让船及人在河道内的主航道里航行、竞逐。"

华为人力资源部体系与干部部体系的区别（二）如图 6-2 所示。

随着公司的发展，任正非深刻意识到，华为现在的人力资源管控过度，干部部来自业务一线的人员较少，对业务的具体运作、变化的战略洞察知之甚少。如果大家只是按部就班地去管，关键问题可能就得不到应有的重视与及时的解决，那肯定是不行的。因此，要对人力资源管理总的体系进行结构性的调整，把决策权、管理权、执行权分开，用政策激活这潭水。要让懂业务、有能力的人员上位担责，不懂的要赶快补课。人力资源优化变革的主力部队，应该在一线实践中表现优秀、具有很强洞察力与思维力的指挥员群体或专业人员群体中产生。

	人力资源部体系	干部部体系
权力来源	人力资源部体系拥有规则的草拟权。规则由董事会进行决策和审核	干部部体系拥有规则的建议权、执行权。通过各级干部部将规则应用在各部门的实际管理中
组织特征	人力资源部体系属于块状组织，除了人力资源部本部，还有人力资源共享中心，以及向下延伸的专业化组织	干部部体系属于线条组织，包括总干部部及各部门的干部部，是公司整个干部管理的COE，干部部重点负责后备干部的选拔、培养、考核、弹劾、配股、调薪等工作
管理方向	人力资源部体系要从权力中心变成服务支持中心，要从后台走向前台。人力资源部负责公司专业的人力资源后台支撑服务	干部部体系要从服务中心变成权力中心，从前台走到后台。总干部部要进行干部管理的理念、标准和授权原则的建设，以及导向科学的管理

资料来源：华为总裁办电子邮件 电邮讲话〔2018〕062号

图 6-2　华为人力资源部体系与干部部体系的区别（二）

尤其是华为以前的人力资源体系不仅管政策规则，具体的人也要管，权力过于中心化，导致政策规则和人都没有完全管好。因此，必须对人力资源体系进行调整。

按照华为新的部署，总干部部管理公司整个干部队伍，把干部、专家、职员全部纳入进来，面向不同业务和对象对干部进行差异化管理。

总干部部也是公司董事会干部管理方面的支撑机构，对直管干部、专家、高级职员进行考察、评价。总干部部也要分层、分级去授权，干部与人才任用工作应该由各部门主管与相应的干部部负责执行。

按照任正非的说法，华为总干部部有如下 3 个作用：

（1）为董事会与干部相关的决策事项做参谋。

（2）为各级干部部提供专家级指导。

（3）强化干部部体系，将干部管理职责彻底从人力资源部分离。

由此可见，华为的成功不是因为人力资源部门的强大，而是因为它的每一次变革都是由高层提出并强力推动的。华为高层绝不是跟大多数民营企业的高层那样，只提思路，然后把问题甩手扔给人力资源总监或人力资源经理。企业要想有更大的成功，需要在它的高层中至少有一位实践管理的大师。

华为干部管理的八种方法

现代企业间的竞争，其本质是精益化管理体系下的核心干部管理梯队之间的竞争。任正非指出：“我们正面临历史赋予的伟大使命，但我们缺乏大量经过正规训练、经过考验的干部。华为在发展过程中一直都缺干部。干部培养不起来，那我们就可能守不住阵地，可能要败退。”

那么符合什么样的标准可以成为干部？成为干部后需要怎么做？干部如何继续成长和发展？在过去的 30 多年中，华为陆续完善了针对干部群体的选、用、育、留等体系化建设，以及构建了片联组织、干部管理委员会、华为大学、总干部部等组织，建立了从任用制到选拔制的干部晋升标准，设计了科学的干部绩效考核体系，加强了对干部队伍的培养与锻炼，充分保证了干部队伍对企业发展的支撑作用，最终形成了一套行之有效的干部管理体系。

笔者在华为干部管理实践的基础上，对华为干部管理实施方法和路径进行了全面的梳理，总结出了华为干部管理的八种方法。

一、明确使命与责任

干部的使命与责任就是践行、传承企业文化和价值观，以企业文化和价值观为核心，管理价值创造、价值评估和价值分配事项，带领团队持续为客户创造价值，实现公司的商业成功和长期发展。

建立一套一以贯之、自上而下且适应各个不同体系的干部选拔标准，可以保证公司不同的层级、不同的部门选拔出来的干部具有一些共同的特征。华为的干部需要肩负六大使命与责任：

（1）干部要担负起企业文化和价值观传承的责任。

（2）洞察客户需求，捕捉商业机会，促进业务增长。

（3）带领团队去实现组织目标，用兵狠，爱兵切。

（4）有清晰的主攻方向，抓主要矛盾，在不断改良中前进。

（5）站在全局立场，不断改进端到端的业务流程，加强职业化管理，降低内部运作成本。

（6）开展组织建设，帮助下属成长。

二、建立干部标准

（1）践行企业核心价值观是干部的基本职责。

（2）品德与作风是干部的资格底线。

（3）绩效是必要条件和分水岭。

（4）能力是持续取得绩效的关键要素。

（5）经验是对能力的验证。

三、明确干部管理

各个公司的干部管理都有选拔、任用、培养、考核、评价、激励制度，华为的不同之处在于设立了一个后备干部资源池。

华为干部管理的具体构架如下：

1. 资源线

区域是指挥中心，有作战的权力、有选择产品的权力、有合同决策的权力；业务集团（BG），协同区域作战。

片联负责推动干部循环流动机制的形成，构建作战氛围。其最大的权力是干部使用权，而不是作战权，不直接管项目。

2. 业务线

ST（经营管理团队）：ST成员是由所在BG区域的一级部门的一把手来组

成的，主要是负责业务活动、业务事项。

AT（行政管理团队）：AT 成员是从 ST 中选拔出来的，AT 的职权是对所有与人的评价相关的工作来行使权力，例如，干部选拔评议、绩效考核、调薪、股份发放等。

3. 专业线

人力资源部，负责人力资源规则和政策的制订，属于规则部门。

总干部部，负责干部任职资格评审和选拔等具体事项，属于对口部门。

四、华为干部的“四力”

华为干部的“四力”是指干部持续取得高绩效所应该具备的四种能力。

第一，决断领导力；第二，理解力；第三，执行力；第四，连接力，也就是合作能力。

五、干部的考验

在华为的干部管理体系中，考验干部主要从他在面对关键事件、突发事件、组织利益与个人利益冲突时的立场与行为来观察他的忠诚度和业务能力。

1. 忠诚度

华为选拔核心员工首先会考察其在关键事件中表现出的忠诚度。核心员工的忠诚度必须经得起长时间的考验。员工忠诚度主要体现在战胜敌人、守住家业等关键事件上。

什么是关键事件？关键事件发生在公司经营出现危机时，公司需要采取战略性对策时，公司实施重大业务和员工管理政策调整时，公司业务发展需要员工在一定程度上牺牲个人短期利益时等。公司核心员工必须在关键事件中表现出鲜明的立场，敢于为公司利益而坚持原则。

2. 业务能力

核心员工必须具备一定的业务能力，能在公司发展面临重大机遇或风险时，在不同层级的岗位上，发挥出一定的业务骨干作用。

要注意，业务能力强的员工，并不一定就可以进入核心员工范围。核心员工的忠诚度须经得起时间及关键事件的考验。

六、干部人才梯队的搭建

1. 关键岗位群

目标关键岗位，可以借鉴 IBM 继任计划。比如，在市场体系中，有 A 和 B 这两个关键岗位，这两个关键岗位会覆盖上百个岗位，所以需要进行“地毯式”地选拔人才。

2. 后备资源池

当一个目标岗位出现空缺的时候，从现在的这些岗位上的任职者中来挑选那些与岗位匹配度高的人员出来再进行选拔。

七、干部的“转身”和培养

华为有一个新干部 90 天“转身”计划，有点像“新官上任三把火”。这“三把火”是经过规划和设计的，第一把“火”是让你知道自己该干什么，第二把“火”是看看你能干什么，第三把“火”则是对你的成果进行审视。

1. 角色认知

角色认知是华为新干部们必修的培训项目，从最基层的项目主管，到更高级别的区域业务领导人，都需要在 90 天内完成这个项目。

这个项目会帮助你分析，在新的管理岗位上，你要承担哪些关键角色（Who are you）；为了履行好这些关键角色，你应该展现哪些关键行为（How to do）；以及为了支持这些行为，你要提高哪些能力（Where you go）。

2. “转身”

在 90 天内，华为新干部会被分配一位导师以外的管理教练，管理教练会帮助你分析，应从哪里开始了解新的环境，如何识别该岗位的利益关系人并建立互动关系；他也会帮助你规划 90 天“转身”期内与上司的五次关键谈话，并提供谈话清单。

管理教练还会与你一起，找出那个能够最快帮助你在新岗位上做出绩效的方法，并帮助你努力达成。管理教练也会帮助你排除来自自己内心的障碍及来自外部的干扰，确保让你“转身”成功。

3. 任前管理

90 天之后，新干部要带着成果参加任前审视或转正答辩的会议，有 60 分钟的时间与包括人力资源在内的管理团队成员进行互动。新干部需要展示在过去的 90 天里他和团队做了什么，带来了哪些改变，创造了什么价值，以及未来的业务策略。

这是一次非常关键的会议，只有那些能够笑着走出会议室的新干部才有可能获得继续与新同事们共事的机会。

八、干部管理的两大关键点

（1）一致性：华为干部管理体系持续运营近 30 年，其间没做过大的调整，公司上下都能坚定不移地执行。

（2）前瞻性：干部选拔“三权分立”，AT 集体决策。从人才选拔、人才评价到人才发展各环节，具备足够的前瞻性和先进性，可见该系统的顶层设计具有很强的科学性。

第七章

组织变革：

让组织充满活力和价值创造力

坚持以业务决定组织。适应不同业务特点，发挥大平台优势，构建聚焦客户、灵活敏捷、协同共进的组织。

——任正非

以客户为中心的矩阵式组织架构

华为没有秘诀，华为的成功实际上是管理体系的成功。华为在创立之初采取的还是传统的直线职能型管理体系：单线领导、单线发展。但是随着公司的快速发展和规模的不断扩张，如何更好更高效地管控公司成为了一大难题。

众所周知，管理体系首先要解决的问题是如何让公司干部和员工心往一处想，劲往一处使。在经过多方对比和取舍之后，任正非给华为确定了矩阵式管理的模式，即企业在开展业务时，为了同一个市场目标，一个职能部门与另一个专业部门交叉运作、协同作战、互为支撑，形成一个矩阵式的组织架构。矩阵式管理通过纵横交错的“发力”模式双管齐下，让企业拥有强大的执行力。

2010 年，华为将原来按照业务类型划分的组织构架变为按照客户类型来划分，成立面向企业、运营商和消费者三个客户群的组织架构。2017 年又成立了云业务部，以满足大数据和云的发展需求。

现在，华为已经形成了完善的矩阵式组织架构，以实现全方位的信息沟通。横向是按照职能专业化原则设立的区域组织，为业务单位提供支持、服务和监管，使各业务群 BG（Business Group）在区域平台上以客户为中心开展各自的经营活动。纵向是按照业务专业化原则设立的四大业务群，并分别设置经营管理团队，确定相应的目标、考核和管理运作机制。这种纵横组合在各级组织中都是层层嵌套的，从而形成业务和能力建设的双轮驱动。

华为提出了“分清泳道，速度才能最快”的理念。如果把不同的流程当作独立的“泳道”，那么开展工作的时候就能像游泳比赛时一样，不同的选手之间互不干扰。就像每个泳道只有一个人一样，流程也必须构建在一个部门的权力管辖范围之内，从而保障流程的效率。

所谓的“多路集成”指的是华为多条流程之间互相合作，共同解决业务难题。

华为的流程合作分为两种方式：“串联”和“并联”。一种情况是当遇到用人需求极大的工作任务时，就将有关业务板块的流程进行“并联”，形成多流程并肩作战，从而实现短时间内完成大量工作任务的目标。另一种情况是当遇到战线较长、专业性要求高的业务时，就选择合适的流程进行“串联”。“串联”方式往往被华为运用在科研项目的攻坚克难上，从而实现个人能力的充分挖掘和运用。

华为流程的“串联”和“并联”，在大的矩阵当中形式了一个个小的“集成电路”，在遇到业务难题的时候，“集成电路”集中发力，难题便不攻自破了。

在华为，无论是矩阵式管理，还是流程型组织，看似是领导者的自由发挥，实际上给出评价的还是消费者，是最终的客户。

华为在管理思维上不再局限于监督式管理，而是着眼于服务型管理。服务型管理把员工和客户都作为企业的“上帝”，企业努力为员工提供支持，为客户提供优质服务。管理层变身服务层，用服务做好管理，这或许就是管理的最高境界。

华为以客户为中心的矩阵式组织架构设计，可以算是矩阵式组织架构设计的经典。其优点在于：

一是可以应对竞争环境的不确定性。华为面对复杂、动态的外部环境，用矩阵式组织架构设计可以更快地感知环境因素的变化，由于决策链条短，可以对变化快速做出反应，对运营管理中出现的问题及时进行调整，减少环境的不确定性对华为造成的威胁。弹性的矩阵架构可以有效辅助业务发展。当矩阵架构网收缩时，就会叠加起来，意味着华为要精简部门、岗位和人员；当其扩张时，网就会拉开，就要增加部门、岗位和人员。在这个矩阵的牵动下，公司的组织架构会发生一定的变形，但流程没有变化，只是部门与部门之间联系的次数和内容发生了变化。这种变形是暂时的，当阶段性的任务完成后，整个组织架构又会恢复到常态。这种组织架构跟军队在非战争期间有序训练和战争期间集中动员的状态很类似。

二是可以更好地满足客户的差异化需求。如果说苹果用标准化的产品来满足客户需求，华为则走的是差异化的服务和解决方案的路线，并以此建立市场壁垒。各地市场尤其是发展中国家和发达国家的市场情况差异很大，“一视同仁”地看待全球市场会错过市场的发展机遇，会错失市场机会。华为横向的区域组织向一线转移，有利于加强对当地市场的组织和管理，及时捕捉到本地市场信息，快速响应本地市场的需求。

三是可以促进产品向多元化演进。华为的组织架构是面向客户群设计的，根据客户群进行部门细分，四大业务中心 BG 针对不同客户群市场，可以根据不同客户需求研发、设计新的产品，推进产品向多元化发展，矩阵式的架构也有较好的弹性和扩展性来满足这一需求。当华为进入新的领域时，可以根据需要再增加新的利润中心。

华为的矩阵式组织架构设计能良好运作，除了强大的支撑平台之外，非常重要的是华为的价值观即评价体系的一致性，即华为“以客户为中心，以奋斗者为本，长期艰苦奋斗”的价值观无论在哪条线上都很清晰，各个团队为了共同目标协同起来，形成高效运作。

此外，长期的“以客户为中心”使华为走向成功，但华为担心其成为技术领先的“先烈”的“工程商人”的意识在当前的跨界产业环境中受到越来越大的挑战。如何应对颠覆性创新？保持前瞻性研究、基础研究投入和商业成功的均衡，是华为从成功企业转型成为伟大企业的基础。

任正非已经意识到了这一点，近几年来，他在华为推行开发和技术分离模式，除了考核成功率，还考核失败率。鼓励冒险和尝试，要养一部分人天天在那里“不着边际”地做原创性创新。华为在各级主管的自律宣誓中强调，“不让堡垒从内部被攻破”，但在这个巨变的时代，谁都无法摆脱被外部跨界创新颠覆的危机。目前，华为的组织变革仍在持续进行中。

华为通过构建由一线业务驱动的流程，形成标准化运作方式。同时，在这个过程当中，解决端到端的业务贯通与组织协同，是流程型组织运作的核心。

华为的成功是管理体系的成功，也是规则制度战胜人治的成功。与传统“正三角形”的直线职能式管理不同，华为的人才组织呈现出“倒三角形”的模式，一线员工直接面对市场终端需求，倒逼企业体系提供资源，而领导层则处于为员工提供支持的位置。

如此一来，华为的内部管理逐渐做到扁平化，不仅可以避免企业与市场终端（客户）之间的脱节，更能有效加快内部反应机制，使得华为能够最大限度满足客户的需求。

将组织变成流程型组织，所有员工面向流程，实际上就是面向客户。所有管理者在这个架构下才能真正激发每一个个体的主观能动性。因为只有客户的需求能够不断地激发个体，像脉冲一样“冲击”整个组织，组织才能真正具有生命力，也能在不断地满足客户需求的过程中实现提升。

让“听得见炮声”的人来做决策

“班长的战争”是指权力下沉，让“听得见炮声”的人来呼唤炮火。2009年1月16日，任正非在华为销售体系奋斗颁奖大会上的讲话中提到的“让‘听得见炮声’的人来呼唤炮火”观点在企业界广受推崇。

“让‘听得见炮声’的人来做决策”是任正非从美国特种部队的作战方法中总结出来的。美军在阿富汗的特种部队分为多个作战小组，每个小组3个人，一名战斗专家、一名信息专家和一名火力专家，彼此互相了解。假如发现敌人，战斗专家负责警戒，保护小组成员的安全；信息专家快速确定敌人的数量、位置和装备；火力专家根据信息专家提供的信息来配置最合适的火力，按照规定直接向后方下达作战命令。

命令下达后，美军的炮火会覆盖整个目标区域，瞬间消灭敌人。授权范围按照炮火的成本来定，例如，一次作战的炮火成本低于5000万美元时，前线可不经上级批准，直接下达作战命令。

过去，笔者在与华为的一些接触中，发现他们的员工在客户那里时，总是由三个人组成基础团队：客户经理、解决方案专员和交付专员，号称“铁三角”工作小组。每个基础团队可以在公司授权范围内，直接向公司后台下达命令，要求后台进行产品的推广和项目的实施。当然，“铁三角”工作小组的成员个个训练有素，他们相互了解，协同作战。

2009年，华为成为仅次于爱立信的全球第二大移动通信设备供应商。在华为成为全球设备供应商巨头的同时，任正非却忧心于机构日益庞大，尾大不掉。于是，任正非向华为全体员工发出了振聋发聩的呐喊：“让‘听得见炮声’的人来呼唤炮火”，授予一线团队独立做决策的权力，后方只是起保障作用。

2010 年年初，华为开展了组织架构及人力资源机制的改革，宗旨是从过去的集权管理过渡到分权制衡管理，让一线拥有更多的决策权。

行伍出身的任正非总是喜欢用军事术语来描述华为的运行机制，他所说的“一线炮声”，其实就是来自市场一线的客户需求，而“炮火”指的是华为的各种资源，任正非提出“让一线直接呼唤炮火”就是告诉华为的员工，要让真正了解客户需求的一线员工能直接从总部配置人力、物力等资源，更好、更直接地为客户服务，满足客户需求。

为了保证“让‘听得见炮声’的人来做决策”授权机制的运行，华为于2011 年对研发等后方机构进行了改革，以适应管理模式的转变，加强了流程化和职业化建设，同时加强对监控体系科学合理的运用。

“让‘听得见炮声’的人来做决策”的实质就是组织的决策权下沉问题，它不仅涉及指挥者的个人管理风格的调整，还涉及组织的机构改革与深层次的组织文化建设等方面的问题。一方面能从制度层面避免上级的决策中可能存在的缺陷，限制决策者滥用权力；另一方面则能提高下属的主观能动性，有利于发掘、培养人才。

“让‘听得见炮声’的人来做决策”，告诉我们既要下放权力，让一线人员参与到决策中来，同时，作为高层必须“听得见炮声”，了解一线的真实情况（客户需求），让“听得见炮声”的人来呼唤炮火。

危机意识激发斗志

任正非是一位具有危机意识的企业家，在华为任何一个值得鼓掌的关头，他都采取当头棒喝的做法，让每个华为人保持头脑清醒，因为他知道天道循环的道理，生与死其实只在一线之间。唯有提高危机意识，华为才能在更多的挑战中收获更多的惊喜。

任正非说："十年来我天天思考的问题都是失败，对成功视而不见，也没有什么荣誉感、自豪感，只有危机感，也许是这样才存活了十年。只有大家一起思考怎样才能活下去，也许才能存活得久一些。失败迟早会到来，大家要做好迎接准备，这是我从不动摇的看法，也是历史规律。"警钟长鸣，增强危机意识，并把这种意识传递给部门、团队，让每个人都时刻能想到生存危机，并为目标去努力拼搏和奋斗。华为通过危机意识向员工传递压力，用压力促使员工保持动力，在不间断的危机感的刺激下，员工会本能地发挥出无限的潜能来改善和提高个人、公司的绩效。

2001 年，任正非踏上了日本的土地，时值樱花盛开、春光明媚。日本企业界从 20 世纪 90 年代初开始，经历了漫长的 10 年低增长、零增长或负增长时期。回国后，任正非有感于日本企业界的执着精神，写下了《北国之春》一文："公司的所有员工是否考虑过，如果有一天，公司销售额下滑、利润下滑，甚至破产，我们怎么办？我们经历的太平时间太长了，在和平时期升的官太多了，这也许就是我们的灾难……我们好多员工盲目乐观……居安思危，不是危言耸听。"

任正非敏锐地意识到，一个企业遇到困境、挫折，是否能够重新振作起来，关键在于企业员工是否能够坦然面对，并保持热情和信心。就如日本企业界那样，虽然身处危机，但斗志丝毫未减，反而更加努力，等待春天的到来。危机能够激发斗志，就像"鲇鱼效应"所揭示的生存哲学。

很久以前，挪威人的生活主要是靠从深海中捕捞沙丁鱼来维持的，而每次在这些一同出海打鱼的渔民中，收获最大的总是一位老渔民。因为他是这群渔民中唯一能够把沙丁鱼活着带到岸上的人。当时，活的沙丁鱼的价格是死的沙丁鱼的好几倍。其他渔民曾经尝试过各种办法试图使他们捕捞的沙丁鱼能够活着上岸，但总是徒劳。老渔民是如何做到的呢？

一次，一个年轻的渔民趁老渔民不注意偷偷打开了老渔民船上那些盛满活沙丁鱼的鱼篓，眼前的一幕让他惊呆了：在一群活蹦乱跳的沙丁鱼中间居然夹杂着一条鲇鱼。经验丰富的老渔民不可能不知道鲇鱼是沙丁鱼的天敌，他这样做的道理何在呢？年轻渔民想不出合理的解释，他抱着试试看的心态在自己新打捞的一篓沙丁鱼中也放了一条鲇鱼。上岸后，年轻渔夫发现自己船上的鱼篓中唯一有活鱼就是放了鲇鱼的那篓。

后来，一位心理学家揭开了这个谜底。原来，当鲇鱼被装入鱼篓后，就会对沙丁鱼发起攻击，由于鲇鱼不断追逐，沙丁鱼不得不拼命游动，在这种竞争激烈的生存环境中，原本已经绝望的沙丁鱼充满了活下来的欲望。这样一来，沙丁鱼就可以活着回到岸上。心理学家把这种外界的危机激活生物体内部活力的现象称作“鲇鱼效应”。

“鲇鱼效应”告诉我们：当一个人身处困境的时候，他的斗志更容易被激发。显然，任正非体会到了这点。

在华为，每个人都具有强烈的“冬天”意识，无论是高层管理者还是基层员工。

对于华为而言，一时一事的成功，并不意味着什么，任正非深知，一个企业在创业初期，其规模、市场份额都很小，领导者更容易有破釜沉舟的决心，员工们也更容易有团结一致的斗志。然而当企业做大之后，领导者往往贪图安逸，员工心态剧变，不良作风蔓延，企业亲和力急剧下降。

在此种状况下，企业、领导者、员工过往的成就都将最终湮灭。因此，任正非对成功视而不见，充满危机意识，从而保持积极的心态，继而创造更好的业绩。

2016 年 12 月 27 日，任正非在华为战略预备队指导委员会会议上就表示过自己对于华为未来的担忧：

“华为不能像部分西方公司一样，在温柔乡中葬送我们 28 年的奋斗成果。我们要认识到这个世界的复杂性和未来的艰难性，并从这个角度出发来构建未来胜利的基础。一定要充分理解训战的意义。干部流动循环工作不能终止，训战也不能终止，超稳定状态一定会是毁灭华为的重要因素，不是别人打垮了我们，是我们自己打垮了自己。”

笔者对任正非和华为有过 20 多年的深入研究，发现危机意识早已经在任正非的大脑里扎下了根。

任正非告诫管理者：“如果一个人总是沉迷于眼下和过去的成绩，那么他明天就必然会遭遇被淘汰的命运。”正是这种强烈的危机意识，使得华为人不断谋求内部变革，应对各种挑战和潜在危险。任正非的危机意识让华为人时刻对周围的环境保持警觉，同时也锻造了华为人锐意进取的精神。

企业领导者要居安思危，要想让企业可持续发展，就必须增强危机意识。企业家是否具有危机意识，关系企业应对环境变化的反应能力。无数事实证明，一个组织越是满足于过去的成就，就越容易忽略竞争环境的变化而丧失危机意识。越缺乏危机意识的企业，其变革的意愿就越小，变革的能力就越差，转换核心竞争力的动力就越不足，也就越可能在竞争的洪流中遭受挫败。因此，企业家要像任正非一样，时刻增强“生于忧患，死于安乐”的危机意识，只有这样，企业才能活得更久。

责任心和使命感驱动员工持续奋斗

奥地利著名作家斯蒂芬·茨威格有一句名言：“一个人生命中的最大的幸运，莫过于在他的人生中途，即在他年富力强的时候发现了自己的使命。”华为能够获得商业成功，并保持可持续的组织活力，关键在于华为的干部有使命感和责任心。

责任不仅能够唤醒人的良知，更能激发人的潜能，使人更加努力地工作，而且，也只有那些敢于承担责任的人，才能获得别人的认可。

任正非说：“没有责任心和使命感的员工不能当干部。如果你觉得你还是有一点责任心和使命感的话，要赶快改进，否则你最终还是会被淘汰。一个有担当、敢于负责，并且忠于自己的职业、忠于自己的岗位的人永远是企业最宝贵的财富。”

华为从通信设备领域的门外汉成长为世界巨头，靠的就是一批勇于担责的干部和员工。在过去很长一段时间里，虽然华为人面临巨大的竞争压力和恶劣的生存条件，他们的每一步都走得异常艰难，可是，任正非和高管们从不轻言“这不是我的问题”，他们勇于担责的敬业精神成为华为走向成功的重要法宝。

什么是责任心？任正非认为，责任心就是以实现公司目标为中心为导向，对工作高度投入，追求不懈改进，为客户提供更多更好的服务。在华为，作为中层管理者，凝聚不了队伍，完不成任务，斗志衰退，或自私自利，将很快被挪窝、被降职；但经过一段时间你改变了，工作激情提升了，经过各方面考察合格了，你也可能会重新得到提拔。

什么是使命感？任正非用非常朴素的语言描述为：“有钱也干，没钱也干，我就是爱干这活。”

在华为，高层干部不以物质利益为驱动力，有强烈的责任心和使命感，这是一群已经完成了物质“原始积累”的精英团队，推动他们每日奋斗的是一种源自本能的责任心和使命感。

华为通过轮值 CEO 制度和轮值董事长制度来强化高层的使命感。通过评定公司“蓝血十杰”来追认有历史贡献、有使命感的干部，通过评定“明日之星”来牵引未来涌现更多有使命感的干部。国内有些企业管理者的做法恰恰与华为相反，他们总是利诱高层，机关算尽地设计各种“金手铐”“金饭碗”“金降落伞”来限制高层，最后往往因为“分赃不均”而对簿公堂。

在华为消费者业务 CEO 余承东看来，“每个人都是团队重要的一分子，我们有义务和责任对自己所负责的业务领域承担风险。如果每个人都摆出一副事不关己的态度，胆小怕事，将责任推给上级或同事，这样的团队就会失去战斗力。在等待和犹豫不决中，员工个人也会错失很多的发展机会。因此，我们应该充分发挥敬业精神，因为只要我们热爱自己的工作，时刻保持积极进取的工作态度，我们就会有勇挑重任的勇气。”

笔者在与华为高管们交流的时候发现，当他们遇到问题的时候，首先不是逃避，而是反问自己：“我们在等谁来帮助，为什么不自己行动？”

乌尤尼盐沼是世界上最大的盐沼之一，也是传说中的天空之镜，有让人流连忘返的景色。华为驻伏尔加办事处就在那里，华为人的责任心成为那里的另一道美丽的风景。

有一次，在某项目开发过程中，由于客户的组织架构发生调整，导致内部协调不畅，影响到了项目实施进度。项目负责人汤文向当时的区域经理亚历山大建议，一定要在当周的例会上让客户动起来。等到召开例会的时候，客户都来了，而且比以往多了很多人。下午 6 点是客户的下班时间，可是，直到下班前的 20 分钟，亚历山大才拿出事前准备好的问题列表分发给客户，并且要求客户在下班前给出明确的答复。看来，亚历山大是准备跟客户周旋到底了。

果然，每当有客户交表，亚历山大就会请他暂留，一起将问题逐一“过滤”，而且一直都不紧不慢。下班时间很快就到了，客户显得有点急躁，他们纷纷议论起来，似乎都在抱怨。亚历山大假装什么都没听见，还不时地征求汤文的建议，直到有明确的答复。到了晚上 8 点多，客户对绝大多数问题都承诺解决以后，会议才宣布结束。

后来，汤文问亚历山大怎么敢跟客户这样正面“交锋”，不怕客户翻脸吗？这个年轻的小伙子说：“我必须对结果负责，如果不这样，很多问题无法解决。”正是这种责任心鼓舞着汤文和项目组的兄弟们积极地面对挑战，他们并肩作战，成功完成了近 60 个 RNC 局点建设。汤文也从一名无线新人成长为一名成熟的无线项目经理。

吴迪是一个细致、认真得有点“固执”的人，用同事的话来说，是个较真的人。吴迪每天的工作主要就是负责发文。当收到需要发布的文件后，她自己首先会细致检查一遍，对所有不合乎规范的问题，小到页眉、行距、字体都要求改正。在负责手机话费对接工作时，吴迪会严格审核每一份单据上的姓名、工号等，那些想要投机取巧超额报销，或者报销金额与发票金额不一致的人都被一一揪了出来，并被要求重新填写。吴迪的这种责任心在一定程度上提高了工作效率，因为再也不用等到财务发现问题后再修改，员工也能够早一点收到款项。

到了 2005 年，公司要推行公文规范，吴迪是第一个达标的人，为此，她特意制作了各类公文模板供大家参考。后来，吴迪发现那些经常拟订文件的同事并没有掌握规范流程和方法，便自告奋勇地组织起规范培训并担任主讲。从此，她就多了一个“小吴老师”的称号。

很多人问她，有些工作完全可以“睁一只眼闭一只眼”，为什么要这么“较真”呢？吴迪却笑着说：“反正出了问题也是我的责任，我还不如兢兢业业地把工作做好。这是我的工作，我有义务承担这份责任。”凭借着自己的执着和努力，吴迪获得了部门领导与同事的一致认可，很快就成为了文员组组长。

任正非说：“在工作中，我们就应该像吴迪一样，严格要求自己，专注于自己的工作，尽职尽责地把工作做好。我们应该认识到‘各人自扫门前雪’的做法，不仅不会得到上级和同事的认可，还会影响到个人职业生涯。那些赢得尊重和信任的员工，往往是那些富有责任心的人。”

华为人不是圣人，他们也是平凡躯体，不同的是，他们有着对目标的执着和骨子里散发出的使命感，这种使命感给了华为人面对困难的勇气，也让他们在磨难中不断成长。

回顾华为的发展史，它之所以能够在短短的 30 多年时间里，完成从一个小企业到国际巨头的飞跃，得力于一批又一批忠于职守的华为人。对待工作，他们总是抱着“人在阵地在”的决心，直到完成任务为止。他们的责任心和使命感给了他们克服困难的勇气，也让华为得到了客户的信任，从而在市场竞争中占据主动地位。

任正非说：“区别一个干部是不是一个好干部，是不是‘忠臣’，标准有三个：一是有没有敬业精神，对工作是否认真；二是有没有献身精神，是否斤斤计较；三是是否有责任心和使命感。”在华为，有责任心和使命感的干部和员工很多，他们是千千万万坚守在阵地上的华为人的代表。

上层作势，基层做实

“上层作势，基层做实”是华为工作体系中的重要理论之一，也是任正非管理思想中的重要组成部分。

任正非说：“我们有务虚和务实的两套领导班子，只有少数高层是务虚的，基层都是务实的，不能务虚。”

在管理上，任正非将员工分为高、中、低三个层级，每个层级的人都有明确的分工。在他看来，企业首先必须有宏大的远景蓝图和明确的战略目标，以便给予员工动力和方向，激发大家团结一心地为实现远景目标而努力。

因此，任正非认为，企业高层必须集中精力做好企业的蓝图规划和战略制订工作（主要包括制订企业战略目标，确定战略措施，评议和挑选干部，进行监督控制），为员工提供行动的动力和指南。

华为的高层管理者负责制订规划和任务，这就是作势。此外，所有工作都需要有人来执行和完成，否则制订好的战略规划就会变得毫无意义。而所谓的执行规划就是做实，从作势到做实，完全体现出了华为基本的工作流程。

为了进一步完善“从作势到做实”这个流程，任正非在华为内部推行了绩效责任制，所有干部都要签订绩效承诺书。公司财务在统计前一年的工作成绩和年度工作指标完成情况的基础上，对新一年的工作提出新的要求与目标建议，包括客户满意度、人均销售收入、销售净利润等指标。接着，管理者会将这些指标进行分解，确保下一层的管理者对自己管理的部门负责，并对指标立下“军令状”，而基层管理者会要求员工执行下去，尽量按时完成上级分配的工作任务。

任正非说：“我们要让那些只做原则管理、宏观管理，不深入实际、不对监管负责的干部下岗。要让那些做实事的、认真负责的干部上来。”其实和华为一样，任何一个公司、任何一个老板都不会欢迎那些执行力不强的员工。

毕竟公司制订计划的目的就是为了实现它，并依靠这些计划来创造更大的价值。如果没有人能够按时执行，没有人能够很好地完成这些工作，那么公司就会很被动。一方面，能够把工作做实实际上是企业对员工的最基本的要求；另一个方面，执行任务是员工的本职工作，将上级的战略规划落到实处原本就是员工应该做的事情。

很多公司经常会出现发展和管理混乱的状况，就是因为上级总是喜欢开会，总是喜欢说一些老套的理论，而且常常将战略规划改来改去，以致给下面的命令与指标也是三天两头变化，甚至经常出现传达任务不及时的情况。而下级则缺乏职业素养，对于上级的命令常常置若罔闻、故意拖沓，要么不能按时完成，要么不能保质保量完成，或者干脆不完成。多数公司面临的困境是：上级大谈理念和理论创新，却没有办法形成一个系统的、稳定的规划，而下级则缺乏有效的执行手段及良好的工作态度，这样就导致整个企业缺乏高效的执行力，因此也就没有办法创造出辉煌的业绩。

在处理类似情况时，华为的管理工作做得非常到位。比如，各个层级、各个部门都制订了严格的考核标准，每一个人的工作都会纳入考核范畴，如果工作不达标，就会面临相应的惩罚，如扣除奖金，或干脆被降级，而达标的员工则能够得到一定的奖励。这也是华为几乎每年都会淘汰一批员工的原因。

被淘汰的员工通常都是那些工作执行能力偏差、无法顺利完成工作，或者无法适应当前工作的人，他们常常没有办法将工作落到实处，没有办法完成上级布置的任务，从而对整个工作流程造成了影响。淘汰这样的员工能够有效改进工作流程，确保每一项工作都能够落到实处，并且产生应有的效果和价值。

员工是企业最重要的资源，因为员工才是最终创造价值的人，没有员工来执行任务，没有他们来完成工作，那么即便是再出色的规划，即便是再伟大的目标，实际上也只是一个美好的梦想而已。

从企业发展的经验来看，多数企业并不缺好的建议、好的目标及好的战略规划。真正的大问题是缺少一大批能将规划和任务付诸实施的优秀执行者，这才是企业真正应该关心的问题。毕竟，真正为企业创造价值，并且推动企业向前发展的永远都是执行命令的人。

因此，作为基层的执行者来说，一定要养成良好的配合意识，严格按照上级的指示工作，要认真执行每一项任务，这样才能够与上层的战略规划和理论指导有机结合起来，确保企业不断向前发展。

推行轮值董事长制度，实行集体决策

华为是中国第一家采用轮值 CEO 和轮值董事长制度的民营企业。2011 年 3 月，任正非将轮值 COO 制度演变成在董事会领导下的轮值 CEO 制度，由华为董事会的三位高管——郭平、胡厚崑和徐直军担任轮值 CEO，六个月轮换一次，他们在轮值期间是公司最高行政首长。

实行轮值 CEO 制度后，总裁任正非逐渐开始脱离管理团队，专注于董事会层面的决策管理和当 CEO 教练。通过这种“在岗培养+在岗选拔”的方式，为后任正非时代做好人才准备。

任何人都不可能是轮值 CEO 的钦定人选，董事会制订相关轮值制度，并根据明确的任职资格标准对 CEO 候选人（EMT 成员）进行评估选拔，定期进行考核评价，并根据评价结果进行调整。

华为推行的轮值 CEO 制度是一个高度严密的决策机制，是在价值观统一，有任正非这个权威前提下的轮值，而不是简单的“轮流执政”，一旦董事会形成决议，执行时非常强硬，当值 CEO 必须遵从。

为了推进轮值 CEO 制度，2011 年，任正非在《一江春水向东流》一文中写道：

> “过去的传统是授权予一个人，因此公司的命运就系在这一个人身上。‘成也萧何，败也萧何’。非常多的历史事实证明这是有更大风险的。而现在授权一群聪明人作轮值 CEO，让他们在一定的边界内，有权面对多变的世界做出决策，这就是轮值 CEO 制度。轮值期结束

后他们并不退出核心层，就可避免‘一朝天子一朝臣’，使优秀员工能在不同的轮值 CEO 领导下，持续在岗工作。一部分优秀的员工使用不当的情况不会发生，因为干部都是轮值期间共同决策使用的，他们不会被随意更换，这使公司可以持续稳定发展。”

华为的轮值 CEO 制度，相对于传统的管理理论与实践，可以称得上是划时代的颠覆式创新，在有史可寻的人类商业管理史上恐怕也找不到第二例。华为的轮值 CEO 制度，从体制上制约了“山头文化”的扩张，为公司积淀了五湖四海的杰出人才。同时，这种创新机制也使整个公司的决策过程越来越科学化和民主化。今天的华为已经从早年的高度集权演变到今天的适度民主加适度集权的这么一个组织决策体制。

华为推行轮值 CEO 制度，其实就是对企业创始人“代际传承”问题的一种探索和尝试。轮值 CEO 制度在培养人才、激励人才、留住人才等方面发挥了突出作用，有利于员工职业转型及职业生涯的飞跃式发展，大大提高了企业的核心竞争力。轮值 CEO 制度对培养具备胜任力的 CEO 的确具有优势，以赛带练是国际普遍证明的人才培养的最佳模式。

多年的实践证明，华为的轮值 CEO 制度是成功的，它是继员工持股制度之后，又一次重要的决策机制的创新。员工持股制度是以制度的形式安排了财富的分配机制，解决的是公司的动力问题；轮值 CEO 制度则是以制度的形式确定了公司权力交替的秩序，解决的是公司未来可持续稳定发展的领航问题。前者给“火车头加满了油”，后者保证了“火车头”的正确行进方向。

2011 年，任正非在华为种下了集体决策模式的“种子”，于是有了轮值 CEO 制度。经过 7 年的时间，这颗“种子”终于开花了，于是就有了今天的轮值董事长制度。

2018 年 3 月 23 日，华为董事会任期届满，华为举行了换届选举，选举产生了华为的新一届董事会，孙亚芳辞任公司董事长，由梁华接替。任正非担任董事和 CEO，不再担任副董事长一职，副董事长由华为 CFO 孟晚舟（任正非的女儿）接任。丁耘、余承东、汪涛担任常务董事。

新一届董事会延续集体领导模式，华为独创的轮值 CEO 制度将不再运作，改为轮值董事长制度。郭平、徐直军、胡厚崑被选为公司轮值董事长。轮值董事长的轮值期为六个月，轮值董事长在当值期间是公司的最大领导，对内聚焦公司的管理，领导公司董事会和常务董事会，带领公司前进。

华为从一家小公司成长为国际巨头，靠的是人才和技术，更是先进的管理。企业规模大了，不能把企业寄托在某一个企业家身上，而是要建立起一个管理体系，企业离开了谁都能正常运行，其最高境界就是达到“无为而治”。

任正非设计的集体决策制度，跟我们想象的场景——很多人同时决策，不是一回事，而是三个人在不同时期分别担任公司的“领袖”，但是在决策内容上，不管谁担任轮值董事长，都要保持一致性，不能出现“一朝天子一朝臣”情况，避免优秀干部和优秀人才流失。制度不能随意改，这样就避免了朝令夕改的情况，让战略的贯彻能更长久，让执行层有稳定的制度预期。

为了确保轮值董事长的权威，华为将轮值董事长制度的有效期设置为 5 年，并在 001 号股东会文件中记载下来，然后又在公司网站上对外公布。这种做法不仅是一种宣示，而且是管理制度的一种进步。

新董事会对华为未来的发展带来什么变化？在任正非看来，“新董事会只是迭代更替，引入了一些新鲜‘血液’。华为的第一代奋斗集体本着开放进取的精神，历经 30 多年，与 18 万名员工共同努力，把一盘‘散沙’转变成了团粒结构的‘黑土地’，把‘航母’划到了起跑线上；第二代奋斗集体要与全体员工一道，继续刨松‘土地’，努力增加土地肥力，坚决为战略崛起而奋斗，再用二三十年的时间，建立起方向清晰、组织有序、顽强奋斗的集体，与西方优秀公司一同为人类社会的繁荣、发展、稳定服务。”

任正非说：“轮值董事长制度就像赛马机制一样，可令企业在创业、创新上马不停蹄，永葆旺盛活力，这也是华为成功的一大因素。另外，通过‘江山轮流坐’方式，还可以历练和培养未来的接班人，增强企业高管的主人翁意识。”

我们也可以这样理解：对于华为而言，轮值制度也是“家和万事兴”的平衡之术，可减少内部纷争，丰富三位轮值董事长在商业领域的实战经验。通过轮值制度，能避免个人决策的高风险，又不过分影响决策的效率，并且不容易出现第二个权力中心，从而保持公司稳健发展。

任正非作为华为创始人和华为人的精神领袖，即使他退休，也不会影响华为的正常运行，因为他一直放手培养职业经理人。

一个基业长青的企业，其伟大不在于创始人多么“牛”或一两个产品多么“强悍”，而在于它卓尔不群的文化。一个真正伟大的企业家，应当通过价值观、制度、战略目标来引导企业。

要淡化创始人在企业中的作用，减少企业的品牌形象和创始人之间的联系。企业可以依靠成熟的企业文化、管理制度和足够多的优秀人才来确保企业不“偏航”。就像没了乔布斯的苹果，靠库克这样的职业经理人，也一样能很好地活下去，这样的企业才能成为“长寿”的企业。

也许，正因为如此，任正非才不担任公司法人，他逐渐淡出公司决策层，从台前走到幕后，甘愿做一个文化教员。从任正非时代到后任正非时代，这不是一个时代的结束，而是一个时代的开始。

多年来，任正非就像“天山童姥”一样，已经把毕生功力悉数传给郭平、徐直军、胡厚崑、孟晚舟、余承东等“弟子们”，形成了华为模式和华为文化。在文化驱动下，即使没有任正非，华为也能够稳健发展。

力出一孔，利出一孔

任正非将华为能取得成功的因素归结为两点：“力出一孔”和“利出一孔”。所谓“力出一孔”，即业务聚焦；“利出一孔”就是与员工分享公司发展成果。

任正非说：

“水和空气是世界上最‘温柔’的东西，因此人们常常对之加以赞美。但大家又都知道，火箭是由空气推动的，火箭燃烧后的高速气体通过一个叫拉法尔喷管的小孔扩散出来的气流，能产生巨大的推力。像美人一样的水，一旦在高压下从一个小孔中喷出来，可以用于切割钢板，可见‘力出一孔’的巨大威力。”

“力出一孔”就是把所有的资源集中起来做好某一件事情，即业务聚焦，华为坚持聚焦管道战略，无论是“云—管—端”的战略还是进军消费者业务和云业务市场，都是沿着信息管道进行整合和发展，并千方百计满足客户的需求。

任正非在2013年的新年献词中写道：

“聚焦战略，简化管理，提高效益，彰显了我们新一年的目标。我们就是要聚焦自己有优势的地方，通过充分发挥组织的能力，以及在主航道上释放员工的主观能动性与创造力，创造较大的效益。

“华为是平凡的，我们的员工也是平凡的，但我们这些平凡的15万人，20多年聚焦一个目标，持续奋斗，从没有动摇过，就如同是从一个孔喷出来的水，达成了今天这么大的成就。

“同时，我们坚持‘利出一孔’的原则。我们从最高层到执行层的全部收入，只能来自华为的工资、奖励、分红及其他，不允许有其他额外的收入。从组织上、制度上堵住了从最高层到执行层的为个人谋私利的行为，通过关联交易掏空集体利益的行为。多年来，我们基本是‘利出一孔’的，也因此形成了15万名员工团结奋斗的局面。”

华为是一个用理想牵引发展的伟大公司，任正非是一个坚守理想的企业家，创办华为30多年来，他不忘初心，甘于寂寞，始终坚持只做一件事——坚守实业，专注于ICT领域。

在华为的成长过程中，正逢中国房地产市场爆发期，很多做实业的企业家都去做房地产生意，赚得盆满钵满，一夜暴富。面对巨大的诱惑，任正非从没有动摇过，不但没做房地产，就连股票也没炒过，一直不忘初心，坚守“上甘岭”，坚守实业，坚守自己的理想和信念。

任正非认为，在大的机会面前，要有大的战略耐性。“要耐得住寂寞，板凳不仅仅要坐十年冷，有些人，一生寂寞。”

1992 年正是深圳股市疯涨的时候，汹涌的人流带着一夜暴富的梦想涌入深圳交易所，通宵达旦地排起长龙买股票，而深圳最早的证券交易所就设在华为办公楼的一楼，华为员工每天目睹楼下发生的种种财富神话和骚动，但始终没有一个人受到影响和诱惑，所有人都在楼上埋头工作，对窗外的事充耳不闻。别人都把钱拿来炒股，而任正非却把钱投入研发。当时有人想不明白，说任正非是“任大傻”。这种风暴中的宁静，这种对自有核心技术研发的痴迷的追求，让拜访华为的客户由衷地感慨：华为不成功是不可能的。

任正非回忆说：“那时，在我们公司楼下的交易所里，买股票的人里三层外三层。我们楼上则平静得像水一样，都在专心致志干活。我们就是专注于做一件事情——攻击‘城墙口’。”专注与坚守已经成为华为人的一种执念。

很多企业都在寻找成功的捷径，但任正非认为，成功没有捷径，华为的成功可用一个“傻”字来概括。

“傻”：30 多年来坚持只做一件事——坚守实业，专注于 ICT 领域；华为从 1997 年起，开始向 IBM 学习 IPD 集成开发管理体系，向西方公司支付了十几亿美元的学费；别的企业都把钱用来搞房地产，搞资本运作，而华为却不为所动，坚持不上市，坚持将每年销售收入的 10%以上用于研发。华为已累计投入 3000 多亿元用于搞研发。

如果没有在技术创新与管理体系上的“傻投入”，华为就不会有今天的成就。

不忘初心，方得始终。回顾华为 30 多年的发展历程，任正非的确有点“傻”，他就像阿甘一样，带领一群“傻人”埋头苦干，傻傻坚守、傻傻投入、傻傻付出，最后“傻出”世界第一！

由此可见，任正非的“傻”是一种超越一般“聪明”的有智慧的“傻”，是一份难得的坚守、执着和付出。由此可见，任正非不是真“傻”，只是拥有战略眼光及基于客户价值的生存智慧。

绳锯木断，水滴石穿。今天，各行各业都在寻觅“一举成名天下知”的突破式创新，却不知如果没有矢志不渝的坚持，创新只能是无本之木、“空中楼阁”。

华为能够取得今天的辉煌成就，得益于任正非 30 多年如一日，守望自己的理想，始终坚持专注于 ICT 领域，聚焦一个目标，持续奋斗。华为能取得今天这么大的成就，体现了“力出一孔”的威力。

业务聚焦很重要，中兴通讯的业务与华为的业务并没有实质区别。在市场低迷时，两家公司出现巨大业绩反差的真正原因，可能还是要归结到公司文化、人才激励、领导人等更基本的因素上。从这个意义上来说，华为的“利出一孔”更值得探究。

任正非每年亲自带领董事会全体成员召开自律宣誓大会，明确提出“绝不允许上梁不正下梁歪”“绝不允许堡垒被从内部攻破”等。他强调，公司最大的风险来自内部，因此必须保持干部队伍的廉洁自律。

在任正非大力提倡“力出一孔”的同时，他也深刻地意识到，一切“力出一孔”的基础都是“利出一孔”的激励机制与企业文化。华为的另一个内部调整是关于“利出一孔”的变革，即华为在管理上依然实行严谨的奖惩制度。

任正非认为，自律永远是低成本的管理，各级干部应把自律作为终生的座右铭，以使企业的流程管理更加简洁、及时、准确。“促进自律，完善他律”，形成一个良好的内部磁场，以点带面，让大大小小的“火车头”带领十几万员工的“火车”跑起来，让公司充满活力和竞争力。而且，每个人都要敢于接受群众监督，从而形成他律。自律和他律二者相结合，形成正向、积极的组织氛围。

华为一直在努力营造自律氛围，以利于大家的团结合作。任正非在 2017 年董事会自律宣誓大会后，告诫公司高管：“如果我们的管理者中有人利用职权谋取私利，就说明我们公司的干部制度和管理出现了严重问题，如果还只是就事论事，而不从制度上寻找根源，那我们距离‘死亡’就已经不远了。”

近十年来，电信行业几经沉浮，老牌巨头朗讯、西门子纷纷倒下，个别同城竞争者被爆出一系列腐败丑闻，给业界带来警示。

任正非在谈到内部腐败问题时强硬表态："你如果贪污一万元，我就是花一百万元也要把你查出来！你敢拿一块钱，我也一定会把你开掉！"

任正非表示："30 多年来，华为坚持'利出一孔'，形成了 18 万名员工的团结奋斗局面。我们知道在管理上还有许多缺点，我们正在努力改进，相信我们的人力资源政策在'利出一孔'基础上，会越来越科学，员工也会越做干劲越大。我们没有什么不可战胜的。如果我们能坚持'力出一孔，利出一孔'原则，下一个倒下的就不会是华为；如果我们偏离了'力出一孔，利出一孔'原则，下一个倒下的也许就是华为。"

在打造具备持续竞争力的百年企业的道路上，任正非所面临的挑战与许多创办了伟大企业的创始人相同，即在创始人离开自己所创办的企业之后，如何保证企业仍然具备跟之前一样的创新活力和竞争能力。

文化是力量的源泉。18 万名华为人心往一处想，劲往一处使，这就是对外部的"力出一孔"，以客户为中心，齐心协力做好市场；对内部"利出一孔"，体现在"以奋斗者为本"。"力出一孔，利出一孔"，就是华为成功的底气和成功的秘诀。

第八章 绩效管理：以结果和贡献为考核标准

一定要给员工加薪的机会，但是加薪不是无条件的，不然会助长员工的贪婪。有业绩、有绩效的员工，给他多少钱都不过分。

——任正非

“拧麻绳”式的绩效管理

按照德鲁克的理论，企业的业务单位应尽可能按照利润中心来定位和运作。那么，在产品线及市场的区域销售组织对利润指标的责权不对等的情况下，市场体系和研发体系怎么运作有连带关系的利润中心的责任体系呢？怎么建立起一种让矛盾双方既对立又相互促进的机制，使供应链、交付、技术支援、产品销售各个部门之间既能有效制约，又能形成合力呢？办法是有的，华为就通过“拧麻绳”式的方法，很好地解决了这一棘手问题。

两股对立的力量同时发力，就像拧麻绳一样，一个往左使劲，一个往右使劲，结果绳子越拧越紧。有一次任正非还特别提到，他在参观埃及金字塔时，在展厅里发现了一根陈列在橱窗里的 4000 多年前的麻绳，这根麻绳至今还拧得紧紧的。

在任正非看来，“拧麻绳”可以有多种拧法：可以是“前后拧”，也就是增加一个时间的维度，一个时期强调一种主要倾向，一张一弛，呈波浪式发展。也可以是“左右拧”，在组织中建立扩张的部门和制约的部门，这个部门扩张，那个部门进行制约；这个部门负责攻城略地，那个部门负责经营管理。

还可以是“上下拧”，企业高层领导往战略方向上“拧”，中基层主管和员工往效率和效益方向上“拧”。同时也可以是“里外拧”，内部追求股东和员工利益，外部满足顾客和合作者利益，维护任何一方的利益都必须以其他方的利益的合理实现为前提，损害任何一方的利益都会损害整体的利益。

华为与西方大公司不同，华为没有实行事业部制，而是根据不同业务采用不同的管理方法，针对不同的客户需求提供不同的解决方案，以此来提升公司的整体运作效率和绩效。

华为的具体做法是，把市场体系以区域为主维度来划分销售组织，将区域销售组织定位为利润中心，按照利润中心来核算、考核、激励；把研发体系按照产品维度来划分，将产品线定位为利润中心，也按照利润中心来核算、考核、激励。主要通过销售毛利率、销售收入和经营活动净现金流等指标，建立起两大利润中心体系经营单位的利润责任。销售组织分产品的收入、利润和经营活动净现金流，同时也是产品体系分产品线的收入、利润和经营活动净现金流。产品线通过降低成本，快速向市场推出优质、能满足客户需求的有竞争力的产品，由此带来的利润、收入和现金流的增加，也是对积极销售其产品的区域销售组织的绩效的贡献。

华为的这种连带的利润中心责任体系，并没有出现西方管理控制理论所断言的责任不清和推卸责任问题，反而促进了两大利润中心体系的合作和共赢。

因为华为的这两大利润中心体系的经营单位的划分标准是不一样的，市场体系是按区域维度划分的，研发体系是按产品维度划分的，两者并不一一对应。所以，从端到端的整体视角来看，经营单位既不是简单地按产品划分的，也不是简单地按区域或客户划分的，但它又同时兼顾了这两种或多种维度划分经营组织的优点，而且更重要的是符合华为的市场和技术实际。

产品线和区域在分解目标的时候，同时被赋予相应的“奖金包”的权力，产品线要推广自己的新产品时，可以向区域设立“奖金包”，区域拿到“奖金包”后就有了推广新产品的动力，同时可以向产品线提出应当改善哪些产品品质的建议。

这就是“拧麻绳”的精妙之处，从整体上看是不对称的，不是一直打通产品线，也不是一直打通区域维度，而是像“拧麻绳”一样“拧”了一下。中间的采购、供应链、交付等环节是准利润中心。

以华为产品线为例，华为在组织架构上建立了名为产品线运作管理部和公司运作管理办公室的两级协调组织。产品线无法直接协调和控制的公共平台资源，包括供应链、交付、技术支援、产品销售、售后服务等资源，可以提交到公司的运作管理办公室，由其纳入统一计划来统一协调。产品线只要按要求把资源需求和计划准确地报到公司的运作管理办公室，由运作管理办公室统一计划、统一考核的功能平台来完成。

产品线除了参与公司的运作例会，还跟踪计划的执行，积极反馈执行中的问题，并推动这些问题的及时解决。统一计划、统一指挥、统一协调和统一考核的方式，很好地贯彻了责权对等、统一指挥的组织原则，大大提高了工作效率。

设置绩效目标，量化考核

一提到华为的绩效管理，不得不提华为的 PBC。华为的 PBC 个人绩效管理方法实际上来源于 IBM，但经过改良，内容已经大大不同了。可以说，华为能有今天的成绩，PBC 功不可没。

下面就来看看华为是如何利用 PBC 进行绩效管理的。我们从绩效管理的 4 个流程来梳理华为的具体做法。

第一，华为的绩效管理以责任结果和关键事件作为行为导向，引导员工做正确的事。考核的目的不是为了扣钱，而是让员工能正确做事，改善绩效。出发点和动机不同，结果是完全不一样的。

第二，确保个人目标和组织流程目标的一致性。个人绩效管理最终要与公司的组织流程目标达成一致，不是为了个人的所谓高绩效。任正非特别讲到这一点，说不能为了局部的改善，而让全流程“牺牲”，这是华为变革管理的“七个坚决反对”之一。

第三，客观公正。华为一直强调要以客观事实和数据为依据来进行考核，不搞人情分，也不搞 360 度考核。原华为全球招聘总监冉涛曾在华为工作了 6 年，他说：“在这 6 年期间换了 5 任领导，但绩效政策没有受影响。每个领导来了都要继承客观公正的考核原则，以客观事实和数据为依据，不以喜好为依据。”

第四，分层分类。华为员工的绩效管理一般是先把目标设置好，然后分解目标，形成员工的书面承诺。华为每年从 10 月开始到第二年的 2 月，要层层做战略解码，形成目标及指标集，然后在 2 月、3 月、4 月完成全员的绩效任务书的签订工作。

华为 PBC 的主要内容如下。

第一部分：个人目标承诺。

（1）个人业务目标承诺。做什么业务就有对应的业务目标去承诺。例如，市场业务的目标承诺可能就是客户覆盖率、高层客户管理等。

（2）个人重点关注的项目。例如，重点交付项目，可能全年就干这一件事情，那么这个项目的完成情况就是全部 KPI。

（3）年度组织建设与管理改进目标。需要注意的是，管理类的任务不是一朝一夕就能搞定的，它需要时间，特别是涉及人力资源管理方面的，从制度设计到最后落地，往往需要 10 年才可能开花结果。

第二部分：人员管理目标承诺。

这部分适用于管理者。在华为，管理者需要根据组织的目标去设定人员管理目标，包括人才培养、人才引进、知识共享、知识建设等目标。

第三部分：个人能力提升目标承诺。

华为前些年推进国际化，要求每个人都要考托业，考试成绩总分超过 600 分才算及格。学好英语，就是个人能力提升的目标承诺。

任正非讲了一则故事。有一天，父亲带着三个儿子扛着猎枪到草原上打野兔。到达目的地，一切准备得当，开始行动之前，父亲向三个儿子提出了一个问题："你看到了什么呢？"老大回答道："我看到了我们手里的猎枪，在草原上奔跑的野兔，还有一望无际的草原。"父亲摇摇头说："不对。"老二的回答是："我看到了爸爸、大哥、弟弟、猎枪、野兔，还有茫茫无际的草原。"父亲又摇摇头说："不对。"而老三的回答只有一句话："我只看到了野兔。"这时父亲才说："你答对了。"这故事说明有了明确的目标，才会为行动指明正确的方向，才会在实现目标的道路上少走弯路。事实上，漫无目标或目标过多，都会阻碍我们前进，最终可能会让我们一事无成。

人都有惰性和贪婪性。要想提高执行力，就必须洞察人性，找出方法来克服惰性和贪婪性，而不是光喊口号。

绩效管理就是一个很不错的工具和手段。企业战略经过层层的战略解码以后，就拆解成一个个指标，落实到部门并通过部门最终落实到每个员工的身上，形成 PBC 考核指标。员工和主管进行充分沟通后签字承诺，半年后根据员工的业绩来考核（当然，在执行过程中还应有绩效辅导的过程）。

更值得一提的是，华为的员工绩效考核结果会影响员工的一系列利益，包括薪酬待遇、股权分配、任职资格晋升等，且各个管理模块环环相扣。考核结果有 5 个等级：A、B+、B、C、D，考核结果为 B 的员工和考核结果为 C 的员工的收入差距很大（不是一般大）。因此，每个员工都特别重视绩效考核，都在拼尽全力地完成任务。同时，绩效考核项目又是公司目标经过层层分解而得到的（也是主管分配给员工的任务），因此，员工的执行力之高效可想而知。相反，很多企业虽然每个管理模块都有（如任职资格、绩效管理、企业大学、薪酬管理等），但执行力就是无法提高，主要是因为没有开展好绩效管理工作，例如，员工的不同的绩效考核结果对员工的影响差异不大，各个管理模块割裂，没有形成联动。

一个企业不仅要有明确的战略发展目标，还要让员工知晓目标并为之而奋斗。对于员工来说，只有每项任务都有清晰的工作目标，才能有的放矢。当然，目标的确立要切合企业实际，如果目标过高，会适得其反；如果目标太低，会停滞不前，往往跳一跳会够得着的目标更能激发员工的积极性。

华为以价值评价为引导的绩效管理的秘诀在于，让员工看到自己的工作的意义及其实现机制，能够充分调动每个员工的积极性，使他们都能积极地参与到企业的建设与价值创造之中，进而保障企业的价值创造能力，并始终作用于企业效益。

职能工资（薪酬）制

1997 年，华为花费巨资邀请 HAY 咨询公司做薪酬体系咨询，建立起了一套系统和科学的职能工资（薪酬）体系。华为从 2000 年开始全面实行任职资格管理，成为国内首家推行职能工资制的企业。

职能工资制是一种基于个人能力的薪酬体系，也就是指依据员工岗位执行的能力，以及员工的职业资格等级来确定员工薪酬的制度。能力越强，职级越高，员工的待遇也就相应越好。因此，它能够提高员工争取进步与提升的积极性，从而适合企业的发展要求。

在运作职能工资制时，华为依据员工绩效考核结果，并结合任职资格的审察评价来决定员工的岗位晋升或降低。员工进入更高（或更低）的职能等级，对应的薪点值也会提高（或下调），从而使华为的绩效考核、任职资格与薪酬挂钩。

与职能工资制挂钩的是华为的员工任职资格，任职资格是指承担岗位职责的资格与能力。

华为的员工任职资格内容包括以下 4 项：①基本素质——知识、技能与体能；②专业技能——经验、熟练程度；③个人品质——职业道德、修养；④企业自身的性质与目标。

华为按照员工的能力、岗位对任职资格进行了制度性区分。按照一定的原则和标准，将每一位员工纳入任职资格等级，这样就明确了每位员工处于什么等级，以及该等级对应的薪酬是多少。

对于特殊的岗位，华为采取特殊的工资制度——计量工资制，如生产线上的工人就采取计量工资制。

华为每年会根据公司目标的完成情况、业绩情况、外部环境的变化情况，对薪点值进行一次调整。对员工来说，只要能力、绩效有提高就会得到更好的考核与评价结果，就会争取到更好的待遇。

通过实行职能工资制，有利于加强企业内部的人员流动。只要个人有能力，不管在什么岗位都应该能获得同等的薪酬，流动就不存在问题了。不然，研发、市场人员都不愿意去做客服和生产部门的事情，那么这些部门的工作就会出现问题。机关人员不愿去市场一线，永远不愿意流动，企业就不会有活力，就会成为一潭死水。“流水不腐，户枢不蠹”，职能工资制不仅解决了人员流动的问题，也解决了企业的活力问题，还“消灭”了“诸侯割据”的问题，让优秀人才持续脱颖而出。

华为员工的薪酬晋升的标准取决于任职资格等级，华为按任职资格等级把员工岗位分为五大类：①管理类；②技术类——研究人员、技术服务人员；③营销类——营销人员；④业务类——一般公司管理、销售人员；⑤事务类——生产工人和操作人员。

华为为员工开辟了两条岗位晋升通道：一条是管理类通道，另一条是专家类通道。如果只有管理类的通道，那么会限制许多优秀人才的成长。华为通过开辟专家类通道，让一些技术研究人员可以不用“走仕途做官”，也能有很好的薪酬待遇，避免人才都往管理类这条通道上挤。他们可以在不同领域，根据自己的特点去选择其发展方向。

从 2005 年开始，华为实施“以岗定级、以级定薪、人岗匹配、易岗易薪”的薪酬制度。给员工的薪酬是以其承担的岗位责任、实际贡献和实现持续贡献的任职能力为依据的，如果员工的考核没有达到预期目标，那么员工将会被易岗易薪。而在此之前，华为是易岗不易薪的，即使员工不当干部或岗位等级被下调了，但员工的薪酬不会动；虽然承担的责任少了，但是薪酬不会被减少。

任正非认为：“华为如果不实行易岗易薪制度，不用几年就会破产。华为也会犯大公司病，其主要体现就是易岗不易薪。一个人是很难能永远跟得上时代的，当他跟不上时代时，他的岗位必须要变动，否则企业就会失去竞争力，即使他同意变动，如果不按其贡献改变薪酬，那么企业会承担高成本，企业的竞争力会下降，从而逐步走向消亡。华为考虑到这些人的历史贡献，因此，他们可以保留已配给他们的股份，享受投资收益。华为从一开始就设计了这种制度，使得公司有可能克服大企业病。”

华为不保护功臣，即使是那些在艰苦岁月时期曾“抢渡河流”的英雄，也是如此。一旦员工跟不上华为的发展脚步，就要让位给后来者，但华为会按照过去给员工的股份给员工分红，员工也不吃亏。只不过员工不能再占着管理者这个位子，不能再享受以前的待遇了，但员工可以保留公司已经给的股份，员工依然可以享受分红之利。

在华为，员工的实际薪酬的高低基于其岗位责任、实际贡献和实现持续贡献的任职能力。在确定每一个级别、每一个岗位的薪酬时，华为都会既考虑对外的竞争性，也考虑内部的可支付能力和公平性。

员工的成长与绩效挂钩

在职场上，加薪永远是一个热门的话题。华为员工一向以高绩效、高收入著称，每年年底华为的年终奖总能让一大批网友眼红。

华为在创立初期做过月度考核，后来变成季度考核，再后来变成半年度和年度考核，总的趋势是不断拉长目标责任制员工的考核周期，从一个较长的周期去评价结果。

简单的月度、季度考核无法全面衡量工作业绩，因为很多事情还没结果。所以，适当拉长考核周期，能减少绩效考核的工作量，聚焦于工作结果。

通常，级别越高的领导，其考核周期应越长，应以年为单位。中层及中层以下员工可以采取半年度考核加年度考核两次考核的方式。

绩效考核的最经典的方式就是打分，如果 100 分是满分，结果很可能会高度“集中”在 100 分，所以，无法体现考核结果的层次。

华为在绩效考核结果评定上设置 5 个等级。华为对 2010 年版的华为绩效管理制度进行了创新，对等级进行了清晰的定义。

1. 绩效考核结果等级

1）杰出贡献者 A

考核得分排名前 10%的就一定是 A 吗？很多的绩效考核都会采取这样的方式。但这不够准确，高分只是相对排名，没有绝对的意义。

有没有一个关于“优秀”的精准定义呢？华为的答案是“杰出贡献者”，就是明显超越所在岗位层级的职责和绩效期望，取得杰出成果的标杆式人员。

简单来讲，如果考核标准满分为 100 分的话，那么“杰出贡献者”的得分起码要超过 100 分。华为会根据不同岗位层级的职责要求去定义绩效目标，如果其员工的得分和 KPI 完成指标都远超出了预期，那么可以认定该员工是杰出贡献者 A。

2）优秀贡献者 B+

相对于杰出贡献者 A，优秀贡献者 B+是要达到并经常超出组织期望的人，优秀贡献者 B+等级也要求员工要有一些超出期望的业绩。

3）扎实贡献者 B

扎实贡献者 B 指能够达到组织期望，任务完成目标的人。B 是一个“分水岭”，A、B+、B 都是能达到期望的，C、D 是达不到期望的。

4）较低贡献者 C 和 D

C 和 D 是无法完成组织目标的人。根据目标完成值的差异，做出 C 和 D 的区分。

2. 绩效考核结果的运用

1）决定薪酬福利

绩效考核结果等级为 C 和 D 的员工是不涨薪的。在华为，奖金高低会导致很大的收入差距。如果没有奖金，意味着其他人的年薪可能是 48 万元，而这些员工的年薪可能就是十几万元。

绩效考核结果等级为 C 和 D 的员工，配股也是没有的，换句话说，公司的什么好事都与这些员工没关系。

绩效考核结果出来后，大家要尊重这个结果，员工有权在考评过程中提出意见，但是员工无权去挑战考评结果的应用。

杰出贡献者 A、优秀贡献者 B+和扎实贡献者 B，这 3 类人员都享有调整工资、发放资金的机会。对杰出贡献者 A 来说，配股是一定会有的，优秀贡献者 B+和扎实贡献者 B 要视情况而定。

2010 年任正非提出“要给火车头加满油”，如果绩效好就要加大配股力度。所以，在华为，同样一个部门的员工，同样一个层级，但他们的实际收入的差距可能会很大，这真正体现出了绩效考核的魔力。

2）决定晋升资格

华为在提拔干部的时候，绩效考核结果等级是重要的参考维度。对杰出贡献者 A 来说，在人岗匹配、岗位晋升、成长机会方面都是优先的。

华为的惯例是每两年升 1 级，越往上走，级别越高，晋升比例就越低，所以，在华为，员工的成长也不是那么容易的。

但是在华为，你不用跑关系，老老实实把公司给你定的指标超额完成就行了，目标的设定和完成情况是公开、透明、公正的，所以，员工的关系就极为简单。

对优秀贡献者 B+和扎实贡献者 B 来说，有晋升机会，但排名相对靠后。较低贡献者 C 和 D 没有晋升机会。

在华为，干部的压力很大。每年的干部胜任情况考察，有 10%的淘汰率，绩效考核结果排名后 10%的干部一定会被处理，低绩效的员工不一定会被辞退，但是低绩效的干部一定会被免职。

在很多公司，如果某个员工在这个岗位做得不好，给他换个岗位可能就好了，但这在华为是行不通的。在华为，只有绩效好的人才能调动。

在华为，绩效考核结果涉及员工发展的全部状态。在职级提升、干部任命、任职资格、内部调动、再入职等方面，全部是以绩效为依据的，没有例外。

员工在华为成长的一切都与绩效挂钩。员工只要老老实实把工作做好，做得卓越，做得优秀，结果一定是好的，不用担心站错队、跟错人。这就建立了一个清晰、透明的企业文化——绩效文化，同时还解决了全员的出路问题。

给优秀员工涨工资，由工资倒推任务

很多企业在做预算的时候，总是给下面的人安排任务，这等于“逼着”员工去做事，往往效果不好。华为的做法则截然相反，就是首先给员工一个工资总额，员工拿多少工资，按比例倒推员工应完成的任务。

企业最核心的管理问题是，一定要把企业的绩效和企业中各部门的费用、员工的收入联动。提高优秀员工的收入，给优秀员工加工资，可以倒逼他们提高自身能力。

华为强制规定必须给优秀员工加工资，并以此来倒推他们要完成的任务。每年完成任务的前 20 名员工加 20%的工资，中间 20%的员工加 10%的工资。此外，即使部门的业绩再差，也要给部门增加薪酬总额。

很多企业经常会犯一个错误：部门业绩越差，就越不给员工涨工资。如果工资不涨，优秀员工肯定会离开，剩下的都是能力比较差的。

对于中小企业而言，无法像华为一样，每个员工工资都很高，但可以给核心员工较高的工资。

总之，企业要想留住优秀员工，必须给优秀员工涨工资，并以工资来倒推优秀员工的任务，这就是增量绩效管理。

很多员工不会为了提高毛利而努力，所以，企业一定要有毛利要求。

华为的做法是首先将毛利分成 6 个包：研发费用包、市场产品管理费用包、技术支持费用包、销售费用包、管理支撑费用包、公司战略投入费用包。而且要找到这 6 个包的"包主"，让"包主"去根据毛利来匹配团队所需人数。

华为之所以一定要实现人均毛利 100 万元的目标源于华为的规定——员工必须获得 28 万元的固定工资。

华为的这个做法对于中小企业同样适用，一定要注意将人均毛利提上去。企业的人均毛利的增长，决定着企业薪酬总额的增长。如果中小企业的薪酬水平太低，掌握过硬技能的人才就会被别人挖走。

一个企业最好的状态是，让一个人干很多事，不养闲人。例如，4 个人的活儿，如果由两个人来干，每个人能获得 2 倍的工资。华为就是这么做的，大多数员工一个人干 3 个人的活，至少能获得 2 倍的工资。

在华为，一个部门经理只能干 3 年，第一年的任务就是精简人员，将很多岗位进行合并。企业一定要记住这几条：管理岗位和职能岗位越合并越好，一个岗位的职能越多越好，产出岗位越细分越好。

产出岗位就是研发经理、市场经理、客户经理等岗位。对于产出岗位的员工，最好不要让他“升官”，而是让他“发财”，要对产出岗位“去行政化”。也就是说，企业一定要提高产出岗位的员工的级别，让他们只干产出的事情，但是有机会享受总裁级的待遇。

从这个角度来说，企业要将行政岗位和产出岗位进行分离，要有明确的分工，有了分工以后，才能更好地调整工资结构。而且对于产出岗位的员工，一定不能亏待他们。例如，对于年度业绩排名前几名的产品经理、客户经理，要对他们进行增量激励。

总之，要留住优秀员工，就要给优秀员工涨工资，然后来倒推优秀员工的任务，这就是增量绩效管理。

实行末位淘汰制，激活员工斗志

企业创立的时间一长或者企业的发展过于平稳，都有可能会使企业内部的活力不足。员工安稳的日子过得太久，就没有激情，安于现状。

华为也是如此，随着经营规模的不断扩大，有些员工开始变得越来越消极，对待工作逐渐开始麻痹大意，不再像以前那样艰苦奋斗，因为他们在华为赚的钱，已经可以满足他们的生活了，所以，他们开始提前进入“退休期”，不需要像以前一样拼命了。

为了杜绝企业出现这样的现象，华为开始想尽各种办法来刺激员工的积极性，调动员工的工作热情，让员工能够时刻保持对工作的热情，保留对残酷的市场竞争的敬畏之心。为此，任正非在《华为的红旗到底能打多久》一文中写道：“公司会在经济不景气，企业成长暂时受挫，或根据事业发展需要时，启用自动降薪制度，从而避免过度裁员与人才流失，确保公司渡过难关。其真实目的在于，不断地向员工的太平意识宣战。”

华为设置的自动降薪制度，不但能够使管理者更加清楚地了解员工的工作状态，还能让员工时刻保持危机感，认真工作，努力追赶。然而，自动降薪制度仍不能随时刺激员工的紧迫感，因此，末位淘汰制就在这样的形势下诞生了。

华为每年的员工流失率都在15%左右，员工有自己走的，也有被清退的。年龄肯定是一个影响因素，也与过往绩效、上升潜力有关系。如果员工的表现不错，即使年纪再大，公司还是会保留的。

实际上，在每个新员工的入职培训内容中，都会涉及华为残酷的末位淘汰制的内容，即结合各个岗位设定绩效考评体系，对员工进行考核，根据考核的结果对排名靠后的员工进行淘汰。在华为，考核结果分为 A、B+、B、C、D 几个等级，半年执行一次。排名靠后的 5%的普通员工和 10%的管理层会被淘汰。

考核结果等级为 D 的员工，华为会直接与之终止合同；连续两个半年考核结果等级为 C 的，基本上会被劝退，不被劝退的员工自己一般也会离职；考核结果等级为 B 的，被称为华为的扎实贡献者，就是普通员工；考核结果等级为 B+的为比较优秀的员工；考核结果等级为 A 的为特别优秀的员工。A、B+、B 在年终奖、加薪方面都有相当大的差距，考核结果等级为 A 的到年终可以加薪 30%～50%，考核结果等级为 B+的年终可以加薪 20%，考核结果等级为 B 的基本不加薪。

华为中国区员工李铭在接受记者采访时说："绩效是由员工的直属领导直接评定的。但领导也有绩效，其绩效与团队整体绩效挂钩，所以会相对公平。但毕竟是主观打分，偶尔也会有不公正的情况出现。"

在每年年初，华为员工和上级之间商定好工作责任书，即半年内达到哪些目标，半年后，能够完成目标的打 B；在这个目标以外，有其他贡献的可以打 B+；目标以外的贡献特别突出的可以打 A。

由于干部的岗位有限，加上华为的企业属性，华为干部层面 10%的末位淘汰制是硬性执行的，也非常残酷。任正非曾经表示："我们的干部不是终身制，高级干部也要能上能下。在任期届满，干部要通过自己的述职报告，以及下一阶段的任职申请，接受组织与群众评议并重新确定薪酬。"

但华为出于人性化的考虑，末位淘汰制在很多时候并没有对普通员工执行得那么严格，往往会依然保留部分人员，或者采取一些变通手段，给他们一个发展的机会。

例如，华为会和想要主动离职的员工商议，让他们背 5%的淘汰指标，如此，这些主动离职的员工也可以拿到《劳动法》所规定的只有被公司辞退才能拿到的 N+1 的补偿。按《劳动法》的规定，主动离职人员不能拿到赔偿。因此，在过去的发展过程中，华为普通员工的淘汰比例主要被主动离职的员工担了下来，真正被末位淘汰掉的普通员工其实并不多。

值得一提的是，华为内部还有一个职级制度。一般本科和硕士毕业生刚进入华为时的职级可被确定为 13 级，博士可以到 15 级。一般每 2 年升 1 级，被派到海外工作的员工的职级升级速度略快，工作 8～10 年、绩效中等的员工基本都是公司的核心人员，都有机会升到 17 级、18 级。

在华为影响职级制度的因素有两个：一个是前面所说的绩效考核；另一个是技术考试，通过了考试，就可以往上调级。如果大学毕业时就进入华为，干了 10 年，一般 34 岁时职级至少应该是 18 级、19 级。如果你还在 14 级、15 级徘徊，说明你没什么太大的进取心，也很有可能被淘汰。

末位淘汰制使干部和员工都有危机感。危机感会激发大家的责任心。责任心就是以实现公司目标为中心、为导向，对工作高度投入，追求不懈改进，为客户提供更多、更好的服务。

“作为管理者，凝聚不了队伍，完不成任务，斗志衰退，或自私自利，对不起，你将很快被挪窝、被降职；但经过一段时间，你改变了，工作激情提升了，经过各方面考察合格了，你也可能重新得到提拔。”任正非向华为干部的太平意识宣战，营造“危机感”的决心从没有改变过。

华为对管理者实行严格的强制比例淘汰机制，每年至少有 10%的管理者要被淘汰，转为普通员工。

这些管理者将进入公司干部后备队学习营，脱产进行学习和改造。3 个月后，如果考试不合格，或者没有被部门录用，他们的工资将被降低 20%，并继续脱产学习，如果仍然不合格，工资将再次被降低。

华为要求其管理干部的平均年龄每年必须下降，因此，大批优秀的年轻人得到提拔。华为还通过述职、业绩排名、岗位轮换、荣誉奖励、关键事件就地免职等机制传递压力给中层管理者，始终让“小富即安”的中间层觉得危机四伏、诚惶诚恐。唯有如此，才能克服人的惰性，驱动中间层持续奋斗。

华为的高管和普通员工也非常赞同这样的淘汰机制，在他们看来，企业实行末位淘汰制以后，员工的工作热情明显提高了，员工变得越来越积极，时刻增强危机意识。这表明，末位淘汰制在一定程度上促进了企业组织绩效的提升，让每位员工都能感受到竞争的压力，从而提高了企业内部的工作效率。

只有淘汰掉不愿意奋斗的落后者，企业才能始终维持“新鲜”的人力资源，即使企业没有继续增加员工数量，但是一些不思进取的员工被淘汰之后，企业内部的效率也会快速提高，甚至一些以前认为完不成的任务也会轻易被完成。

末位淘汰制其实是一种非常公平的考核制度，它让优秀的员工得到应有的奖励和待遇，而落后的员工就要受到相应的惩罚，这样的制度才能激发员工的上进心。如果企业采取“公平”的考核制度，给每位员工同样的工资和待遇，而不顾员工的付出和努力，时日久了，员工就不会再努力工作，而是能偷懒就偷懒，企业的竞争力就会逐渐下降，员工的工作态度也会越来越消极，组织机构也会失去活力，企业最终会慢慢走向衰弱。

华为设置末位淘汰制，就是为了激活企业内部机制，避免员工出现消极怠工的情况，使华为的内部组织始终保持活力。

华为的绩效管理

华为无疑是中国最具有全球竞争力的企业之一。华为成功的因素有很多，其中，华为的绩效管理是非常值得我们学习的。下面就来看看华为是如何进行绩效管理的，华为的绩效管理流程如图图 8-1 所示。

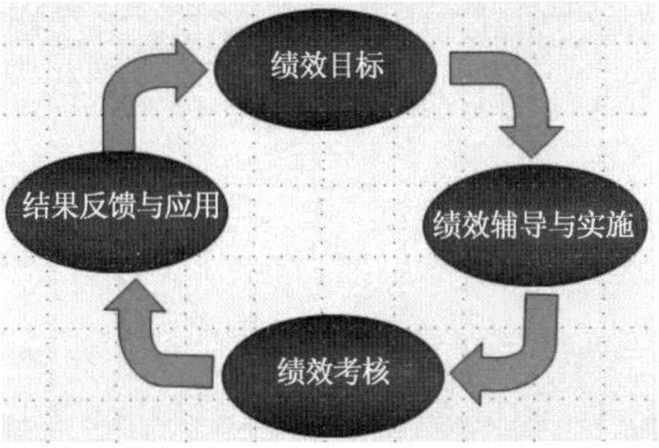

图 8-1　华为的绩效管理流程

我们从绩效管理的 4 个流程来梳理一下华为的做法。这 4 个流程分别是绩效目标、绩效辅导与实施、绩效考核及结果反馈与应用。

一、绩效目标

如前面所述，为了把华为打造成世界一流的企业，华为制订了自己的业务目标规划。为此，公司高层在全公司范围内制订了以下六大 KPI：人与文化、技术创新、制造优势、顾客服务、市场领先和利润增长。

二、绩效辅导与实施

华为很重视绩效目标制订后的辅导工作，部门主管应该帮助员工达到绩效目标。因此，华为要求：

（1）主管要重视对下属的指导工作，要求每半年进行 3 次以上的正式面谈。

（2）部门主管与下属的正式面谈需有详细的记载，相关部门要抽检面谈记录，对未按要求执行的部门要进行严格处罚。

（3）各级管理人员必须与下属保持沟通，员工的上级每月必须与员工进行 1 次以上的沟通辅导工作，了解员工的工作进展、所需要的支持及员工的个人职业发展意向，对绩效表现不佳的员工给予及时反馈和指导，以避免可能的误解。

华为通过绩效辅导改进员工工作效率，为员工提供资源支持，并指导员工完成工作。沟通始终贯穿于目标制订、目标实施、绩效评估、工作改进等整个管理过程中。

三、绩效考核

1. 考核内容

华为的员工绩效考核关注改进未来的工作，所以，华为要求绩效考核指标要尽量细化而且定量。华为的绩效考核组织部门经过认真的分析和思考，尽量量化考核指标，使之容易被衡量。例如，针对人力资源管理部门，员工招聘完成率及员工的离职率代替了人力资源整体工作表现这样的定性指标，而新员工培训完成率及培训满意度则代替了员工培训管理情况这样的定性指标。不难发现，合理的考核指标既能帮助华为员工用数据说明工作的完成情况，也方便其对未来工作计划进行梳理。

2. 考核方式

在考核方式方面，华为关注员工绩效，更关注团队绩效。华为规定，在年度考核中，业绩不好的团队的员工原则上不能被提拔为干部，也不允许被跨部门提拔。也就是说，员工在自身接受考核之前，他所在的团队或部门已经接受过公司层面的整体考核了。员工个人的业绩会受到部门考核结果的影响，如果部门整体业绩不达标，员工的升迁及个人奖金会受到很大程度的影响。所以，华为的团队考核驱动各部门或团队的员工上下同心、形成合力，从而促进公司的业绩增长。

3. 考核对象

华为针对干部的考核与普通员工的考核有着很大的差别。华为虽然开展严格的绩效考核，但是对普通员工所付出的劳动，还是强调要支付高于行业平均水平的报酬。而对公司干部，华为则提出了全方位的要求，其中不仅包括业绩、专业能力、协调能力、献身精神等方面的要求，还包括其在关键事件中的行为表现，即评价干部对关键事件的过程管理能力及应对突发事件的能力。另外，在对干部的年度考核中，华为强调 360 度的全面考核，目的是要求干部能够服众。

四、结果反馈与应用

在华为，绩效考核结果出来之后，各级主管必须第一时间与员工进行沟通，对绩效考核结果等级评定的原因进行说明，帮助员工制订绩效考核方案，并签订下半年的 PBC 计划。如果员工对绩效考核结果存有异议，可以向人力资源部或经理团队进行投诉。华为重视绩效考核结果的应用，将绩效考核结果作为员工晋升、调薪等的客观和主要依据。

1. 半年绩效

目前，华为的半年绩效考核结果分为“A”“B+”“B”“C”“D”5 个等级，半年绩效考核结果等级比例如表 8-1 所示。

表 8-1　半年绩效考核结果等级比例表

<table>
<tr><th>序号</th><th>等级</th><th colspan="2">比例范围</th><th>备注</th></tr>
<tr><td>1</td><td>A</td><td rowspan="2">≤50%</td><td>10%～15%</td><td>惯例</td></tr>
<tr><td>2</td><td>B+</td><td>≤45%</td><td></td></tr>
<tr><td>3</td><td>B</td><td colspan="2">40%～50%</td><td></td></tr>
<tr><td>4</td><td>C</td><td colspan="2" rowspan="2">5%～10%</td><td rowspan="2">强制比例限制
（C、D 的等级比例未限制）</td></tr>
<tr><td>5</td><td>D</td></tr>
</table>

半年绩效考核结果不与工资挂钩，主要作为人员培训、任命、调薪、评优和岗位匹配等的参考评价依据。但公司对员工进行年度考核时，会综合对其一年内的绩效情况进行考察。

2. 年度绩效

华为员工的年度绩效考核主要根据员工当年的 4 个季度的绩效考核结果，按照各等级对应绩效分数（A——6 分，B+——5 分、B——4 分、C——3 分、

D——1 分）进行加权计算后得出该员工年度绩效分数，然后根据预先设定的分数区间对应绩效考核结果等级拟定出该员工的年度绩效考核结果等级。年度绩效主要与年终奖挂钩，年终奖的具体标准由各级部门根据奖金总额的大小及各等级比例人数情况进行分配，集团总部不做限制。在一般情况下，员工年终奖的金额为其 2～6 个月的工资。绩效考核结果等级为 D 的员工一般无年终奖。

通过对华为的绩效考核进行分析，可以发现，企业的绩效考核如果要真正有效执行，就必须从量化指标、团队考核、员工自评、绩效沟通、考核结果应用等多个方面进行落地。否则，绩效考核很可能会成为上下和气、有名无实的例行公事，绩效考核也就失去了它原本应有的意义。

第九章

薪酬管理：效率优先，兼顾公平

企业的核心竞争力不仅是人才，而且是培养和保留人才的能力。企业持续发展的动力问题不是人才的问题，而是利益分配的问题。

——任正非

实施战略性薪酬管理，激发员工的主动性和创造性

在市场竞争激烈的今天，如何吸引、激励并留住人才已成为企业人力资源管理中的一个重要问题。传统的薪酬管理非但不能充分调动员工的工作积极性，反而会阻碍员工的进步。我国企业如果想在经济全球化的大背景下进一步发展壮大，就必须建立起合理、科学的薪酬管理新模式。

华为于 1987 年成立于中国深圳，从一个注册资金仅 2 万元的小公司发展到现在的世界百强企业，它的快速成长得到了世界各国的肯定，而实施战略性薪酬管理是华为快速发展的关键所在。

华为创立之初的十年是其野蛮生长的十年。快速发展也造成了“混沌”。如何走出“混沌”？任正非倡导起草了《华为基本法》，在起草《华为基本法》的过程中，他密集召开听证会并听取各层次干部、员工代表的意见，使得华为上下的思想意识统一到一起。可是，当《华为基本法》起草完成时，一种巨大的无意义感袭来，任正非重新思考要从一家草莽公司进化为一家世界级的现代企业，究竟需要做什么。他选择了学习先进的企业管理与运营机制，将华为全盘“西化”，花重金全球聘请老师，并借鉴 IBM、NVQ 等的管理变革方式。从 IT 战略规划到 HR 管理体系，多项管理变革在华为破土、推进、深化。此外，华为还勇于自我革命、自我进化，“削足适履”地给自己穿上“美国鞋”，形成了一体化、规范化的 IT 平台。这为华为的国际化奠定了坚实的基础。

变革成功后，在华为不是拥有资源的人通过 IT 平台来指挥前线，而是在前线指挥战争的指挥人员要通过 IT 平台来调配后方的资源。应该是前线指挥后方，而不是后方指挥前线，打不打仗，由后方决定；怎么打仗，由前方说了算。

回顾华为的薪酬管理演变过程，可以分为以下三个阶段。

第一阶段：实行非经济性薪酬的薪酬策略阶段。1988—1996 年，华为处

于初创期，实力弱，非经济性薪酬发挥主导作用。

第二阶段：实行领先市场的薪酬策略阶段。1997—2005 年，华为处于高速发展阶段，实力相对雄厚，实施了领先市场的薪酬策略。华为从最初的单一领域经营向多领域方向扩张，因此，对人才的需求也大大增加，华为开始提供“有竞争力的薪酬”，这一时期华为员工的薪酬水平比国内其他企业员工的薪酬水平高出 1/3 左右。

当时，华为每年新增的人员数量不少于 3000 人。为了能够保证足够多的高质量的科技人才的及时到岗和留用，华为的薪酬策略从最初的非经济性薪酬策略转变为“高薪酬+高压力+补助+加班费”的模式。

第三阶段：实行战略性薪酬管理阶段。从 2005 年到现在，华为渐渐步入成熟的发展阶段，业务已经拓展到海外，并且国外的业务销售额已经超过了国内。

相应地，华为对国际化人才的需求量开始增加，尤其是职级比较高且对公司起着关键作用的岗位的人才，比如，高级法律顾问、销售总监、财务总监等。

在华为，大部分员工为知识型员工，他们主要从事研发工作。可以说，华为薪酬体系的主要针对对象是知识型员工。

由于员工中的知识型员工的比例较大和公司自身特性等方面的原因，华为决定施行战略性薪酬管理。战略性薪酬管理是指在做薪酬决策时，对环境中的机会与威胁做出适当的反应，并且配合或支持组织全盘的、长期的发展战略方向和目标。战略性薪酬管理是将企业的薪酬管理体系的构建与企业发展战略有机结合起来，使企业薪酬制度和薪酬管理成为实现企业发展战略的重要杠杆，强调薪酬管理体系为企业发展提供战略性、前瞻性的支撑。

对于华为这样的高新技术企业而言，实施战略性薪酬管理，不仅能有效地激发员工个人的主动性和创造性，把员工自身利益与公司长期发展紧密结合在一起，避免高端人才流失，也能适时随着企业内部和外部环境的变化做出相应的战略调整，从而增强企业对外部环境的适应性，以达到实现企业经营战略目标的目的。

华为的薪酬管理的五个基本原则

华为的薪酬管理主要有五个基本原则：公平、竞争、激励、经济、合法。

公平是指相同岗位的不同员工享受同等级的薪酬待遇，同时根据员工绩效、服务年限、工作态度等方面的不同表现，对职级、薪级进行动态调整，可上可下。

竞争是指使公司的薪酬水平在同行业和同区域有一定的竞争优势。

激励是指制订具有上升和下降空间的动态管理机制，对相同职级的薪酬实行区域管理，充分调动员工的积极性。

经济是指在考虑公司承受能力、利润和合理积累的情况下，合理确定薪酬水平，使企业与员工能够实现利益共享。

合法是指薪酬制度应建立在遵守国家法律法规、相关政策和公司管理制度的基础上。

从战略性薪酬管理角度来看，除上述基本原则外，华为的薪酬管理还兼顾以下几个原则：

与公司经营战略相适应。合理的薪酬战略不仅能激励那些对企业长远发展有益的员工，还能及时发现阻碍企业发展的不合理的岗位设计。合理的薪酬制度有助于促进那些有利于企业战略化长远发展的因素发挥作用，并遏制不利于企业长远发展的因素。

适应公司文化和核心价值观。无论是从薪酬结构角度，还是绩效对薪酬的影响角度，公司都要考虑如何强化公司文化和核心价值观。

与公司发展状况紧密结合。当公司发展状况良好时，员工也应分享公司成果，这有利于激励员工为自己、为公司创造更多效益。华为施行的股权激励计划就大大增强了公司利益和员工利益的联系，提高了员工参与的积极性。除此之外，在公司发展的不同阶段也要采用不同的薪酬战略。

华为的薪酬管理体系的特点

华为以岗位价值为导向并建立了以岗位价值为导向的薪酬管理体系。这种薪酬管理体系的最大特点是坚持“人与岗位分开”原则，并秉承三要素评估法，即按照知识能力（投入）、解决问题（做事）、应负责任（产出）三个要素对岗位进行评估。

这样评估的结果是把计算出的每个岗位的分数制成岗位系列表，从而得出哪些岗位等级是平行的，哪些岗位是重叠的，实行“同岗同酬”。合并重叠的岗位，以便于节约成本。通过压缩管理层级实现有效地解决企业的内部公平性问题。

1. 公平的考核制度是薪酬管理的基础

华为持续维持员工高薪和全员持股使华为的薪酬对外具有极大优势。但要保证内部的公平性，考核不可缺少，考核结果是决定薪酬的重要因素之一。公司绝不会因为进行绩效考核会增加某些部门或岗位的工作量而放弃绩效考核，这也是华为的绩效管理能成功的秘密之一。绩效考核和薪酬管理“二位一体”，目标是“决不让‘雷锋’吃亏”。

华为对“学雷锋”文化的假设是：雷锋精神的核心本质就是奉献，做好本职工作就是奉献，踏踏实实地做好本职工作的精神就是雷锋精神。而绩效考核与薪酬管理体系要保证这种奉献得到合理的回报和彰显。

2. 领先市场的薪酬策略与调和型薪酬模式

华为在 20 世纪 90 年代初期就采用了领先市场的薪酬策略，因为当时的通信行业正处于高速成长期，同时华为也处于飞速发展期。采用领先市场的薪酬策略主要基于以下几点考虑：市场处于扩张期，华为有很多的市场机会和成长空间，对高素质人才需求迫切；企业自身处于飞速发展期，薪酬的支付能力比较强。调和型薪酬模式是一种既有激励性又有稳定性的薪酬模式，绩效薪酬和基本薪酬各占一定的比例。华为在薪酬水平处于行业领先地位的基础上，通过股份、福利、奖金等方式激励员工，挖掘其工作潜力。

3. 薪酬管理体系的外向性

华为通过全面构建、打造富有活力的人力资源管理体系，使公司的管理更富有效率。在这个过程中，“他山之石，可以攻玉”的策略加速了华为成长和发展的步伐。

华为在不同阶段、不同领域都引进了先进的思想和管理办法，通过外部专家的智慧来促进华为的变革。在薪酬管理方面，华为建立了以岗位价值评价为导向的薪酬管理体系、员工能力素质模型等。为了让公司在市场竞争中立于不败之地，华为人力资源部与咨询公司长期合作，定期对薪酬数据进行调查，根据调查结果和公司业绩对员工的薪酬进行相应调整。

华为不以员工的学历、知识作为确定员工薪酬的标准，而是以贡献和业绩来确定薪酬。有知识没业绩就好比茶壶里有饺子但是倒不出来，倒不出来就等于没有饺子。

任正非认为，一个人的文凭并不重要，重要的是一个人要努力提高自己的技能。拥有高学历的人曾受过较好的基础训练，容易吸收新的技术与管理知识，但是拥有高学历的人不一定有很好的技能。华为要以贡献来确定薪酬。

华为的薪酬管理体系明确定岗定责、定人定酬。华为对员工岗位的分配是严格按照岗位说明书进行的，以确保人岗匹配；员工薪酬采用基于能力的职能工资制，对岗不对人，支付与员工岗位价值相当的薪酬；奖金的分配与部门和个人的绩效挂钩，多劳多得，以此来调动员工的积极性和主动性。

华为的薪酬管理体系

早在20世纪90年代，很多企业还没有人力资源管理概念的时候，任正非就花2000万元请外国咨询公司给华为设计薪酬管理体系，重塑人力资源管理体系。

1. 华为的薪酬管理体系的设计

华为的薪酬管理体系的设计模型如图9-1所示。

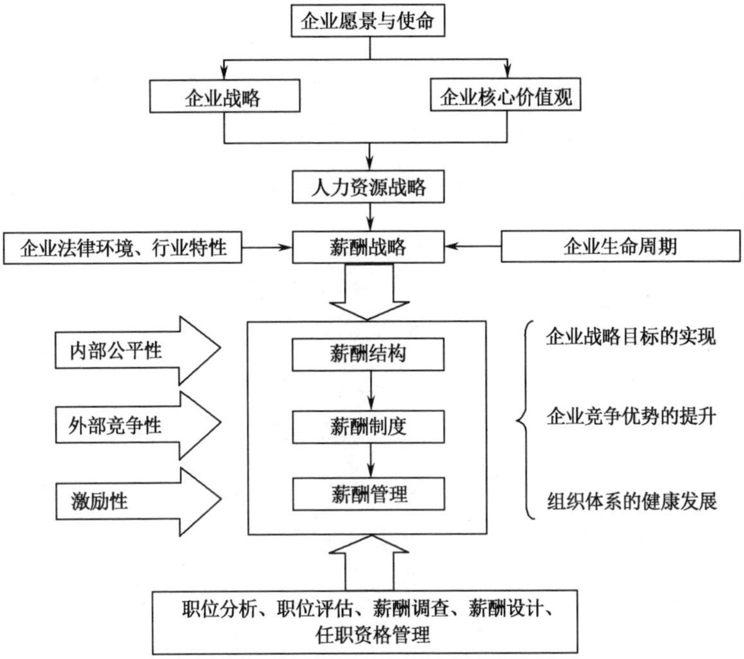

图9-1 华为的薪酬管理体系的设计模型

（1）在分析公司战略的基础上，确定公司的核心竞争力——技术创新。技术创新需要的是高质量的高科技人才，因此，如何能够招聘到并留住这些高质量的高科技人才，成为华为制订薪酬策略的出发点。

（2）对公司内部所有的岗位定期进行岗位评估，通过分析评估最终得出相应的岗位总分，再按照分数把岗位对应到相应的岗位级别，整理并更新完整的岗位说明书、岗位分类表。

（3）借助外部薪酬咨询公司的市场调研报告，定期进行外部对标和内部诊断，使得公司的薪酬策略的制订和调整都建立在内外部公平的基础之上。

2. 华为的薪酬定位

目前市场上超过50%的企业都会把薪酬定位在中位值上，30%左右的企业会定位在中位值到75分位值之间，这是企业用来招聘和留住员工的比较好的操作实践经验。

华为目前的薪酬定位是高于75分位值的，体现了任正非的“重赏之下，必有勇夫”薪酬策略，这也确实为华为招揽了不少优秀人才。

在按照不同岗位级别定位薪酬时，市场上的普遍操作方法是中级管理层（不包括中级管理层）以下的岗位定位在中位值，中级管理层（包括中级管理层）以上的岗位定位在中位值到75分位值之间。

华为目前是将中级管理层（包括中级管理层）以上的岗位定位在75分位值以上，其余级别岗位定位在中位值到75分位值之间。

华为这种明显高于市场普遍定位标准的操作，是跟企业的经营战略和价值观相符合的，即对应了华为“高质量、高压力、高效率”的组织文化。

在华为的薪酬结构中，各部分的激励导向如下：

（1）基本工资（或称“任职资格工资”）与任职资格（能力）挂钩。

（2）绩效工资与过程考核（季度绩效/年度绩效）挂钩。

（3）超额奖励与年度业绩增长挂钩；特殊奖励与价值导向挂钩。

（4）岗位津贴是针对特殊岗位给予的津贴补助（如财务主管、薪酬专员、信息化管理员、技术文档管理员等岗位）。

（5）战略岗位津贴是针对特定岗位并承担公司安排的特定任务的人员，在一定时期内享受的补贴。战略岗位津贴与岗位、承担的任务联动。

（6）长期激励是面向核心高管及骨干员工的股份等非现金激励模式，激励员工与企业共同创造更大的价值，共同分享企业的收益。

3. 华为的业绩目标

华为在业绩目标考核上，主要分为强调公司/团队的业绩目标和强调个人绩效目标两种。华为在操作时也是将两者结合起来，以充分调动员工的积极性。

4. 华为的薪酬一致性

薪酬一致性是指对所有部门和级别采用同一套薪酬管理体系。通常企业会按照四种评判标准来决定是否有必要采用不同的薪酬管理体系。

（1）从运营类型来看，生产类型部门和非生产类型部门之间是否存在比较大的薪酬支付标准和管理方式的差异。

（2）从部门类型来看，是否要实施不同的标准，即生产、销售、研发、后勤和行政部门是否需要区别对待。

（3）从城市或者国家情况来看，当地的政策或者环境是否有必要区别对待。

（4）从岗位类别来看，管理层是否要比非管理层享受更好的待遇。

华为以部门类型和岗位类别来划分，实施了不同的薪酬管理体系。

（1）对华为来说，研发部门是最重要的，因此，在研发部门上也体现出不同于其他部门的薪酬管理体系。

（2）市场定位不同，华为对管理层和非管理层的市场定位是不同的，因此，对不同岗位类别，也采取不一样的薪酬管理体系。

5. 华为的薪酬支付方式

目前市场上的薪酬支付通常有两种比较常见的方式，按岗定薪和按人定薪。

按岗定薪的特点主要在于：

（1）通过提高薪酬成本的可预测性进而确保成本控制的有效性。

（2）相同或者性质类似的岗位的薪酬可以互相参考。

（3）为了让员工的薪酬水平有明显的提高，必须晋升员工的级别或者转岗。

（4）管理方式比较传统。

相比较而言，按人定薪更加适合现代化企业，它的优点在于：

（1）能够最大限度地激励员工掌握更多的技能，承担更多的职责。

（2）需要实行以技能、宽带薪酬为基础的薪酬和绩效管理体系与之相匹配。

（3）管理方式相对灵活。

华为目前的薪酬支付将两种方式结合在一起，对于公司来说不会起决定性作用的岗位会采用比较简单的按岗定薪方式，对于研发岗位和销售岗位会稍微偏向采用按人定薪方式。

6. 华为员工的薪酬项配比

华为对于具体薪酬的分配是有规律的，按照岗位类别来制订薪酬结构，即从大的层面来看，公司岗位共分为四个类别：操作人员、专业技术人员、中层管理人员和高级管理人员。这四个类别的岗位的薪酬项的配比是：

操作人员的固定收入占年度总收入的 90%，无股份收入；

专业技术人员的固定收入占年度总收入的 60%，浮动收入占 25%，股份收入占 15%；

中层管理人员的固定收入占年度总收入的 50%，浮动收入占 30%，股份收入占 20%；

高层管理人员的固定收入占年度总收入的 40%，浮动收入占 20%，股份收入占 40%。

实践证明，这种配比是比较科学合理的，灵活的长期激励机制能够留住高层管理人员，同时，短期激励对于新员工有很大的激励作用，能最大限度地调动全体员工的积极性。

8. 华为的薪酬管理思想

华为秉承一贯的重金聘用的原则，薪酬采取完全领先于市场水平的策略。任正非在 2010 人力资源管理纲要第一次研讨会上的发言中说：“我们在薪酬方面从不羞羞答答，坚决向优秀员工倾斜。工资分配实行基于‘能力主义’的职能工资制；奖金的分配与部门和个人的绩效挂钩；安全退休金等福利的分配，依据工作态度的考核结果；医疗保险按贡献大小，对高级管理人员和资深专业人员与一般员工实行差别待遇。”华为的薪酬管理思想，可简单总结为“以贡献为准绳，向奋斗者倾斜”。

1）以贡献为准绳

华为员工的待遇是以贡献为准绳的。以贡献为导向，贡献并不完全是可视的，它有长期的、短期的，有直接的、间接的，也包括战略性的、无形的。因为只有以贡献为导向才是公平的。

2）向奋斗者倾斜

华为在 2011 年 4 月 14 日组织专门的讨论，在讨论中，任正非提出将华为的员工分为三类：第一类是普通劳动者，第二类是一般奋斗者，第三类是有成效的奋斗者。华为要将公司的“剩余价值”与有成效的奋斗者分享，因为他们才是华为事业的中坚力量。

华为的薪酬管理体系的启示

企业的生存与发展在本质上依赖利益驱动机制，而华为在效率优先、兼顾公平、可持续发展的价值分配基本原则下，强调全面回报的价值分配理念。那么，我们从华为的薪酬管理体系中借鉴到了什么？

1）体现公司整体战略

华为员工按研发、生产、市场销售和客户服务划分为四大类别，其中，研发部门和市场销售部门的薪酬福利水平明显高于生产和客户服务部门，这是由公司的整体战略决定的。

华为按照贡献和能力为员工定级别，华为的员工薪资级别分为 10 级，不同级别的员工的薪酬和福利不同，员工干满一定时间可持有企业股份。这种薪酬管理体系充分考虑了企业的核心竞争力战略。

2）薪酬制度的创新性

华为在人力资源管理上最具特色的是股权激励和任职资格体系。一般国内企业主要关注基本工资和奖金等中短期激励，但是对高科技知识型企业的核心人才来说，他们更关注的是股权或期权的长期激励。

华为的员工内部持股制度开创了中国企业内部管理机制的先河，同时在华为资金匮乏的时候，采取员工持股的激励方式大大提高了华为人艰苦奋斗的韧劲。

3）注重团队薪酬激励

华为的团队文化倡导“胜则举杯相庆，败则拼死相救”，薪酬管理体系也不例外。华为的历次薪酬管理体系变革都是以团队为基础来开展的，针对团队统一设计有针对性的激励方案和薪酬策略，即便是销售人员，获得的浮动收入也是根据团队乃至公司的整体业绩情况来考核发放的。

而我国的大多数同行仍然比较关注个人努力对企业的贡献度，因此其薪酬管理体系的设计也都是基于个人来考虑的。

激励机制非常重要，如晋升机制、薪酬机制、竞争机制、对赌机制、人才机制等，企业根据自己的现状来灵活运用，可以快速提升团队执行力、战斗力。

总之，薪酬管理体系的制订方法和框架可以直接借鉴或使用华为的，但对于效果没有必要追求跟华为的一模一样。

华为的岗位与薪酬管理的十六字方针

华为的岗位与薪酬管理可以用十六个字来概括：以岗定级，以级定薪，人岗匹配，易岗易薪。

1. 以岗定级：建立岗位和职级的关系

华为员工的岗位与薪酬管理是根据岗位来设定的，每一个职级、每一个岗位的薪酬确定，都既考虑对外的竞争性，也考虑内部的可支付能力和公平性。

以岗定级是通过岗位职级表来确定的：每一个岗位会确定一个对应的职级，这个职级就是这个岗位对企业贡献的评估价值，包括对组织绩效的评估价值、对岗位的评估价值和对任职者个人的评估价值。

在以岗定级方面，华为做了两件事情：

第一，对于每一类岗位确定岗位序列，例如，研发岗位序列、市场岗位序列等，其中，研发岗位序列又包含了助理工程师、工程师、高级工程师等不同的岗位。

第二，对岗位序列进行评估，评估的重点在于岗位的职责是什么，控制的资源是什么，产出是什么，以及这个岗位面对的客户和环境的复杂程度是怎样的，并参考承担这个岗位的人需要什么样的知识、技能和经验等。这里最主要是通过岗位承担的职责和产出进行衡量，衡量的结果用一个职级的数值来描述。

华为用的是 HAY 的职级序列，做完了这两件事情，就建立了岗位和职级的对应关系。

2. 以级定薪：界定薪酬范围

以级定薪实际上就是一个职级薪酬表。华为的薪酬管理使用的是宽带薪酬管理体系：每一职级，从最低到最高都有长长的带宽。每一个部门的管理者，可以对自己的员工，根据员工绩效在这个带宽里面进行薪酬调整。在同一职级里，管理者可以依据员工的绩效，在每年公司例行的薪酬“审视”中或者当员工表现得特别优秀时提出薪酬调整申请。

由于不同职级之间的薪酬区间存在重叠，员工即使不升职，只要持续做出贡献，绩效足够好，其薪酬也有提升空间，甚至可以超过上一职级的薪酬下限。这样有利于引导员工在一个岗位上“做实”、“做深”、“做久”，有助于提高岗位的稳定性。因此，以级定薪就是对于每一个职级在公司能获得多少薪酬进行一个界定。

每一个主管可以根据以岗定级来确定员工的职级，然后通过以级定薪来确定员工的薪酬范围。

3. 人岗匹配：人与岗位责任的匹配评估

所谓人岗匹配，指的就是员工与岗位职责之间的匹配，以确定员工的个人职级及匹配度。人岗匹配的核心是看员工的绩效是不是达到岗位的要求，行为是不是符合岗位职责的要求，另外，还包括一些基本条件，比如知识、技能、素质、经验等。

如果员工的岗位发生变动，那么一般来说，人岗匹配是要按照新的岗位要求来做认证的。认证往往都在员工在新岗位工作三个月或半年以后才进行，而不是变动之后立即进行。等到人岗匹配完成后，根据新岗位要求的适应情况确定员工的个人职级及匹配度，再决定是否做相应的薪酬调整。

4. 易岗易薪：关注职级和绩效

如何在人岗匹配之后做薪酬调整，就是易岗易薪要解决的问题。

易岗易薪是针对员工岗位变化的情况（一种是晋升，另一种是降级）而调整员工的薪酬。如果是岗位晋升，那么当员工的薪酬已经达到或超过了新职级薪酬区间的最低值时，员工的薪酬可以不变，也可以提升，主要要看他的绩效；如果尚未达到新职级薪酬区间的下限，一般至少可以调整到新职级薪酬区间的下限，也可以进入区间范围内，具体数额也取决于员工的绩效。

如果是岗位降级，那么也应根据员工的绩效，在新职级对应的薪酬区间内确定调整后的薪酬，如果降级前的薪酬高于降级后的职级薪酬区间的上限，需要马上降到降级后对应的职级薪酬区间内。

管理者需要明确到底采用什么样的激励模式，对不同岗位、不同层次、不同需求的员工要采取有针对性的薪酬管理体系，绝不能搞“一刀切”，更不能采取一成不变的固定薪酬模式。同时，要设计分配次序，分配越直接效果越好；分配次数越多，管理者能关注到的点与面就越丰富。

第十章 激励机制：多元化的激励，让奋斗者升职加薪

物质奖励和精神奖励相结合，让优秀员工当明星、名利双收，这就是创新，也是最有效的激励方式。虽然一张奖状或一个荣誉证书只是一个小小的点，但作为一个杠杆，却撬动了全体员工奋斗的阀门，这也是对奋斗者的回报。

——任正非

利益分配向奋斗者倾斜

华为坚持以奋斗者为本，为奋斗者提供舞台，将利益分配体系向一线的奋斗者倾斜，并以责任和贡献来评价员工、考核选拔干部，吸引了众多优秀人才，也稳定了华为的创业团队。

艰苦奋斗精神是华为从小到大、从弱到强的基础价值观，是一种赤裸裸的交换原则，也恰恰是商业的本质所在。

什么是奋斗者？2008年，任正非在市场部年中大会上这样讲道：

> “什么叫奋斗？为客户创造价值的任何微小活动，以及在劳动的准备过程（如上学、当学徒等）中，为充实和提高自己而做的努力，均叫奋斗；不然，再苦再累也不叫奋斗。
>
> “华为要想活得更好、更久，就必须面对组织的动力不足问题，并通过更有效的动力激活机制，抵御和消减‘组织疲劳症’。”

组织的病症源于人，源于人性。西方组织管理学认为，人天生是自私的、懒惰的、贪婪的。正因为个人与生俱来的自私、懒惰和贪婪，所以，当这些携带着同样“病毒”的一群人构成一个组织的时候，也同样构成了对组织从产生、发展到终结的全过程的挑战。

一个人最大的挑战是什么呢？疲劳。一个人保持阶段性的活力、激情是容易做到的，一个组织保持两年、三年、五年的活力也是相对容易的。但是，要持久地保持激情与活力，大概是组织领袖们时刻面临的难题。

一个新员工刚进入公司，开始是积极向上的。公司规定八点上班，他七点半就到，晚上下班以后还照样在办公室加班。但当一个新士兵变成一个“兵痞”，他就缺乏活力与激情了。当一匹马从战马变成懒马、变成病马的时候，这个马群一定会出现类似于传染病一般的懒惰与散漫，普遍不想作为。

奋斗的内涵是思想上的奋斗。华为内部有一句很经典的话：不要用手脚上的勤快掩盖思想上的懒惰。华为最反对员工每天加班加点。

举个例子，华为刚开始做海外市场的时候，非常艰辛。华为的客户都是大客户，说起高科技设备，他们可能只知道爱立信、诺基亚，根本不相信华为还能做电信设备。所以，开始华为在海外打开市场非常困难，例如，华为在俄罗斯苦苦坚守了 3 年，才签了 100 美元的合同。

但是，你能说他们不努力，不艰苦奋斗吗？当时，华为的后勤保障还不健全，只能采取简单粗暴的方法，每人每餐补贴 15 美元。但由于国内外的饮食文化不一样，员工不适应，每天吃老干妈、方便面，住小旅馆，过了一段时间，个个都面黄肌瘦。

任正非去国外考察的时候，发现情况不对。他对员工们说："我要的艰苦奋斗不是肉体上的，而是精神上的。"他回到公司总部后马上做了一个决定，取消每天 15 美元的餐补，然后在全球所有驻地的办事机构开设员工食堂，用集装箱把国内最好的食材运过去，并且从国内请五星级酒店的大厨给他们做菜，确保员工吃好喝好，保持一个健康的体魄。

艰苦奋斗的核心是无须扬鞭自奋进。华为通过核心价值观驱动，通过目标驱动，通过成就、成长驱动，让员工在精神上保持艰苦奋斗。

华为倡导以奋斗者为本，首先需要具有选拔奋斗者的机制。华为选择奋斗者的时候，有一个很有名的 PSD 原则，通俗来说，就是要胸怀大志，身无分文。所以，华为招聘的员工很多都是山区的、农村的，因为这种人特别能吃苦耐劳。如果招聘的员工本身就没有内驱力，进来后你再怎么用绩效管理工具去激励，也都于事无补。例如，招进来的是一些"富二代""官二代"，你怎么让他们艰苦奋斗呢？他们还会说公司没有人性。

坚持以奋斗者为本，还要关注机制。机制就是赛马不相马，用淘汰机制来选拔人。新员工加入华为之后，过去所有的学历、工作经历都会一笔勾销。每个人都站在同一起跑线上，以进入公司的绩效为评优基础。

华为要求只有绩效前 25%的员工才有资格参与干部选拔。在工作过程中，只要员工的表现比其他人更优秀，工作态度更积极，更能艰苦奋斗，就能获得提拔晋升的机会。

华为坚持选拔制，而不是培养制，这是任正非考察美国西点军校后做的决策。

2016 年，华为将员工分为四类：管理类、专家类、职员类、作业类。任正非表示：“我们要对标德国和日本的制造行业，建立起对作业类员工的科学管理方法和评价体系。”

华为的财富分享和干部选拔机制都基于一个核心，即能够满足客户需求、为客户创造价值的人，才能获得更多的工资、奖金、股权及晋升的机会。因此，华为聚集了众多的人才，并使各路英才的聪明才智得到了充分发挥。

任正非说：“华为的价值分配体系要向奋斗者、贡献者倾斜，要给‘火车头’加满油。薪酬制度不能变成福利制度，如果公司的钱多，那么就应该回馈社会。员工的薪酬必须依靠奋斗和努力才能得到。如果不努力、不奋斗，不管他有多大才能，我们也只能请他离开。”

华为倡导以奋斗者为本，奖金分配不分职级、不看资历，只看贡献，员工服务的用户越多，奖金就越多，奖金上不封顶，并及时兑现。正如任正非所说：“我们讲艰苦奋斗，不是不关心员工身体健康和办公条件的改善，而是要在不断改善工作环境和生活物质条件的基础上，思想上始终保持艰苦奋斗的精神，行动上一切以客户为中心，竭尽全力持续为客户创造价值。”

以客户为中心，以奋斗者为本，持续艰苦奋斗，说起来容易，做起来难。这需要领导者真正洞悉人性且大公无私，具有自我批判与自我变革的精神。任正非对华为的贡献，不仅在于率领华为人创造了一个令人敬畏的世界级的华为，更在于他打造了一个不依赖于个人的伟大组织，并通过以客户为中心、以奋斗者为本的机制，使华为始终充满价值创造的动力与活力，从而驱动华为持续成长、基业长青。

工者有其股

员工持股制度是华为最大的颠覆性创举之一，是华为创造奇迹的根本所在。员工进入华为工作一两年后，根据表现可以获得一定的股权认购额度，员工可自愿购买股权并按照股权获得分红。员工在离职时，所持股份将由华为进行回购。

华为让员工持股，这种股权激励机制在国内民营企业中属于一大创举。从常理上讲，任正非完全可以拥有华为的控股权，但创新一定是反常理的。从1987 年华为创立的第一天起，任正非就让“知本家”作为核心资产，成为了华为的股东和大大小小的老板。

任正非在《一江春水向东流》一文中道出了华为员工持股制度的产生过程：“我创建公司时设计了员工持股制度，通过利益分享，将员工团结起来。那时我还不懂期权制度，更不知道西方在这方面很发达……我只是从自己过去的人生挫折中感悟到要与员工分担责任、分享利益。”

1990 年，华为第一次提出内部融资、员工持股的概念。此概念与国际意义上的员工持股有所不同。首先，内部持股员工只有分红权，没有公司法约定的股东所享有的其他权利；其次，员工所持股份在退出公司时，价格按照购股之初的原始价格回购，员工也不享有股东对股票的溢价权。

2001 年，在任正非的强力推行下，华为实行员工持股改革，对新员工不再派发长期不变的 1 元/股的股票，而老员工的股票也逐渐转化为期股，即虚拟受限股。虚拟受限股（下称虚拟股）是华为投资控股有限公司工会授予员工的一种特殊股票。每年，华为根据员工的工作情况和对公司的贡献，决定其获得的股份数。员工按照公司当年净资产价格购买虚拟股。拥有虚拟股的员工，可以获得一定比例的分红和虚拟股对应的公司净资产的增值部分，但没有所有权、表决权，也不能转让和出售股份。在员工离开企业时，股份只能由华为控股工会回购。

华为认为采用虚拟股的方式比原来的持股方式更为合理。公司规定，根据内部的评价体系，员工的虚拟股每年可兑现 1/4，价格是最新的每股净资产价格。但是，华为对中高层的兑现额度则做了另外规定，中高层的虚拟股只能每年兑现 1/10，除非离职，并且在离开后，他们还要经过公司严格的 6 个月审核，确认不出现他们离职后创业的产品与华为构成同业竞争，没有从华为内部“挖墙脚”等条件中的任何一条后，方可全额兑现。

华为“虚拟受限股”的本质是解决公司怎么分钱的问题，体现了华为价值分配的基本原则：效率优先，兼顾公平，可持续发展。钱分好了，方向也就一致了。与多数人谋共利，才是企业发展的长远之道。

每个持股员工都有权选举和被选举为股东代表。公司从这些持股员工中选出 51 个人作为代表，然后从这 51 名代表中轮流选出 13 个人作为董事会成员，5 个人担任监事会的成员。

华为通过不断调整股票的分配方式来维持整个组织的活力。2008 年，华为调整了配股方式，施行新的“饱和配股”制度。“饱和配股”制度，顾名思义，即规定员工的配股上限，每个级别达到上限后，就不再参与新的配股。华为核心层的配股数量由华为董事会内部评定。通过任职资格、HAY 级别、绩效考核结果与配股数量的联动关系，来激发员工不断进步、不断晋升。

“饱和配股”制度推行后，手中持股数量巨大的华为老员工们的配股受到了限制，这有利于激励华为的新员工。

华为的股权激励制度有如下 5 个方面的鲜明特点：

（1）实行全员持股，股权高度分散。截至 2017 年 12 月 31 日，华为控股注册资本达到 164.35 亿元，其中，员工持股比例占到 99%，有 80 818 名员工持有公司股份，而且收益相当丰厚。而华为创始人、总裁任正非仅持有华为 1%的股份。可见，华为早已打破了一股独大。

有人说，华为的全员持股是被逼出来的，这话不假。1987 年任正非创办了华为，起步阶段的资金非常紧张，财务团队最紧要的工作是融资。融资的困难情况逼使任正非把拖欠员工的工资折成股份以稳定军心。当时任正非说：“我们现在就像红军长征，爬雪山、过草地，老百姓给的粮食没钱付，只留下一张白条，等革命胜利后再偿还。”如今这些“白条”都变成了摇钱树——内部虚拟股权。

华为已经度过了爬雪山、过草地的阶段，但全员持股的传统被传承了下来。任正非本人如此低的持股比例，更说明华为真正做到了和员工分享公司的利润。

（2）华为给员工的股份是虚拟受限股。虚拟受限股是一种特殊股权，没有所有权、表决权，不能转让、出售，其本质是净利润的分配权。严格来讲，虚拟受限股不是真实的股权，员工享受的是分红权与股价增值的收益权。

当员工获得虚拟受限股时，股价为华为上年度财报每股净资产额。虚拟受限股合法吗？任正非说："我们施行的虚拟受限股是经政府批准的，有红头文件，是合法的。"

（3）员工离职时，华为要回购股权。员工获得华为的虚拟受限股后，并非终身持有。如果员工从公司离职，华为会回购其股权。股权被回购后，可继续用于激励在职员工。可见，华为股权激励的核心思想是让在职员工获益。离职清退股权的做法一方面预留了股权变现的通道，另一方面能保证股权集中在华为在职员工手中，公司利润能由在职员工共享。

（4）华为每年会分红，员工获得持股收益。员工持有股权的终极目的是获益，如何让收益落袋为安是有讲究的。上市公司搞股权激励比较好办，有未来与现在的股价做参考。如果公司没有上市，股权的流动性就不足，股权收益套现会成为难题。

华为不是上市公司，公司规定员工不能自行转让股权。华为以每年分红的方式回报虚拟受限股股东，持股员工能逐年获得收益。要做到这些并不容易，华为能够持续给虚拟受限股分红，一方面说明华为有可观的利润，另一方面说明华为的利润有现金流入做支撑。

（5）新老员工都有机会获得股权。多数公司的股权激励主要是给予初创团队与特定员工，华为却不同，普惠符合条件的所有优秀员工。随着华为业务规模不断扩张，华为员工人数也急剧增加。华为员工入职后，只要任职年限足够、业绩达标，都有资格获得股权激励。新老员工一视同仁，目的是给新员工更多的机会。为了保证可供激励的股权充足，华为会根据需要每年增发一定比例的股权。

众所周知，华为在企业文化上与现代管理理念相结合，坚持"狼性"文化。其在薪酬和人力资源管理上的创新是吸引众多优秀人才进入华为的重要原因，其中股权激励扮演着重要角色。华为的股权顶层设计一共进行了 4 次大改造，为企业的腾飞奠定了基础，其股权设计方案有许多值得我们学习和借鉴的地方。

通过对华为 4 次股权激励大改造的分析，可以发现其股权激励伴随了企业成长的每个阶段。这说明华为的股权激励不是简单的内部融资、分红等行为，它是企业的战略决策，是和人才战略、计划目标、绩效考核等紧密联系在一起的经营之道。全员持股制度吸引、团结了大批人才，也增强了员工的归属感，稳住了创业团队，激发出了他们的“洪荒之力”，从而将华为推上了世界之巅。

不让“雷锋”吃亏

华为有一个最基本的准则，就是绝不让“雷锋”吃亏。《华为基本法》第五条规定：华为主张与顾客、员工、合作者结成利益共同体，努力探索按生产要素分配的内部动力机制。

责任共担、利益共享是任正非的一项基本管理理念。为此，华为建立了一套合理的评价机制，并基于评价给予激励。价值分配以奋斗者为本，以员工的持续奋斗为导向。

任正非说：“要想火车跑得快，就给火车头加满油。”华为按价值贡献，拉开了人才之间的差距，形成了你追我赶的局面，从而让列车跑得更快。

任何一家企业的人力资源都可以划分为 3 类：奉献的、打工的、偷懒的。人力资源是一个动态的选择，在一个不好的机制下，奉献的（投入大于回报）总是吃亏，他就会对自己的行为做出怀疑，进而减少自己的投入，使投入与回报对等，他就变成打工的（投入等于回报）。同样，打工的也会向偷懒的（投入小于回报）转变。结果，奉献的变成了打工的，打工的变成了偷懒的，最后大家都偷懒了，没有人愿意付出和贡献。

一个有活力的机制就是让奉献的人得到合理的回报，不让“雷锋”吃亏，这样才会涌现出更多的“雷锋”。正如任正非所说：“华为绝对不让‘雷锋’穿‘破袜子’，你为公司做出了贡献，我就给你体面的回报。这样就是在用制度培育‘雷锋’，而不是用道德培养‘雷锋’。”

为了不让“雷锋”吃亏，华为建立了一套科学的评价体系和公平合理的绩效管理体系。奉献的得到更合理的回报，拿得更多，打工的就会因为羡慕而向他们看齐，偷懒的只有两个选择：要么离开公司，要么增加投入将自己变成打工的或奉献的。让小人不得志，让好人不吃亏，这样公司就有了正气和正义。

任正非的高明之处在于，把考核制度从“人评价人”转为“制度评价人”，这样就避免了考核当中可能存在的腐败。华为用制度评价人，就是将定性评价与定量评价相结合，来评定这个员工属于哪类人，是奉献的、打工的，还是偷懒的。

在华为，除了个人，部门也要接受考核，公司要弄清楚哪些是奉献的部门、哪些是打工的部门和哪些是偷懒的部门。解决了这些问题，薪酬问题就变得简单了，公司也就实现了从给“人”发工资到给“事”发工资的转变，从以前的给工龄、学历、职称发工资到现在的给绩效发工资的转变。这样将钱用到刀刃上，发多少都不浪费。

随着华为的迅速崛起，外界许多人将华为的成功归结于政府的支持。实际上，最支持任正非的是 18 万名华为员工。因为任正非采用了在中国企业中史无前例的全员持股和利益共享制度，还将每年所赚取的大部分净利润分配给全体股东。

2010 年，华为净利润达到 238 亿元，华为的虚拟股票每股分红 2.98 元。若以一名在华为工作 10 年绩效优良的资深主管来计，配股可达 40 万股，一年仅股权红利就达 120 万元。这个数字，甚至比许多外资公司的高级经理人的收入还要高。

国内的一家媒体还披露了华为一位 22 级员工 2014 年的收入明细，其工资、股票分红、年终奖、海外生活补助加在一起，税前收入超过 500 万元。据悉，华为员工年收入达到 500 万元的超过 1000 个人，年收入过百万元的有 20000 个人，这个数据让业界震惊。

华为的薪酬架构由工资+奖金+股权分红组成，员工的收入大头是靠分红，工资只占了一年收入很少的一部分。一般员工进入华为两年以后，公司就会配给员工一部分股票。

只有采用正确的价值分配制度，才能激发出全体员工创造价值的热情。近十年来，华为员工的积极性和组织活力有明显提高，正是因为华为的激励机制发挥了巨大作用，能够让全体员工及时分享到公司的成果。

华为员工除了丰厚的工资、奖金和股票分红，还有很多精神奖励。《华为基本法》第二条就是“认真负责和管理有效的员工是华为最大的财富。尊重知识、尊重个性、集体奋斗和不迁就有功的员工，是我们事业可持续发展的内在要求。尊重人才、培养人才、激励人才，让人才在华为能够得到自我实现等高层次的精神满足是华为长期的探索和追求。”

任正非强调：“不奋斗、不付出、不拼搏，华为就会衰落！拼搏的路是艰苦的，华为给员工的回报首先是苦，但苦中有乐，苦后有成就感、有高收入，对公司未来也更有信心。快乐是建立在贡献与成就的基础上的，企业要让价值创造者幸福，让奋斗者因成就感而快乐。如果一个企业让懒人和庸人占着位子不作为，让不创造价值的人、混日子的人都快乐，那么这个企业离灭亡就不远了！华为的薪酬制度就是要把落后的人挤出去，减人、增产、涨工资。”

虽说吃亏是福，但作为管理者，不要总是跟员工讲吃亏是福，而是要建立不让“雷锋”吃亏的机制，让奋斗者得到合理的回报，让更多员工愿意做“雷锋”，这样才会有更多的“雷锋”出现。

正是任正非懂得与员工共享成果，才使各路英才的聪明才智得到充分发挥，才成就了华为。以奋斗者为本，不让“雷锋”吃亏的分配准则，给华为注入了强大的生命力，使华为的组织力量由此脱颖而出。一个“胜则举杯相庆，败则拼死相救”的铁血团队就是在这样的土壤里培育出来的。

华为的分钱法则

分钱、分权、分名是华为“利益分享”机制的具体体现。让多劳者、贡献者升职加薪这条准则在华为创立之初到如今，始终贯彻得很彻底。

任正非说：“钱给多了，不是人才也变成人才。”其实，企业对员工最有效的激励方式就是分钱、分权、分名。

华为的分钱，实际上指的是广义的“分钱”，具体表现为分钱、分权和分名。

一、分钱

在分钱这个层次上，华为的做法非常多元化。它的宽带薪酬、奖金、虚拟饱和配股、TUP 期权激励、各种专项奖方案等都充分体现了华为在分钱方面所做出的努力，这些做法对中国企业非常具有借鉴意义。

没钱怎么办？靠什么吸纳人才、留住人才？任正非认为只有两个方式：一是靠追求、理想、信念；二是靠预期收益，所以必须分配股权。很多人都有一个疑问，说华为没上市，资金链怎么能不断？华为员工内部融资持股计划从 1990 年就开始了，现在加起来有几百亿元。此外，莫贝克卖了 7.8 亿美元，3COM 卖了 40 亿美元，加起来是上百亿元级的资金量。华为用这些方法解决了企业高速成长的资金需求。所以，在任正非看来，公司把 90%以上的股份分给员工是值得的。

在创业初期，华为面临过很多过不去的坎，例如没有自主创新的产品，面临资金流和人才的双重短缺等。当时华为主流技术派认为搞数字程控交换机太超前，必须搞半程控交换机，因为其成本低、研发速度快，于是任正非就把所有投资压到半程控交换机上。但这时，生产线上有一名工程师对华为的技术方向提出质疑，他认为半程控交换机是一种落后的技术，应该研究数字程控交换机。当时任正非跟这位工程师讲："我给你资金，你自己组建人才团队，来牵头研发数字程控交换机。"这正是任正非厉害的地方，一个生产线上的工程师提了建议，他就敢让他带团队悄悄地干。如果当时没有搞这个数字程控交换机，华为有可能就死掉了。

二、分权

华为有很好的分权机制，任正非善于分权、授权，他倡导让在一线能听见"炮声"的人来决策，指挥作战，并将指挥所也建在听得见"炮声"的地方。

从 2009 年开始，任正非在华为内部实行"充分放权"，把决策权根据授权规则授予一线团队，后方仅起保障作用。相应的流程梳理和优化要倒过来做，就是根据需求来确定目的，以目的驱使行动，一切为前线着想，共同努力，控制有效流程点的设置，从而精简不必要的流程，精简不必要的人员，提高运行效率，为生存下去打好基础。

华为充分放权，在公司内部不倡导个人英雄主义。笔者在与华为高管交流时发现他们更强调团队的作用和力量。任正非的人格魅力，感染和熏陶了每一位华为人。

我们可以这样更形象化地理解，华为过去是中央集权制，组织和运作机制是中央权威的强大发动机在"推"，在推的过程中，一些无用的流程、不出功的岗位，是看不到的。而现在华为将权力分配给一线团队，逐步形成"拉"的机制，准确地说，是"推""拉"结合、以"拉"为主的机制。在"拉"的时候，看到哪一根绳子不受力，就将它剪去，还将连在这根绳子上的部门及人员一并剪去，组织效率就会有较大的提高。权力的重新分配促使华为的组织结构、运作机制和流程发生彻底转变，每根链条都能快速灵活地运转，重要的交互节点得到控制，自然也就不会出现臃肿的机构和官僚作风。

于是，华为就形成了面向客户的"铁三角"作战单元。"铁三角"的精髓是为了目标而打破功能壁垒，形成以项目为中心的团队运作模式。

将华为的分权激励机制体现最彻底的就是华为的轮值 CEO 制度（2018 年改为轮值董事长制度）。这在世界范围内都是一个独创，没有哪一家企业能够把 CEO 的权力分给核心高管，这需要企业家具有非常大的智慧和格局才能做到。

三、分名

各种基于荣誉的或者名誉的激励，包括“蓝血十杰”“明日之星”“金牌员工”等五花八门的荣誉称号，其本质都是分名。员工有了这些荣誉，不仅有奖金奖励，还有了提拔重用的重要依据，可以说是“名利双收”。

所以，当我们对标华为、对标华为的分钱智慧的时候，我们要清楚，这个分钱是广义的，它包括对钱、对权、对荣誉的分配，是华为激励机制中最基本的内容。

任正非在接受采访时说：“华为成功归功于‘分赃分的好’。这里所谓的‘分赃’不仅是财富分配，还包括基于责任与结果导向的权力分享，以及成就感、荣誉感的共享。”

由于“分赃分的好”，在华为历史上从未发生过因“分配不公”而出现因组织内讧、大面积的消极情绪使得团队分裂的现象。与此同时，多劳者、贡献者 “升职加薪”的干部晋升机制，在华为也一直贯彻得比较好。那么，华为是如何“分钱、分权、分名”的呢？其关键在于华为建立了相应的“分享机制”。

1. 利益激励机制，即分利。它解决了员工工作回报的问题

分利的激励机制又可以细分为如下几项：

（1）即时激励。华为的主管可以给员工发放荣誉券，荣誉券相当于一种内部货币，可以在华为内部超市购买商品。它的“面值”并不大，代表的是荣誉。荣誉券发放给哪些人、什么时候发放，全权由主管决定，所以，这能够形成对员工的即时激励。这是一套员工行为的塑造系统，任何值得鼓励的员工行为都可以通过荣誉券的即时发放的方式进行认可。

（2）短期激励。短期激励机制对应的是工资管理机制，主要是指每个月发放的固定底薪部分。华为有比较完善的宽带薪酬档级表，它解决了员工基本报酬的问题。

（3）专项奖。专项奖主要是针对战略贡献或者一些关键的任务项来设定的，解决的是战略贡献的问题。

（4）中期激励机制。中期激励机制是指奖金的管理机制，它通过设定公司的奖金池，然后根据部门绩效将奖金包分解到各部门，最后分解到个人。大河有水，小河才能满；公司整体盈利，部门才有奖金，这样确保了团队协作、团队奋斗。中期激励机制主要解决员工奖勤罚懒的问题。

（5）股权激励。华为的虚拟饱和配股和 TUP 期权的激励机制解决了员工为谁打工的问题，通过奋斗者分享剩余价值来实现合伙人的企业文化。

2. 权力激励机制，即分权。通过权力的分配来激励大家，解决了员工工作成效的问题

华为会设定很多头衔或者职权，相应地，还有明确的岗位描述和评价机制。最为关键的一点是，针对这些职权，华为会进行充分授权。例如，公司有董事会，下设 4 名副董事长，还有若干董事和监事长、监事等职务。同时，华为还设有各类委员会，包括战略委员会、薪酬委员会、财委会、审计委员会、风险管理委员会等。能够进入这些委员会的员工，不仅意味着拥有了一定的权力，同时也意味着公司对其的一种认可。

华为的轮值 CEO 机制也是一种权力的分配，CEO 的权力会被分配给核心高管。还有各种首席专家、各个事业部总裁、各区域或系统部总裁等，这些头衔在华为都代表着实质性的权力。

3. 荣誉激励机制，即分名。荣誉激励机制解决员工工作意义的问题

华为设置了很多主题突出的荣誉奖项，包括“金牌奖”、“蓝血十杰”、“天道酬勤奖”、“零起飞奖”、“明日之星”及“优秀家属奖”等，它们以员工内在的自我激励为导向。在华为内部的网站上，有一个栏目叫“荣誉殿堂”。在这

里，华为会把各类获奖信息、各种优秀事迹记录下来，供大家随时查阅和学习。任正非本人也非常重视荣誉奖项，很多荣誉奖的奖牌和奖杯都是任正非亲自确定设计方案，并亲自颁发的。

4. 华为狭义的“分钱”，包括薪酬包、固定底薪、奖金包、专项奖金的设定，以及股权激励、补贴等机制的设计

华为总的薪酬包设定如下：

（1）将销售额的15%设定为公司总薪酬成本的控制基线，它能够很好地控制人员规模、人均效益及加薪空间。

（2）加薪包。在人员编制不变的情况下，如果销售额增加，大家的加薪空间就会比较大。所以，每年的加薪包是在总薪酬包的预算约束下，在考虑了人员编制和人均效益的情况下进行设定的。例如，总的加薪包=预算销售额×15%的基线值-上一年的薪酬包-新增的编制薪酬包。

（3）加薪包的部门分配。总的加薪包出来之后，又是如何分配到各个部门的呢？这就要根据公司的加薪包和人员平均薪酬占比、人均效益系数等参数来分配到每个部门。部门则会根据这个加薪包的大小，并结合员工的绩效，来决定给哪些人加薪及加薪的额度等。

（4）固定底薪的确定和调整。华为每个月的固定底薪是如何确定和调整的呢？华为确定底薪的总体原则是定岗定级、以级定薪、人岗匹配、易岗易薪。其中，固定底薪是根据员工的能力和责任，基于岗位价值的薪酬档级表来确定的。在这个薪酬的档级表中，每个员工都有其对应的职级。不像一些企业会因人而设薪酬，对薪酬的调整也没有规则。每当有猎头公司要挖华为员工的时候，他们都要事先了解他在华为的职级。只要知道这个级别，他们基本上就知道这个员工在华为的工资水平和资历水平。所以，华为的这个薪酬档级表，使得公司能够在一个标准下进行薪酬水平的设定，并且可以实现部门之间的横向、纵向流动。

（5）薪酬调整机制。根据固定底薪、易岗易薪、能升能降的原则，华为还有一个薪酬的调整机制。当岗位发生变动时，要实现薪酬的变动，一般有如下

几种情况：

第一，当岗位变动涉及职级上升时，要根据新的职级对应关系来重新套岗入级。但是，华为并不会在易岗的同时立即做出相应的薪酬调整，而是设计了一个考察期。尤其是针对干部晋升，会保留90天的考察期，考察合格后才会调整工资。

第二，在绩效非常优秀的情况下，员工也有调整的机会，公司会在AT会议上对员工加薪进行定期审议。很多公司都有年度加薪的惯例，这不是一个好的机制，因为所有的矛盾都会集中在加薪的时点爆发。因为员工在这之前就产生了心理预期，一旦预期没有达到，就会导致员工和公司的对立。由于公司不愿意面对这种压力，最终会为了利益的平衡做成大锅饭的薪酬调整机制。每个人每年都加一点，如每年加5%～8%，最后导致员工薪酬的差距无法拉开。但是，华为不会在某个时间点上统一加薪，而是采取了不定时的加薪措施，在每个季度都提供加薪的机会。而对于一些优秀的员工来说，一年可能获得数次加薪机会。

第三，在任职资格调整之后，员工也可以获得加薪。在华为，每一个任职资格都与薪酬档级有着相对应的关系。当员工从三级专家晋级到五级专家时，就会触发加薪机制。

第四，普调。华为会根据公司的经营情况，参考外部的市场薪酬水平，进行无差别或有差别化的普遍薪酬调整。

（6）奖金的确定。奖金的多少取决于公司的整体业绩、组织绩效和个人绩效。

华为每年都有内部分红的要求，员工股权投资的平均回报率在25%左右，这就要求设定一个基准的投资回报率，否则员工不一定愿意投资。再者，如果投资得不到合理的回报，华为也没有办法向员工交代。例如，当年度净资产的规模达到100亿元的时候，假如设定净资产的最低回报率基线是15%，即意味着，公司有超过15亿元的利润之后，知识资本（价值创造者）和货币资本分享超额利润，超额利润优先向价值创造者分配，这样就平衡了资本和劳动方的利益。在提取总的奖金包以后，公司就可以根据部门价值系数、组织绩效和个人绩效等进行分配。这就是华为奖金包的确定和分配机制。

（7）专项奖。专项奖主要是针对战略贡献、长期贡献和关键任务来设定的，主要包括重大项目或者某些新领域、新技术、新市场的突破，还有重大的管理改进贡献等。华为会根据不同的项目设置不同的奖励金额，其表现形式可以是团队的，也可以是个人的。它们可以是公司主动授予的，也可以是来自团队或个人的临时申请。华为每年会确定专项奖的预算包，并确定一些奖励的方向，在企业经营的过程中可以随时进行申报和评定。

（8）福利和补贴。按照经典的激励理论，福利和补贴，给了不一定满意，不给一定会不满意，所以，称为“保健因素”。华为对福利和补贴都进行了差别化设计，使其成为了差别化地倾向奋斗者的一种激励方式。例如，在海外，华为设置了离家补贴，它是按照工资的一定比例来发放的；还有艰苦补贴，主要用于补贴那些在环境艰苦的国家或地区工作的员工；另外，还有高原补贴、战争补贴等，以上均可叠加在一起发放。此外，华为的补贴还包括一些伙食补贴、退休补贴、辞职补贴等。

（9）股权激励。华为实行全员持股。股权激励是华为重要的激励制度，也是华为持续吸引优秀人才的重要手段。

激励本身只是手段或工具，并不是目的。激励的核心是要使员工能够实现自我激励，在自我激励下产生高绩效，做到无须扬鞭自奋进。为什么国内一些企业，墙上挂着高大上的愿景、使命和价值观，但是，劳资关系却异常紧张呢？造成这种问题的主要原因是在落后激励机制的导向下，员工被迫一切向“钱”看。企业在描绘未来蓝图时，特别有理想、有情怀，但在实际落地时，尤其是在涉及分钱的时候，要么斤斤计较，要么用钱强刺激。这些都是不科学的分钱方式，会扭曲企业和员工的价值观。

面对人性的多变性和业务场景的多样性，企业在设定激励机制时不能采取“一刀切”这种简单粗暴的分配机制。很多企业的做法比较随意，销售部门基本采用提成制，中后台部门基本采用定额制，激励机制方法非常单一，没有针对性。

任正非说：“二十多年来，我最重要的工作就是选人用人、分钱分权。把人才用好了、干部管好了，把钱和权分好了，很多管理问题就解决了。”

对管理者来说，如何“分好钱”是一门必知必会的学问。搞懂薪酬管理，可以让企业付出的薪资发挥最大的作用，提升企业的效益。当然，薪酬管理的本质不是“大锅饭”，不是劫富济贫，不是平均主义；而是能者多劳，多劳多得，保障强者利益，让平庸者向强者过渡，让弱者自动淘汰。管理者规划薪酬体系时，本着这一原则，才能让薪酬成本合理化、回报最大化。员工自动自发，企业才会有生命力和竞争力，这样才能最终达到“分好钱”的最初目的。

“肯给”养出最拼团队

经常有人问我：任正非为什么能凝聚 18 万名知识型员工，做到“枪声”就是命令，指东打东，指西打西？我的回答是五个字：分钱分得好。

任正非说：“分钱分得好，员工有干劲。”员工能否干成一件事情，取决于两个因素：能力和意愿。华为员工的整体能力水平在业界是比较高的，所以如何把他们的能动性激发出来很关键，而这其中的关键点是如何使员工把公司的事变成员工自己的事。

任正非从 20 世纪 90 年代开始构建虚拟股权制度和随着市场环境变化、员工代际不同而演变的 TUP 激励机制，以及狙击战略竞争对手的重大项目奖机制，破格晋升提名制等。

利己是人性的本质特征之一，只是有些人通过利己的手段实现利己，有些人通过利他的手段实现利己。我们很多人选择了前者，而任正非却选择了后者。

华为把 99%的股权开放给员工，除了不能表决、出售、拥有股票，股东可以享受分红与股票增值的利润。并且，华为将每年所赚取的净利，几乎是 100%都分配给股东。

高分红和奖金是华为吸引人才的重要手段之一，这样既能激励新员工，又能留住管理人才。

2010 年，华为净利高达 238 亿元，配出了一股人民币 2.98 元的股息。若一名在华为工作 10 年绩效优良的资深主管配股可达 40 万股，那么他在这一年仅股利就将近 120 万元。这个数字，比许多外商公司的高级经理人还要高。

2017 年，华为实现销售收入 6036 亿元，同比增长 15.7%，净利润 475 亿元，同比增长 28.1%。这一年，华为拿出了 400 多亿元发奖金和分红。

华为一位 20 级的管理层的老员工，大概有 100 万虚拟股。按照 2016 年的分红比例，100 万股能获得 283 万元的分红（102 万元现金+价值 181 万元的虚拟股票）。

一位刚毕业的研究生，去华为做技术工程师，通常定级为 13 级到 14 级。工作满 1～3 年后，符合业绩指标的即可配股，配股通常为 5 万至 10 万股。若按照此次的价格粗略计算，税后总分红最高可达 20 万元。

有说法称入职华为后 3 年内收入基本靠工资，之后分红逐步可观，工资也就逐步变成了零花钱。因此，华为的虚拟股一直被内部员工视为“摇钱树”。

如何分辨你是老板级的员工还是打工级的员工呢？在华为，从你的薪资账户就能略知一二。

俗话说“重赏之下必有勇夫”。华为的“肯给”，培养出一支能吃苦耐劳、艰苦奋斗、勇于拼搏的狼性团队。

从欧洲到非洲，从亚洲到美洲，从珠峰到海底，无论是面临战乱、疾病还是自然灾害，都能看到华为人挺身而出的身影。别人看到的是光环，看不到的是华为人连接世界的梦想、持续的艰苦奋斗和执着的追求。他们也许会面临挑战、遭受挫折、经历失败、遇到迷茫，但他们永不言弃、拼尽全力，哪怕只有一线希望，都会紧紧抓住，变不可能为可能。这就是华为人的信念和价值观。

艰苦奋斗是中华民族的优良传统，也是华为成功的秘诀。试想，如果没有华为，西伯利亚的居民就接收不到信号，非洲乞力马扎罗火山的登山客就无法找人求救。就连我们到巴黎、巴西、悉尼等地，一下飞机接通的信号，都是华为的基站提供的。8000 多米的珠峰，零下 40℃的北极、南极及穷苦的非洲大陆……到处都可以看到华为人奋斗的身影。

现在华为奋斗在一线的骨干，特别是在阿富汗、也门、叙利亚等艰苦地区工作的骨干，大多都是 80 后、90 后。

在华为，有员工为了在高原缺氧地带打开局面，爬雪山，越丛林，徒步行走了 8 天，为服务客户无怨无悔；有员工在国外遭歹徒袭击，头上缝了 30 多针，康复后马上投入工作；有员工在宿舍睡觉，半夜歹徒破门而入拿枪顶着员工进行抢劫；有员工在拉美某地的班车上遭遇歹徒持枪抢劫；有员工即使是运送货物，也经常需要雇用特殊人员护卫；有员工在飞机失事中幸存，惊魂未定又救助他人，赢得当地政府和人民的尊敬；也有员工在恐怖爆炸中受伤，或几度身患疟疾，康复后仍继续坚守岗位。

一位曾在海外奋斗多年的华为高管对我说：“从太平洋之东到大西洋之西，从北冰洋之北到南美洲之南，从玻利维亚高原到死海的谷地，从无边无际的热带雨林到烈日炎炎的沙漠……我们远离家乡和亲人，只为了让网络覆盖全球。数万中外员工，奋斗在世界的每一个角落，只要有人的地方就有华为人艰苦奋斗的身影，我们肩负着为近 30 亿人的通信服务的职责。责任激励着我们、鼓舞着我们。”

多元化的激励机制

华为在员工激励上采用物质激励和精神激励相结合的方法，并收到了显著成效。

任正非说：“物质激励的边际效用是递减的，精神才是激发人性积极进取的重要力量。在公司发展的前 20 年，我们以物质激励来促进精神文明，让绝大多数骨干脱离了贫困。现在，我们一方面要坚持过去的分享制不动摇，另一方面要加强精神文明建设，建设一支有使命感、负责任、有能力、愿奉献的生力军，去为人类社会做出更大的贡献。我们要敢于用愿景去挑战自我，驱动奉献和投入，激发人性中积极进取的力量。古今中外所有做出成就的人，都有高度的精神渴求，苏格拉底、贝多芬、爱迪生、曹雪芹、乔布斯、梵·高、达利……他们都是由责任和意识驱动了人生。”因此，华为建立了灵活多变的多元化激励机制。该激励机制有以下四大特点：

第一，多重。华为员工激励机制的内容包括工资、奖金、分红、专项奖金、艰苦补贴、离家补贴等。也就是说，员工的经济收入包含多重结构。

第二，多次。华为的收入分配，既包括月度的，也包括季度的和年度的，甚至还包括跨年度的（TUP 期权）和不定期的。例如，专项奖就会根据其原则和标准进行不定期的多次分发。

第三，多种。激励的形式不仅包括金钱，还包括荣誉、晋升、职级及一些成长机会等。这些都属于分配的内容。

第四，多人。华为的分配或激励形式会尽可能地覆盖到大部分员工，例如，在华为内部有一个非常有名的荣誉奖，叫“明日之星”。“明日之星”基本会覆盖 80%的员工，尽可能地激励到每一个人，营造人人争做榜样的氛围。

第五，多场景。华为的业务非常复杂。在不同的业务场景之下，华为采用不同的激励方式来匹配，尽可能做到精准激励。多元激励主要包括如下四个方面：

一、文化激励

文化是企业的灵魂，为大家所认同的文化具有极强的凝聚力。文化激励在华为的创业初期曾经发挥了重大的作用。创始人任正非在早期的一个目标是：华为有一天会变成一个世界一流的企业，华为人将为此坚持不懈。于是，华为上上下下萦绕的都是任正非的这种理念。这种精神激励是华为早期飞速发展的推动力。经过多年的积累，华为建立了具有自身特色的企业文化。

一是“奋斗文化”。“以客户为中心，以奋斗者为本，长期坚持艰苦奋斗”是华为的核心价值观。任正非倡导并建立起了这种“奋斗文化”。任正非说：

“艰苦奋斗是华为文化的魂，是华为文化的主旋律。我们任何时候都不能因为外界的误解或质疑动摇我们的奋斗文化，我们任何时候都不能因为华为的发展壮大而丢掉了我们的根本——艰苦奋斗。”

“胜则举杯相庆，败则拼死相救”正是华为团队合作和艰苦奋斗精神的充分体现。在这种精神的激励下，华为 18 万名员工团结一心，为构建全连接世界而奋斗不止。

二是“家”氛围。华为一直强调“企业就是家”的理念，让员工时刻感觉到自己是在为自己的家服务，将企业文化建设融入 8 小时的日常管理中。在 8 小时之外，华为努力丰富企业文化与生活，使家庭成员在文化活动中增进彼此的情感，提高员工的工作质量和思想境界，从而进一步提高 8 小时之内员工工作的协作精神和创新意识。

三是“战马文化”。“要让马儿跑，先给马儿吃草”。华为探索出了一整套关于知识劳动者的管理理论，即把“秀才”改造为“战士”，把“野马”训练成“战马”，从而推动华为走向成功。

“战马文化”是华为 20 多年来既具有活力，又具有秩序性的极为重要的组织性格，也是华为的战斗力所在。

二、物质激励

在当今的人力资源管理中，物质激励仍是一种人才激励的重要手段。华为作为当今我国高科技企业中的佼佼者，是中国民营企业里员工收入最高的公司之一。华为的高薪一方面使得优秀的人才向华为聚集，另一方面也调动了人才的积极性。

物质激励是必不可少的。近年来华为在国内各大名牌大学招聘到大量的优秀学生，完全归功于“撒手锏”——起点高薪，也就是华为所说的有竞争力的薪酬。这种竞争力体现在，华为员工的薪资一般要高于行业平均水平，所需人才一旦被聘用就能享受优于同行业的薪资待遇。

华为实行基于能力的职能工资制，员工的工资不仅与其业绩挂钩，还与其工作态度、责任心和能力挂钩。

华为实物收入的分配和奖励形式有工资、奖金、退休金、股金等。其中工资是职能工资制；奖金的提取与利润挂钩，其分配是根据贡献与责任来进行的；退休金与工作态度挂钩；股金与贡献、责任和工龄挂钩。同时，华为采取按劳分配与按资分配相结合的分配方式，并始终认为劳动、知识、企业家和资本共同创造了公司的全部价值。在具体的物质奖励中，既要保证短期的激励，也要保证长期的激励，并真正把激励落到实处。

三、精神激励

物质激励的作用毋庸置疑，但精神方面的激励也是必要的，是员工更高层次的需要。企业在进行物质激励的同时，也要注重对员工的精神激励，这样才能使员工产生荣誉感、成就感和自豪感，从而充分激发出员工的积极性和创造性。对于知识型员工来说，他们需要追求个性的发展，获得更大的发展机会。

公司为员工提供了大量的培训、参观和学习的机会。华为的员工不再被看成雇员，不是用过后就可以被丢弃的对象，而是公司的主人，随着公司的成长而发展。作为主人，员工在企业内更应该享有建议权、质疑权和获得帮助等权利。公司开放资源，员工在有需要时就能够很方便地得到企业资源的滋养，因而更容易获得成长的机会。

另外，华为内部设立了各种各样的奖励，公司还专门成立了一个荣誉部，负责对员工进行考核、评奖。金牌员工奖占员工总数的 5%，各级管理者根据各种量化指标从上到下进行评比。华为要给“火车头”加油，让 5%的人作为“火车头”，来引领十几万华为人的巨型商业“火车”。

华为的每一个奖项，都有其设计的目的，并且有相应的评选标准，比如：

（1）金牌奖分为个人金牌奖和团体金牌奖。设置的目的是激励持续为公司的商业成功做出重大或突出贡献的团队或个人，这是公司授予员工的最高荣誉性奖励。个人奖是从每 100 人中评选出一人，团队奖是从每 400 人中评选出一个金牌团队。

（2）“天道酬勤奖”设置的主要目的是激励长期在外艰苦奋斗的员工。在海外累计工作了10年以上的员工，或者是在艰苦地区连续工作6年以上的员工，或者是承担全球岗位的外籍员工，以及全球流动累计10年以上的人员都可以参评。

（3）“蓝血十杰奖”是华为管理体系建设的最高荣誉奖，旨在表彰那些为华为管理体系建设做出过历史性贡献的个人。没有历史，就没有未来。华为通过对“蓝血十杰奖”的授予，让更多的人铭记历史，并在“蓝血十杰”精神的感召下，努力建立一个严格、有序而又简单的管理体系，支撑华为“多打粮食”。所以，“蓝血十杰奖”从本质上来讲只是一个追认机制，它是对历史性贡献的肯定。尽管有些贡献在当期并没有得到认可，但是经过时间和历史的检验，某些员工过去的工作确实为华为后来的发展做出了巨大的贡献，最后通过“蓝血十杰奖”进行追认。

（4）面向未来的“明日之星奖”。“明日之星奖”设计的目的主要是营造一种“人人争当英雄”的文化氛围。有人的地方就有英雄，因此，华为对“明日之星”的评选并不追求完美，主要针对那些刚入职不久的员工。只要他们身上有闪光点，并且表现出符合华为价值观的一些行为，就可以参加民主评选，其覆盖率可以达到80%以上。

华为的“明日之星”由群众民主投票选举产生，数量为员工总数的20%。有人认为这不符合激励的原则，组织激励的要素是小比例激励或者称为“活力28曲线”。任正非却坚决认为：“肯定大多数进步的人、孤立极少数落后的人，也是一种激励办法。毛泽东曾有诗句称‘六亿神州尽舜尧’。这句话背后的深刻哲理是，我们要承认大多数人是优秀的。华为也认为18万名员工多数是优秀的，他们都是经过层层考核、筛选出来的优秀人才，他们绝大多数都应该是华为的‘明日之星’。”

图10-1为华为总裁任正非与华为2017年度金牌员工代表合影。

图 10-1　华为总裁任正非与华为 2017 年度金牌员工代表合影

（图片源自华为官网）

只要员工在某一方面有进步，就能得到一定的奖励，华为要对员工点点滴滴的进步都给予奖励。

华为的荣誉奖有两个特点。第一，面广人多，所以员工很容易在毫无察觉的情况下得知自己获得了公司的某种奖励。只要你有自己的特点，工作有自己的业绩，就能得到一个荣誉奖。第二，物质激励和精神激励紧紧绑在一起。只要你获得了任意一个的荣誉奖，就可以随之得到一定的物质奖励。而且荣誉奖没有上限，如果你每年都能在华为拿几个奖，那你的奖金一定不菲。

除了这些，华为还把职权作为员工晋升的通道和奖励的形式。在华为，岗位不单单是权力的象征，也是收入的象征，华为把职权和收入捆绑在一起。另外，职权的激励在华为是非常重要的，为华为留住人才起到了非常大的作用。通过给予部分员工一定的岗位，公司为员工提供了晋升的机会，从而使员工有更强烈的进取心。这样还可以提升员工工作的满意程度，获得员工的认同感与忠诚度。良好的氛围是华为宝贵的财富。其实在良好的氛围中工作，本身就是一种奖励，有员工就表示，这种良好的氛围正是华为吸引他们的最大原因。

在通常的观念中，工作被看成谋生的手段，是为了索取报酬而必须付出的代价。工作和生活在内容上、时间上都有明确的分界线。华为正在改变这种观念，努力让大家把公司当成一个大家庭，让大家意识到工作是为了共同的事业。

华为采取灵活多变的方式来增加工作的趣味性。例如，选择高级的度假酒店来召开会议，让员工感觉到工作其实也是一种享受。又如，华为给予工作小组一定的活动经费，鼓励他们下班后走出公司去共同活动，而不是各回各家。他们聚集在一起可以进行打球、聚餐等多种多样的活动。华为的这些做法是聪明的，有效地提升了员工工作的满意度。

现在很多企业都在讲激励，但很多都是非物质激励。任正非认为这样太吝啬了，在他看来，物质奖励和精神奖励相结合，让优秀员工名利双收，这是创新，也是最有效的激励方式。

国内外很多企业都能给出竞争性的薪酬待遇，从物质利益角度激发员工动力，但往往容易忽略在企业面临危急时发挥重要作用的精神利益。对员工进行精神激励是一项深入细致、复杂多变、应用广泛、影响深远的工作，不仅考验了人力资源管理对员工心理需求的把握，而且更多的是营造一种企业与员工共同认可的且可触摸的集体价值和文化。

华为采用物质激励与精神激励相结合的方法。物质激励是基础，精神激励是根本，在两者结合的基础上，以精神激励为主。华为取得今天的辉煌业绩，与其所推行的高工资制和激昂的精神教育是分不开的。

四、其他激励

（1）科学的职业生涯规划

华为深知职业规划的重要性，因此，也为自己的员工制订了职业生涯规划，使员工能够更好地把握自己的事业目标，不断向着正确的方向前进。对新员工，华为给予丰厚的物质激励，并提供富有挑战性的任务，以最大限度地激发员工的斗志与激情，协助员工寻求未来在职业生涯上的成功。

（2）完善的绩效考核管理

在华为，每年年初员工都要制订绩效目标，然后，根据这个目标由直接主管对他进行不定期的辅导，并考核目标完成的情况和存在的问题，在六、七月份做回顾和反馈，最后才是年底的评估考核，并把绩效结果和激励机制相挂钩。

在考核结果全部集齐送到管理者手中之后，管理层就要着手做纵向与横向的比较，并通过多向的沟通与反馈，得出考核结果。这样的考核结果更加公平，也让高度追求公平感的员工心理得到了平衡。

（3）良好的用工环境

作为一家业务遍布170多个国家和地区的全球化公司，华为充分整合全球优质资源，打造全球化的价值链，通过本地化的合规运营，与全球合作伙伴和客户分享价值。在执行人力资源管理政策、制定和实施本地管理制度时，严格遵循当地的法律法规和行业规范的要求，并注意尊重本地的习俗和惯例。

华为注重本地化人才的管理和培养，提升本地化运营效率，促进就业和增加税收，对当地社会发展做出贡献；注重加强与政府、媒体等外部利益相关部门的沟通和交流；持续做创新社会的使能者及合作共赢的产业贡献者。

华为规定招聘、晋升、薪酬等方面不应有种族、性别、国籍、年龄、怀孕或残疾等方面的歧视。华为明确禁止使用强迫、抵债或契约劳工，并在企业招聘、用工和离职等重要环节上都做了详细且合理的规定，在具体实践中杜绝了使用强迫劳工的现象。

华为尊重员工依法享有的自由结社和集体谈判的权利，不反对员工在自愿及不违反当地法律的基础上，参加当地合法注册的工会的合法活动。不因员工参加此类活动而对其进行骚扰、歧视、胁迫或者报复。

此外，华为还通过员工关系部收集和了解员工的意见和建议，建立畅通的沟通渠道。员工还可以通过道德遵从委员会（CEC）投诉热线、人事服务投诉和建议受理热线等进行相关问题投诉。

在深圳，没有人不知道华为。华为园区绿意盎然犹如森林公园，绿化程度高达40%以上，园区中心还有一个人工湖。

园区的建筑物更令人惊讶，园区拥有Villa般的员工训练中心、博物馆般的办公室、美术馆般的展示厅，以及提供三大洋、五大国料理的员工餐厅。当我们看到这些，仿佛来到了美国硅谷，整个园区充满了大学城般的活力。

华为有3个大型的员工公寓——深圳总部的百草园、荔枝苑和东莞的松山湖。百草园内树木葱郁，绿草如茵，景色宜人，生机勃勃。除了园林式的小区环境，超市、饭店、图书馆、美发厅、艺术中心、会所、运动场地等设施一应俱全。洗衣房提供随时上门服务，员工在公寓内，不管是购物还是吃饭，一张工卡全部解决。居住在华为的员工公寓内，如度假般惬意自在。这对于那些整日忙于技术研究，无暇顾及自己日常生活的研究人员来说，无疑是一个很大的福利。

华为深圳总部百草园员工公寓如图 10-2 所示。

图 10-2　华为深圳总部百草园员工公寓（余胜海/摄）

华为松山湖总部基地总投资金额为 100 亿元，于 2014 年 9 月动工，2018 年 7 月投入使用，占地面积为 126.7 万平方米（约 1900 亩）。松山湖基地的景色非常优美，房屋全部是欧式古堡建筑风格，基地建有 12 个欧式小镇，拥有 5.6 千米的有轨电车线路，围绕 12 个建筑设立站点，使员工在不同区域之间可以乘坐小火车上班、开会或培训，非常方便。

华为松山湖基地办公区一景如图 10-3 所示。

图 10-3　华为松山湖基地办公区一景（余胜海/摄）

松山湖基地建成后将有 3 万名研发人员聚集于此，同时公司还计划把华为大学、研发中心等功能载体搬迁至松山湖，并在松山湖为员工提供低价的配套住房。

为了最大限度地方便员工出行，华为印制了一本《东莞行政服务指南》。在这本指南中，从园区布局、餐饮分布、小火车路线、班车路线到周边住房、社区服务等各类信息一应俱全。

松山湖基地不仅有住房，还有学校。华为投资控股有限公司投资、主办清澜山学校，由清华大学附属中学负责教育教学管理，学校提供从幼儿园、小学、初中到高中的 15 年全学段的国际品质教育。

华为松山湖员工公寓如图 10-4 所示。

图 10-4　华为松山湖员工公寓（余胜海/摄）

2018 年首批交付的园区有 8 个，分别是 E 区格拉纳达、F 区巴黎、G 区维罗纳、H 区克伦诺夫、J 区瑞士弗里堡、K 区法国勃艮第、L 区海德尔堡、M 区博洛尼亚，停车位有 6735 个，食堂用餐服务商有 35 家。

园区设有穿梭车前往坂田、南方工厂等地，也设有东莞与深圳之间的通勤车，可前往科技园、坂田等地。

（4）完善的员工保障体系

华为建立了完善的员工保障体系，为全球员工构筑起全覆盖的“安全伞”。员工保障由社会保障、商业保险及医疗救助 3 个部分组成。除各地法律规定的各类保险，华为还为全球员工提供人身意外伤害险、重大疾病险、寿险、医疗险及商务旅行险等商业保险，并设置了特殊情况下的公司医疗救助计划。通过社会保障、商业保险和医疗救助 3 种不同类别的保障机制有机结合的运作方式，有效解决了员工保障问题。

2017 年，华为全球员工保障投入为 126.4 亿元（约 18.7 亿美元），较 2016 年增加约 12%。

全球各地突发的自然灾害、重大疾病及一些地区不断恶化的安全形势等，都可能对员工的健康乃至人身安全造成重大的影响。华为在任何时候、任何情况下，都坚持员工生命安全第一的原则，并且倡导员工生命重于一切的理念。华为致力于保障员工的健康和安全，并与国际大型保险公司、紧急救援机构合作，在全球范围内为员工提供 7×24 小时的保障，并根据具体的业务场景不断进行优化和重新组合，通过这样一套“组合拳”，最终实现了精准激励和持续激励。

任正非是一位激励大师，30 多年来，他在组织内部充分释放权力，注重思想建设和团队激励，使团队从上到下有活力、有激情。走进华为，可以鲜明地感受到华为人惊人的相似之处。当谈到业务和客户时，他们都很兴奋，背后的原因除了财富、权力、成就感的激励，还源自多年来华为的组织文化建设始终呈现着多样性、丰富性、变化性的特点，从而激发出了员工的“洪荒之力”。

第十一章

价值创造：客户成功，才有华为的成功

客户的利益所在，就是我们生存与发展最根本的利益所在。我们要以服务来确定队伍建设的宗旨，用顾客满意度作为衡量一切工作的准绳。实现公司的可持续发展，归根结底是要不断满足客户的需求。只有客户成功了，才有华为的成功。

——任正非

以价值评价为支撑，实现价值的良性循环

华为的奋斗者工程就是基于价值创造、价值评价和价值分配的闭环来打造“以客户为中心，不与客户争利；以奋斗者为本，不让奋斗者吃亏”的奋斗者文化。华为的目的就是全力创造价值、正确评价价值、合理分配价值，并围绕这个价值环，以价值评价为支撑，实现价值的良性循环。

一、华为的价值评价

华为的价值评价有一套相对完整的体系，包括基于 PPC 和 KPI 的绩效管理体系，基于岗位描述与评价的岗位管理体系，基于认知能力与素质的任职资格管理体系，基于劳动态度和关键事件的价值观评价体系，基于组织绩效目标评价的年终述职体系，基于能力绩效、素质、品德的干部评价体系。

以上多维度的价值评价体系只是评价的工具，最后还要落实到对某个具体人的评价上。很多企业都是凭印象或者凭关系来评价员工。在员工价值贡献评价中，如何保证评价的相对客观公正性？华为是如何做到的？

华为把对人和对事的评价与决策进行分离，并且其运作机制从某种意义上来说是相互矛盾的，这也正是它的独到之处。例如，对人的评价，华为主张宜粗不宜细，不能用显微镜来评价；对事情的评价，华为则主张宜细不宜粗。

在华为内部，对人和对事的评价，分别由 AT 团队和 ST 团队进行操作。AT 团队是由来自 ST 团队的核心成员组成，负责所有对人的评价与决策，包括调动、晋升、薪酬调整、配股等。ST 团队负责经营决策，所有业务层面的讨论与决策均由 ST 团队进行。这两个决策机制不一样，管人的 AT 团队的决策机制是从众不从贤的民主集中制，而管事的 ST 团队的决策机制是从贤不从众的首长负责制。

华为这样的安排是非常科学的，因为对人的评价相对复杂，不容易把握，需要由集体决策。同时，也可以避免任人唯亲、拉帮结派的现象。华为现在还会对 AT 的会议进行全程录音，必要时可以进行事后检查，用以监管、监察是否有违规行为。而业务的决策，华为主张首长负责制，以责任结果为导向。华为的这套价值评价体系，使得华为基于价值贡献的多元化激励机制得以有效运行。

二、华为的价值分配

华为的价值分配有两个基本的机制，一个是获取分享制，另一个是评价分配制。这两个机制在某种意义上是互相对立，互相补充的。对于业务部门为公司创造的效益，公司按照一定的比例与团队进行分享，称为获取分享制。但是，获取分享制往往不能适用于没有经济效益或暂时无法评价经济效益的业务场景，如新业务、新区域等。

与获取分享制相对的，是评价分配制。评价分配制是根据一定的标准或者基线，确定出相对固定的分配模式的一种分配机制。它与所创造的经济效益不直接关联。其表现形式为岗位工资、定额奖金、专项奖、补贴，或干部晋升、荣誉评选、任职资格的认定等。

有些企业非常喜欢采用提成制，以包代管，结果，大家都削尖脑袋想去肥沃的市场，而一些新的区域或者竞争激烈的市场则无人问津。这并不难理解，一个短期内很难打开局面的市场或者新业务，如果基于销售业绩或者基于利润贡献来进行分配，显然有失公允，所以，一些优秀的人是不愿意去这种地方的。

为了实现精准激励，华为设计了两种并行的分配机制，在一些获取分享制难以施行的艰苦地区、环境特别恶劣的市场和新业务板块等，采用了评价分配制，即提前设定一个基准奖金包，平衡“瘦”的市场与“肥”的市场，并基于这个基准奖金包，在设定一些关键的考核事项时进行适当调整。华为提出，激励方案设计的基本导向就是一国一策。每个国家的情况不一样，激励方案就不一样。这就是基于价值贡献的原则设计的有针对性的激励方案。

以客户为中心，为客户创造价值

在当今中国企业界，恐怕没有人比任正非更了解“以客户为中心”的必要性和重要性了。在他看来，客户不仅是上帝，更是自己的衣食父母，只有坚持以客户为中心，持续为客户创造价值，公司才能实现持续有效增长。

华为的核心价值观的第一条就是“以客户为中心”，讲的是价值创造的目的。回顾华为 30 多年的成长史，华为由弱变强，客户才是华为的唯一依靠。为了给客户创造价值，华为不仅把员工与公司的利益绑在一起，就连客户也成为其生命共同体。

这个时代通行的生命法则是“无依则生，有依则活”。华为创立之初的实力很弱小，而它面对的竞争对手却是拥有雄厚资金与技术实力的国际巨头，所以，华为注定了要在争取客户的道路上付出艰辛与努力。

“以客户为中心”，在华为不只是一个口号，华为把这个基本主张通过制度、流程变成每个人的自觉行动。

华为消费者业务 CEO 余承东回忆说，20 世纪 90 年代初，围绕着是否投资小灵通，华为内部争议很大。一直到前不久，我还听到一位离开华为的高管在某论坛上说：“华为曾经犯下错误，就是太自以为是了，没有顺着客户的需求，导致错过了小灵通。”而余承东非常坚定地说：“华为恪守一切‘以客户为中心’的价值观在小灵通事件上完美呈现出来。当时任总坚持认为，小灵通模式是注定要被淘汰的通信模式，中国更需要 2.5G 和 3G。于是，华为坚定长远投资。而当时国内市场只对小灵通技术开放，国外市场还没有被开拓。在这样的背景下，华为被逼从零开始去开拓国际市场。那份无奈和艰难，很难用语言表达。”

为了客户的利益，华为坚持自己的投资方向。没过几年，小灵通就被淘汰了。华为虽然没有在小灵通市场上赚到钱，但是却修炼了一颗“以客户为中心、为客户创造价值”的恒心。

坚持以客户为中心、持续为客户创造价值，是华为获得增长的主要原因，而核心是基于客户需求的持续创新，把这种创新植入品牌特质。华为致力于洞察和把握行业趋势，围绕客户需求持续创新，构筑起强大的技术实力，以领先的产品和服务为客户持续创造价值。

“以客户为中心，为客户创造价值”这句话说起来容易，事实上，很多公司嘴上说维护客户的利益，实际上是在维护自己的利益。

很多人对通信行业缺乏了解，通信产业因为技术标准、频率波段不同，会衍生出不同的产品。一个电信商可能会为了满足消费者，用到 3 种技术标准，采购 3 套不同的机台，其中安装与后续维修费用，甚至高过单买机台本身。

从一个制造商的角度出发，他们当然希望客户买更多套产品，才能赚取更多的服务费。但华为走了一条逆向的路：帮客户省钱！华为反过来站在电信商的角度思考，主动研发出把 3 套标准整合在一起的设备，帮客户省下了 50%的成本。

从短期来看，华为可能会有亏损，但从长期来看就不见得了。客户省下的钱，可以用于其他投资，从而赚来更多的钱，这样再回来跟你合作，双方一起成长。“当他只能赚一块钱的时候，肯定无法分给你一块五。若他能赚到五块钱，你才有机会分到两块甚至三块”，任正非道出一个简单的商场互利的逻辑。

任正非解释说：“许多技术创新就是从这个过程中得来的，华为是第一个把 2G、3G、4G 打通的公司，靠一套设备就能提供多面融合服务。”当客户提出问题或需求时，华为的工程师就会回过头去从基础科学中找寻答案，由此不断产生新产品与专利。

随着 4G、5G 网络建设的逐步完善，以及高带宽接入、ALL-IP 融合技术的发展，用户最终将获得无缝的、融合的宽带业务体验。在电信与互联网融合的时代，如何延伸运营价值成为华为和运营商共同关注的问题。

在基础设施上，华为可提供模块化数据中心和集装数据中心。在硬件资源上，华为可提供和 GPGPU、PHI 配合的刀片服务器与机架服务器，以及各种形态的存储设备、IB 交换机和 GE 交换机。在软件层面上，华为除了提供高效的集群管理和设备管理软件，还和众多高性能集群软件与应用软件厂商合作，对当前成熟的 HPC 商业产品、部件进行集成测试和调优，提供最适合用户业务特征的高性能解决方案。同时，华为将在电信领域的服务能力迁移到高性能计算领域，提供了从咨询规划、建设部署、迁移整合、定制开发到灾备保障等全生命周期管理的专业服务。

在华为，任何产品一经立项就成立由市场、开发、服务、制造、财务、采购、质量人员组成的团队（PDT），对产品整个开发过程进行管理和决策，确保产品一推到市场就能满足客户需求。产品一旦推向市场，全流程各环节都需做好准备。这样就摆脱了开发部门只开发产品，销售部门只销售产品，制造部门只生产产品，服务部门只安装和维护产品的割裂状况，同时也摆脱了产品推出来后，全流程个别环节不知道或没有准备好的状况。

例如，印度尼西亚的 M8 项目是华为在海外的第一个融合计费项目，也是通信业界屈指可数的真正的融合计费项目之一。出于对华为的信任，客户把在全网搬迁原有计费系统的项目交给了华为，但也提出了在 6 个月内交付的要求，这个交付期限几乎只有常规期限的一半。

任务如此艰巨，无论是一线工作人员还是总部支持团队，都在工作上和心理上承受着巨大的压力。华为前后派出四五批研发专家团到现场与客户交流，其中有两次规模较大，每次都有 20 多人的专家队伍到场。其根本目的就是要弄清楚客户的真正需求，这样才能实现最终的优质交付，才能体现出华为一贯坚持的“实现客户梦想”的基本原则。

双方五六个团队封闭在酒店里，白天开会，晚上就要输出会议纪要，并进行相互确认。在此过程中，华为的本地员工发挥了很大的作用，他们既是一线工作人员，又担任了翻译的角色。研发部门也非常卖力，对客户提出的问题，他们都尽可能地给予现场解答。对于客户提出的要求，他们也会仔细地分类整理为可以做的、必须做的、没必要做的、无法做到的，然后坦诚地与客户进行沟通，直到最终达成一致。

由于准确把握了客户的需求，并突出了重点，确保了进度，该项目最终成功地按期交付使用，并获得印度尼西亚合作方极高的评价。

客户的需求就是华为不断前进的最大动力。在2G、3G时代，华为走的是中低端市场路线，但是在4G、5G时代，华为抢占了很多高端市场。从低中端市场向高端市场转变的过程中，华为在LTE（通称3.9G）领域投入了更多的精力和人力，力求能够更加准确地把握客户需求，并对这些需求进行快速响应。

据了解，华为和沃达丰、Telefonica、法国电信、德国电信、软银等运营商建立了联合创新组织。华为安排了非常多的专家，到客户的办公室去讨论未来的网络发展需要什么技术。如果擦出了创意的火花，华为都会有团队去响应这个创意。因为客户没有研发机构，一些设想无法实现，但是华为可以帮助他们实现。为此，华为投入了很多的精力、物力、财力。华为认为这些付出都是值得的，并且是有回报的。

此外，各家运营商的需求各有不同，“一招鲜吃遍天”的方式显然行不通，而差异化成了华为满足用户需求的另一个关键。欧洲的客户，如沃达丰，就觉得它的站点越来越复杂，频点数越来越多，华为便为其提供了一套站点简化的解决方案；日本软银的网络越建越密，干扰问题随之而来，华为提供的解决方案既解决了干扰问题又提升了网络容量；芬兰地广人稀，华为便为其打造了一套传播距离远且网络覆盖率高的解决方案。

现在，从挪威的“全球最北端”，到澳大利亚的“全球最南端”；从冰天雪地的俄罗斯，到菲律宾的热带雨林，再到纳米比亚沙漠地带……华为LTE的足迹遍布全球五大洲。截至2015年，华为已与世界各地运营商签署了700多个LTE商用合同，开通了200多张LTE商用网络，其商用网络的数量位列业界第一。华为LTE进入全球100多个首都城市及九大金融中心，包括伦敦、新加坡、苏黎世、首尔、东京、日内瓦、多伦多等，已助力韩国LGU、英国EE、德国电信、西班牙电信、日本软银、沃达丰、沙特电信、阿联酋电信等全球领先的电信运营商开通了LTE商用业务。

坚持以客户为中心、持续为客户创造价值，是华为获得成功的主要原因。

30多年来，华为高度重视客户的需求，在帮助客户获得最大商业成功的同时，华为也由弱小一步步走向强大。

在价值创造问题上，很多企业存在一个误区，它们不明白这个道理：越是从利己的动机出发，越是达不到利己的目的；相反，越是从利他的动机出发，反而越能使自己活得更好。任正非显然深谙此道，所以他说得更彻底："为客户服务是华为存在的唯一理由。"

企业价值是靠什么创造出来的？在任正非看来，资源是会枯竭的，唯有文化才会生生不息，一切工业产品都是由人类智慧创造的。企业真正具有巨大潜在价值的资源是人力资源。这个道理是如此朴素，不免会使人们对其熟视无睹、浅尝辄止，殊不知，恰恰是朴素的思想造就了伟大的企业。

华为的经验告诉我们：企业的一切活动都应围绕创造价值展开，人力资源管理也是一样。人力资源管理的核心目标是使员工全力为客户和企业创造价值，能否实现这一目标取决于如何评价员工的价值贡献，以及如何分配企业创造的价值和剩余价值。于是，全力创造价值、正确评价价值和合理分配价值成为人力资源管理最关键也是最困难的任务。价值评价解决的是公正的问题，价值分配解决的也是公平的问题。所以，人力资源管理的核心目标说到底是解决两个普遍的组织问题：公正和公平。这两个问题解决好了，员工的目标和企业的目标就实现了最大限度的一致，全力创造价值的动力也就有了不竭的来源。

"脑袋对着客户，屁股对着领导"

华为坚持以客户为中心，"脑袋对着客户，屁股对着领导"，明文严禁讨好上司，就连机场接送领导也禁止。于是，网络上经常传出，任正非在机场乘坐摆渡车、拉着行李箱排队打车的新闻。

任正非说，一个领死薪酬的员工，不可能主动去帮客户构思有创意的解决方案。但华为的员工把自己当成老板，因为待得越久，领的股份与分红越多，所以，大部分人不会为了追求短期的业绩目标而牺牲客户的利益，而是会想尽办法服务好客户，与客户达成长期合作，形成一种正向循环。

把客户服务做透彻，就是华为胜出的关键。长期以来，一些国际大厂喜欢耍大牌，不愿意配合客户要求，很怕麻烦。通常情况下，派四五个工程师到客户端驻点就算是大手笔，华为却可以一口气送上一个 12 人的团队，与客户一起讨论、研发出最理想的产品。若产品出现问题，即使地点远在非洲乞力马扎罗火山，华为也会立即派工程师到现场，与客户一起解决问题，不像其他企业为了节省成本，多半用远程视频遥控来操作。

固然中国有全世界很便宜的优质劳动力，但能让这群高级知识分子甘心为公司、客户卖命，除了配股分红的机制激励，也与华为的企业文化有关。

“你们脑袋要对着客户，屁股要对着领导”，这是任正非反复对华为干部和员工说过的话。他认为，大部分公司之所以会腐败，就是因为员工把力气用在讨好主管上，而非用在思考客户需求上。

因此，他明文禁止上司接受下属的讨好，就连开车到机场接机都会被他痛骂一顿：“客户才是你的衣食父母，你应该把时间力气放在客户身上，在华为只有客户才享有专车接送的待遇！”

在华为总部，我们遇到的每一位员工，不论是任职超过 10 年的资深主管，还是刚加入不到 7 个月的菜鸟工程师，甚至只是负责接送的司机，都会把“以客户为中心”挂在嘴边。

口号人人会喊，但华为是落到实处。华为的文化是活的，不是死的。判断一家公司成功与否，要看它的潜规则与显规则是否一致，不能说一套做一套，华为不只一致，还相互呼应，这是华为最了不起的地方。

2011 年，在日本福岛核灾危机中，华为员工展现了服务到底的精神，他们不仅没有因为危机而撤离，而且还加派人手，在一天内就协助软银、E-mobile 等客户抢通了 300 多个基站。自愿前往日本协助的员工很多，甚至多到需要经过身体与心理素质筛选才能被派到现场的地步。

软银 LTE 部门主管非常惊讶：“别家公司的人都跑了，你们为什么还在这里？”“只要客户还在，我们就一定在”，当时负责协助软体银行架设 LTE 基站的专案组组长李兴理所当然地回答，“反正我们都亲身经历过汶川大地震。”

在华为，员工接到一通电话就飞到利比亚、阿尔及利亚、委内瑞拉等世界各个角落是常有的事，往往一去就是 3 个月甚至半年，而且是在最艰苦的环境中做最辛苦的事。员工当然也可以选择不去，但事实上，在华为只有最优秀的人才有机会被外派。

过去在讲究辈分的日本企业中，往往等上七八年还轮不到升迁，但如果在华为奋斗 10 年，就有可能成为一个统管 4000 名研发工程师的主管。这就是任正非的“少将连长”哲学。

华为的管理团队，都是一路从基层打拼上来的，只要有“战功”，30 岁当“少将”，管几十亿美元的合同，都是很常见的事。能者多劳，多劳者多得，这就是华为的企业精神。任正非虽然大量引入了 IBM、GE、惠普等西方公司的管理制度，却对华尔街的金融体系不尽认可。

在任正非的眼中，搞金融的人光靠数字游戏就能赚取大笔财富，真正卷起袖子苦干的人却只能赚取微薄的工资，这是全世界最不合理的事情。所以，他坚决不让华为上市，而是选择把利润分享给员工。

围绕客户的需求持续创新，是华为成功的内因，它促使华为引领了一个又一个技术潮流。华为的创新并不是一个空泛的概念，基于客户的需求持续创新是华为坚持的方向。在任正非看来，企业要发展就必须有利润，而利润来源于客户。所以，不管是产品的核心技术还是外观设计，以客户为导向是创新最基本的原则。只有“脑袋对着客户，屁股对着老板”，不断满足客户的需求，实现技术商品化，才能持续为客户创造价值。

以奋斗者为本

“以客户为中心，以奋斗者为本，长期坚持艰苦奋斗”是华为的核心价值观。正是这些奋斗者的辛勤付出，才铸就了华为今日的辉煌。

任正非一贯倡导的艰苦奋斗精神是华为从小到大、从弱到强的成长过程中的基础价值观，或者称为最原始的文化基因，但想要让十多万具有不同个性与不同人格的知识分子认可并奉行不悖，还必须倡导“以奋斗者为本”。这是一种赤裸裸的交换原则，而这恰恰也是商业的本质所在；华为所推行的“工者有其股”，不是简单的“市场经济条件下的社会主义大锅饭”，而是有差别的、建立在奋斗文化之上的、科学化的人力资源激励政策。

什么叫奋斗？在任正非看来，为客户创造价值的任何微小活动，以及在劳动的准备过程中，为充实提高自己而付出的努力，都叫奋斗。不然，再苦再累都不叫奋斗。为客户创造价值是衡量“奋斗者”的唯一标准。

2009 年，任正非在 EMT 办公会议上讲话时明确指出：

“如果我们把煤炭洗得白白的，但对客户没有任何价值，那么再辛苦也不叫奋斗。两个小时可以干完的活，为什么要加班加点拖 14 个小时才能干完？这样做不仅没有为客户产生价值，还增加了照明的成本、空调的成本，以及夜宵的费用，这些钱都是客户出的。任何员工，无论你来自哪个国家，无论新老，只要坚持奋斗，绩效贡献大于成本，我们都将视为宝贵的财富。如果别人喝咖啡，我们也有时间喝咖啡，那我们将永远追不上别人。

“华为要想活得更好、更久，就必须解决组织动力不足的问题，并不断地通过更大规模、更有效的动力激活机制，抵御和消减（完全消除是不可能的）‘组织疲劳症’。”

对于华为人开拓国际市场与国内市场的艰辛历程，任正非在《天道酬勤》一文中是这样描述的：“我们不得不在夹缝中生存。当我们走出国门拓展国际市场时，放眼望去，所能看得到的“良田沃土”早已被西方国家的公司抢占一空。只有在那些偏远、动乱、自然环境恶劣的地方，这些公司动作稍慢、投入较小，我们才有一线机会。为了抓住这最后的机会，无数优秀的华为儿女离别故土，远离亲人，奔赴海外。”

伟大的背后都是苦难。其实，华为成功的背后也是一把辛酸泪。2015 年 1 月，华为首次在国内外同时发布了一幅企业形象平面广告图片。广告画面不是什么影视明星，而是一只“烂脚”，一只脚穿着优雅光鲜的舞鞋，脚尖点地，而另一只脚却赤裸着，伤痕累累，让人心酸。“烂脚”广告图片配文：“我们的人生，痛，并快乐着。”

这幅构图对比鲜明、充满视觉冲击力的广告图片，来自美国著名摄影艺术家亨利• 路特威勒（Henry Leutwyler）的摄影作品《芭蕾脚》。

任正非一看到这幅图，便怦然心动。他感慨地说：“这不正是华为的真实写照吗？华为就是凭着一双烂脚走到了今天！”后来华为买断了《芭蕾脚》这幅照片的版权和使用权。

2015 年 5 月，任正非在达沃斯论坛发表演讲时说：“我们除了比别人少喝点儿咖啡，多干点儿活，其实也不比别人多了什么长处。因为我们起步太晚，积累的东西太少，所以我们得比别人多吃一点苦，我们有一脚只是‘芭蕾脚’，一只脚是‘很烂的脚’。我觉得这就是华为的人，痛并快乐着，华为就是用一只‘烂脚’，走向世界，走到今天！”

任正非是一个用生命在做企业的企业家，他把自己的全部都投入华为。他创办华为 30 多年来，每年有 1/3 的时间在飞机上。奔走在世界各地，他的身体累垮了，身患多种疾病，甚至曾做过两次癌症手术。

2015 年，在一次会议的间隙，笔者问任正非：“华为现在已经是全球通信行业的王者了，为什么还要坚持艰苦奋斗？”任正非说：“不奋斗就没有未来，不奋斗华为就垮了。”

2016 年，华为又出版了一本《枪林弹雨中成长》，书中记录了一代华为人的艰辛故事。

李小文是我国著名的遥感地理学家和中国科学院院士。《人民日报》曾整版刊登过他的事迹，文中有一张他在中科院大学做报告的照片——光脚穿着布鞋。任正非看到这篇报道后，非常感动，就立即派人去北京找李小文院士。

华为工作人员向李院士说明了来意："任总认为华为的精神与您艰苦奋斗、坚持不懈、快乐奉献的精神是一脉相承的，所以想邀请您做华为的形象代言人，给您肖像权费、代言费。"李小文院士说："我一分钱不要，只希望中国能多几个像你们华为这样的公司。"

任正非感慨地说："华为今天能达到 100 多亿美元的销售收入，这个数字的背后是多少人付出的的青春、血汗或生命。我们今天成功了，但不要忘记一起奋斗过的人，也不要忘记无论是因公或是因私，献出了生命的人。经过 30 多年的奋斗，华为已从幼稚走向了成熟。成熟可能会使我们怠惰，但只要组织充满活力，奋斗者精神统一，就没有失败的可能。"炮火"震动着我们的心，胜利鼓舞着我们，让我们的青春无愧无悔吧！"

2017 年春节期间，73 岁的任正非放弃了与家人团聚的机会，亲自奔赴南美洲的厄瓜多尔、玻利维亚和巴拉圭，又马不停蹄地去了泰国和尼泊尔，还特意去了海拔高达 5200 米的珠峰大本营的基站点，看望并慰问奋斗在这些地方工作的员工。他这一趟来回的飞行里程超过 40000 千米。任正非的到来，让在艰苦环境里工作的员工感到震撼，深受鼓舞！

任正非在员工座谈时表示："我承诺，只要我还飞得动，就会到艰苦地区来看你们，到有战乱、瘟疫的地区来陪你们。我若贪生怕死，又怎能让你们去英勇奋斗？不论时代怎么变，华为'以客户为中心，坚持艰苦奋斗'的文化不会改变。"

任正非在与员工座谈时也曾这样说："少壮不努力，老大徒伤悲。没有付出，是绝不会有收获的。若没有肥料的滋养和精心照料，就不可能有鲜花绽放时的美丽。当然这些都是必要的痛苦，都是为了换取美好人生的必要代价。"

在海拔8000多米的珠峰，气温达到零下40℃的南极、北极，以及遥远的非洲大陆，到处都可以看到华为员工忙碌的身影。

在非洲、中东这些艰苦地区工作的华为员工多数都是“80后”“90后”。他们为了打开局面，爬雪山，越丛林，面对战争、流血、疫情、疾病、贫穷、排外等各种情况，仍然无怨无悔地坚守岗位，完成具有挑战性的工作，从而赢得了客户的尊敬。

从一家只有两万元创业资金的小厂，到成为国际通信巨头走向世界之巅，华为仅用了20多年的时间。华为人凭借顽强奋斗的意志，以及在创业之初就形成的团队精神，成功地从为数众多的通信设备制造商中脱颖而出。和那些传奇品牌的崛起历程一样，华为的发展历程也是机遇与困境并存、巅峰与低谷同在，其过程可谓是一段波澜壮阔的“史诗”，而这段“史诗”的主人公无疑就是千千万万个辛苦奋斗在一线的华为员工。

活下去才是硬道理

创办华为30多年来，任正非没有忘记自己贫苦的少年时代。父母亲的艰辛让任正非看到了什么是活下去的倔强。任正非感慨道：“我真正能理解‘活下去’这句话的含义！”“你是想填饱肚子还是出名？”“知识分子不要脸才能进步”……这些话都是任正非的心里话。艰难的岁月，让他把虚荣心撕了下来。无论是经历成功还是挫折，“活下去”这个简单的念头，寄托着任正非不凡的追求。

“要活，大家一起活！”这个意念根植于任正非心中，成为他创业后坚持利益共享的基础。

苦难是人生最宝贵的财富。任正非说：“如果没有经历童年的贫苦饥饿和人生的挫折，就不可能取得今天的成就。如果不艰苦奋斗，就不可能有今天的华为。”

1987 年 9 月，任正非迫于生计，找朋友凑了 2.1 万元在深圳注册成立了华为，成为香港康力公司 HAX 模拟交换机的代理商。他当时将公司起名为“华为”，寓意“中华有为”，并愿为中华的崛起而奋斗。

任正非在引领华为人追求梦想时，非常清楚自己的不足。在谈到他所具备的才能和特质时，任正非总是说：“我自己的知识并不是最丰富的。”很显然，他拥有远大的抱负和很强的执行力，也同时保有谦卑的心态。尽管他的这种领导风格激励了很多人，引领公司度过了转型期，但他还是经常讲：“我能力有限，在团结员工这方面可能不如很多人认为的那样好。”他不愿被扣上“传奇领袖”的帽子，并且强调没有艰苦奋斗，就没有华为的成功。

同样，任正非也不是一个技术专家，这早在华为成立之初就是人尽皆知的事情。但他从不认为这是他的劣势。相反，他认为这是他的优势。因为他坚信，凭借自己的组织才能加上其他高管和员工的 IT 背景，定能创造奇迹。任正非曾说过：“我不懂技术，不过我可以让懂技术的人朝着共同的目标努力奋斗。”他取长补短，求贤若渴，逐步提高华为产品和服务的质量，由此赢得国内外用户的广泛赞誉。

任正非在内部讲话中指出：“对华为来讲，要长期研究的是如何活下去，以及我们活下去的理由和活下去的价值。活下去的基础是不断提高核心竞争力，而提高企业竞争力的必然结果是利润的获得和企业的发展壮大。这是一个闭合循环。我非常重视近期的管理进步，而不是远期的战略目标。活下去，永远是硬道理。”

在任正非看来，近期的管理进步，必须有一个明确的目标方向，那就是核心竞争力的提升。公司长远的发展方向是网络设备供应商，这是公司核心竞争力的重要体现。朝着这个方向努力，我们的近期发展和远期发展就不会产生矛盾，我们的核心竞争力就会得到提升，我们也就有了生存的理由和价值。

曾经有人说，军人出身的任正非，自创建华为以后，就变成了一个“怕死”的人，华为也成为了一个“怕死”的公司。“活下来”则成为华为最低，也是最高的战略目标。或许正是这种“求生”的本能，使得任正非在带领华为发展的历程中，始终秉持务实的精神，从而确保了华为的稳健发展。

“活下去”似乎是一个很低的要求。然而，当我们看到国内平均每年有10万多家中小企业因破产而倒闭时，我们才会从任正非质朴的语言中真正体察出“活下去”的含义与智慧。

一般来说，企业倒闭总会伴随很多原因，但其中一个非常重要的原因，往往是领导层战略决策的失误，导致本来就有限的资源没有得到合理配置，从而使企业成为一个吞噬与消耗资源的存在，最后关门大吉。

或许，任正非的那种极度贴近生活的务实感，与他早年的生活经历有些许联系。任正非出生于贵州贫困山区的一个小村庄，出身贫寒，家中有7个兄弟姊妹，任正非排行老大。在回忆那段物质匮乏的生活经历时，任正非深情地说：“我们家当时是每餐实行严格分饭制，以确保人人都能活下来。如果不这样，总会有一两个兄弟姐妹活不到今天。我真正能理解‘活下去’这句话的含义。”

所以，当创业5年的华为从注册资金2.1万元到实现年销售收入突破1亿元时，任正非毫无喜悦之色，而是在年终大会上说了一句：“我们活下来了！”然后，他泪流满面。

正是这种“活下去”的精神，使得华为团队爆发出难以想象的战斗力。在创业初期，国内通信行业的城市市场主要被朗讯、爱立信、西门子、阿尔卡特等跨国企业占据。为了从通信领域的夹缝中找出一条活路，任正非率领华为人进入为外商所不屑的农村市场，走“农村包围城市”的道路。

当时，华为的产品在技术上还没有赶上外资通信企业，于是华为选择在客户服务方面进行突破。只要用户反映了产品的质量问题，无论刮风下雨，华为员工就会立即前往解决，几乎做到了“随叫随到”。于是，华为在产品技术处于劣势的初期，依靠自己不懈的努力，在市场竞争中存活了下来。

为了迅速在技术方面赶超上来，任正非带领公司50多个研发人员挤在一间破旧的办公大楼里，吃住都在一起。他们床垫挨着床垫，卧室与厨房、办公室在同一层楼，困了就在床垫上躺一会，醒来后继续工作，这成为华为日后强调艰苦奋斗时多次提及的“床垫文化”。那时，包括任正非在内，华为每人每天的工作时间至少为 16 个小时。

企业的长期生存之道是客户需要你，为此，企业必须不断地满足客户的需求，为客户创造价值。什么是价值？用经济学的术语来表述，价值表现为企业现实的获利能力和未来潜在获利能力的贴现。如果用更通俗的语言来表述，那就是企业的价值在于这个企业能不能实现长期有效增长。这就是华为对企业价值的理解。

正是靠着这种“活下去”的信念，华为在产品技术方面不断取得突破，创新专利数量也不断增加，逐渐具备了雄厚的技术实力。后来，面对国内通信市场趋近饱和的状况，任正非又带领华为团队进军海外市场。由于当时发达国家大多选择资深跨国通信企业的产品与服务，华为在国际市场上作为一张崭新的“面孔”，一时难以在发达国家中打开市场。于是，任正非又带领华为人进入了亚非拉这些条件比较恶劣、为资深跨国通信企业所忽视的市场，从而在海外市场得以立足，一步步去撬动全球市场。

现在 5G 时代已来，今天的无线网络正在改变人类沟通和访问信息的方式，随时随地的网络接入也在推动着电信产业的变革。在不远的将来，无线接入将成为主要的接入方式。5G 无线技术将通过一个灵活、可靠、安全的无线网络把所有应用、服务、事物连接到一起，使人类进入万物移动互联的时代。

任正非意识到，在万物移动互联时代，移动网络需要满足前所未有的连接需求。这些需求可以从 3 个性能维度来划分：连接数量、网络时延和速度。这 3 个维度上的新需求将给 5G 网络带来全新的挑战：

（1）连接数量。尽管 4G 能为每个小区提供几千个连接，但无法满足全连接世界里万物互联的需要。5G 条件下，每平方千米的连接数将达到百万个，这将是指数级的增长。

（2）网络时延。4G 网络的时延小于 50 毫秒，相当于 3G 网络的一半。然而，自动驾驶等应用仍要求比 4G 网络低得多的时延。

（3）速度。消费者对速度始终有着无限的需求。尽管4G比3G快10倍，但是，一旦VR等沉浸式体验变成主流视频规格，4G就无法满足市场对视频内容的需求。

为此，华为投入了上千亿元用于5G技术和产品的研发。目前，华为的5G网络已在世界多个国家投入商用。

2018年2月26日，华为在2018世界移动通信大会（MWC）前夕正式面向全球发布了华为首款3GPP标准（全球权威通信标准）的5G商用芯片——巴龙5G01（Balong 5G01）和基于该芯片的首款3GPP标准5G商用终端——华为5G CPE（5G Consumer Premise Equipment，5G用户终端）。华为消费者业务CEO余承东还表示，华为首款5G智能手机会在2019年上市。

余承东同时发布了面向5G时代的终端战略，华为将基于5G高速率、广连接、低时延三大特点，分别推出连接家和人的CPE、Mobile WiFi和智能手机，连接物的5G工业模块和连接车的5G车载盒子。他说："5G是一个崭新的颠覆性起点，将把人类社会带入全新的万物互联时代。这将给人们生活带来极大的便利，用户沟通和分享的方式也将产生革命性的改变。5G不仅可以满足通信行业的需求，而且还会改善全球的智能环境，为工业制造和人们的生活起居，带来全新的感受。华为首款3GPP标准5G商用芯片和终端的发布，是全球5G产业的关键性突破。这意味着5G时代已经到来。"

巴龙5G01芯片支持全球主流的5G频段，它的发布，对华为和整个通信产业，都具有重要意义。

华为5G CPE分为低频CPE和高频CPE，低频CPE具有重量轻（3千克）、体积小（2L）的特点，且下载速率可达2Gbps，可带给消费者更畅快的娱乐体验。

从2G时代的模仿与追随，到3G时代的苦苦追赶，再到4G时代与西方巨头的齐头并进，经过几十年的努力，中国终于在5G时代，跑到了全球通信行业的最前面。

目前，华为的产品和解决方案已经应用于全球170多个国家，服务于全球通信运营商 50 强中的 45 家，覆盖了全球 1/3 以上的人口，华为已发展为世界上最大的通信设备供应商。

任正非认为，未来世界是一个全连接世界，无人驾驶汽车、远程外科手术、虚拟现实和沉浸式体验等革命性的应用都将在不远的将来成为现实。新一轮工业革命将使未来世界变得更加智能，华为的愿景和使命是把数字世界带给每个人、每个家庭和每个组织，构建万物互联的智能世界。

在自我批判中进步

自我批判是华为的传统。正是这种传统，使华为由 5 个人发展到 18 万人，而且使这个队伍能够始终保持着旺盛的战斗力。华为的快速成长，其实就是华为管理团队不断否定过去、否定自我的结果。

任正非说："自我批判是拯救公司的最重要的武器。世界上只有那些善于自我批判的公司才能存活下来，世界是在永恒的否定之否定中发展的。如果不坚持自我批判这个原则，华为绝对不会有今天。没有自我批判，华为就不会认真听取客户的需求，就不会密切关注并学习同行的优点，就会以自我为中心，然后很快被淘汰。"所以，华为一直坚持自我批判，并在自我否定中不断进步。

在华为，自我批判不是一种口号，而是一种制度和文化。华为的自我批判不是为了批判而批判，不是为了全面否定而批判，而是为了优化和建设而批判，目的是为了提升公司整体核心竞争力。因此，任正非一直运用自我批判的哲学工具训练队伍，培养优秀人才，从而使这个庞大的组织不断得到改造与优化。

华为核心层 EMT 每个月都要开会，常常都是任正非带头进行自我批判。任正非提出自我批判的最终目的，也就是他口中的三个有利于：有利于公司建立一个合理的运行秩序与规律，有利于去除一切不利于先进文化推进的障碍，有利于公司核心竞争力的发展。

华为内部建立了一个叫“蓝军”的组织。华为自我批判的一个制度性设计就是“蓝军”，它是一个专门研究怎么“打败”华为的组织。换句话说，它是专门挑刺、说不好听的话的组织。当年某个接入网产品，为了满足欧洲客户的需求，“红军”设计了一个平台架构。这时“蓝军”的一个专家跳出来，写了一篇很长的文章，说这个产品架构有缺陷，肯定会失败，还写了很多条理由，每条都有论证。“红军”就开始反击“蓝军”，并召集了硬件、软件的专家，不断去优化架构和设计，来证明自己是正确的。“蓝军”的攻击把整个“红军”的斗志激发了，于是产品得到了不断的优化。这个产品于 2004 年开始设计，2006 年上市，到如今这个架构在业内仍然是领先的。

在自我批判中，任正非愿意放下面子，勇于自我批判，严格要求自己。

任正非说自己是一个不要面子的人。他认为不要面子、敢于自我批判的人才能成功。虽然华为是他一手创办的，但他始终严于律己，处处率先垂范。

任正非要求华为的干部不能以权谋私，特别是公司的高级干部，不能将自己的亲属介绍到华为工作，并要求其亲属必须退出与公司有生意来往的公司。

2007 年，华为全面清理高管参与的关联交易，要求华为高管宣誓效忠公司，不得以权谋私，要廉洁奉公，反对腐败。

由于任正非的儿子在与华为有关联的公司中参股，任正非主动在总裁办公会议上做了检讨，并将检讨印发给大家，同时责令儿子将所持股份完全转让出去。

后来，华为还成立了一个清查小组，EMT 成员有家属在华为关联公司的都主动做了说明，并表示将脱离关联公司。同时公司通过自查的方式，让干部自己填表，甚至还清查出个别基层干部受贿，对受贿的员工进行了不点名的开除处分。

2016 年 8 月，华为的一位海归程序员“泥瓦客”从组织、流程、环境、工具 4 个方面痛诉在华为做研发的不易，并写了一篇名为《华为到该炸掉研发金字塔的时候了》的文章发布在华为内部刊物上，呼唤“炸掉华为研发金字塔”。

他在文章中直言不讳地指出华为在研发方面存在的四大弊端。这篇文章被华为“心声社区”网站转发，一石激起千层浪，在华为引发了一场轰轰烈烈的内部讨论。

内部激烈的讨论惊动了任正非。他在看完这篇文章和所有人的讨论后，签发了一封总裁办邮件，把文章和大家的讨论贴出来，告知全公司。他在签发的邮件中写道：“在技术工作上，客气是毒品，直面的批评、争论才是良药。”

近年来，华为部分经营单位出现了经营质量事故和业务造假的问题。任正非认为公司管理层对此负有领导不力的责任，经董事会常务委员会讨论决定，对公司主要责任领导做出问责，并向公司全体员工通报。

2018 年月 1 月 17 日，任正非签发了总裁邮件《对经营管理不善领导人的问责通报》，通报称因经营管理存在问题，对主要责任领导作出问责。任正非带头自罚 100 万元，时任华为副董事长胡厚崑，华为轮值 CEO 郭平、徐直军，人力资源总裁李杰，每人罚款 50 万元，同时对海外一些数据造假的代表处的主要领导给予降职降薪、冻结晋升的处罚。

目前，华为已经成为全球通信设备企业中的佼佼者，并跻身世界 500 强前列（第 83 名），任正非敏锐地意识到：“今天的华为恰恰可能是最脆弱的时候，为什么呢？成功容易让人变得怠惰和自大，让组织成员变得盲目骄傲和故步自封。过去的成功不是未来成功的可靠向导，我们不能沉醉于过去的成功，迷信过去成功的经验，要敢于不断地批判自己。”

任正非告诫公司的干部和职工：“这个时代前进得太快，若我们就此满足、停止不前，哪怕只停留 3 个月，就会从历史上被抹掉。”

在任正非看来，一个企业、一个组织，如果总是背负成功与辉煌的包袱，这个企业离死亡便不远了。所以，他坚定地认为华为是一个没有历史的公司，要求华为的高管始终保持“空杯”心态，走出疲劳和病态，时刻保持活力，确保公司能走得更稳、更远。

后 记

本书是我写的第四本华为专著，也是我潜心研究华为21年的又一成果。

我站在管理者的角度，并结合国内企业人力资源管理的现状及问题，力图通过通俗易懂的语言，深入浅出地剖析任正非管理思想的精髓和华为人力资源管理、员工培训、人才培养、干部管理、绩效管理、薪酬体系、组织变革、激励机制及干部选拔等方面的经验与智慧，真实再现华为管理的方法和体系，直击管理的痛点，为企业经营管理者打开了一扇有效管理知识型员工的天窗，帮助企业突破选人、用人、留人、育人、管人的难题。管理者只要像华为一样“用好人，分好钱”，一切的管理问题就都不再是问题。

为了写好这本书，我用了一年多的时间，深入华为调研采访，与华为部分高管、中层干部及华为员工进行面对面的交流，在获得了大量的第一手资料后，我才动笔写作。希望本书能给广大管理者提供最实际的帮助！

我在调研采访过程中得到了华为创始人、总裁任正非，副董事长、首席财务官孟晚舟，高级副总裁、常务董事、消费者业务 CEO 余承东，华为人力资源总裁李杰等高管的支持和帮助，他（她）们为我提供了许多便利条件，使本书得以顺利完成，在此表示衷心感谢！

在本书写作过程中，我还得到了华为终端软件工程部总裁王成录、华为大学执行校长陈海燕、华夏基石管理咨询集团副总裁、华夏基石研究院院长宋劲松、华为干部部原部长毛为民、华为组织变革副总监蒋伟良、华为海外市场副总裁范厚华、华为咨询部资深顾问邓斌、华为产品拓展部部长许浩明、华为全球招聘总监冉涛、华为白俄罗斯 COO、中亚地区流程质量部部长王占刚等朋友的支持和帮助，在此表示衷心感谢！

我还要特别感谢著名经济学家、北京大学国家发展研究院教授张维迎，著名管理学家、中国人民大学劳动人事学院教授、《华为基本法》起草人彭剑锋，北京大学王宽诚讲席教授、北大国家发展研究院 BiMBA 商学院院长陈春花，北京地头力管理咨询有限公司董事长王育琨，著名企业家顺丰集团董事长王卫，福耀玻璃工业集团创始人、董事长曹德旺，在繁忙之中抽时间审阅书稿并推荐本书！

我在写作过程中参阅并引用了一些任总的内部讲话及华为官网、“心声社区”、《华为人》等的资料和图片，并注明了出处。如果有引述错误或疏漏，敬请原作者谅解并与我联系，定当在再版时予以修正！

由于本人水平有限，再加上时间仓促，书中难免会存在不当和浅显之处，敬请读者见谅。欢迎读者对本书提出宝贵意见或建议，在此先行表示感谢！我的电子信箱：ysh5198@163.com，您也可以扫描本书作者简介下方的二维码，关注我的微信，期待与您交流！

余胜海

2018 年 9 月 28 日于北京

图书在版编目（CIP）数据

用好人，分好钱：华为知识型员工管理之道 / 余胜海著. —北京：电子工业出版社，2019.3
ISBN 978-7-121-35706-0

Ⅰ. ①用… Ⅱ. ①余… Ⅲ. ①通信企业—企业管理—人事管理—经验—深圳
Ⅳ. ①F632.765.3

中国版本图书馆 CIP 数据核字（2018）第 277160 号

策划编辑：刘声峰（itsbest@phei.com.cn）
责任编辑：黄　菲　　文字编辑：王欣怡　　特约编辑：刘广钦　曹红伟
印　　刷：北京盛通印刷股份有限公司
装　　订：北京盛通印刷股份有限公司
出版发行：电子工业出版社
　　　　　北京市海淀区万寿路 173 信箱　邮编 100036
开　　本：720×1 000　1/16　印张：17.25　字数：282 千字
版　　次：2019 年 3 月第 1 版
印　　次：2020 年 4 月第 6 次印刷
定　　价：78.00 元

凡所购买电子工业出版社图书有缺损问题，请向购买书店调换。若书店售缺，请与本社发行部联系，联系及邮购电话：（010）88254888，88258888。

质量投诉请发邮件至 zlts@phei.com.cn，盗版侵权举报请发邮件至 dbqq@phei.com.cn。

本书咨询联系方式：39852583（QQ）。

反侵权盗版声明